인사노무 잘하는 담당자의 비밀파일

인사노무와 4대보험 개념을 다 담았다
급여소득자들을 위한 꿀팁

김우탁 (Kim Wootark)
labecono@hanmail.net

현) 노무법인 원(元) 대표
· 서강대학교 경영학과 졸업
· 제12회 공인노무사 시험 합격(2003년)
· 인사급여프로그램 수지라(SUJIRA) 개발이사
· 삼일아이닷컴(삼일인포마인) 칼럼위원 및
  노동법 전문상담위원
· 와캠퍼스 노동법 강사

· 前 경인노무법인 대표(2004~2007년)
· 前 세종법학원, 합격의 법학원, 한림법학원 노동경제학 전임강사(2008년 3월 ~ 2019년 8월)
· 前 산업통산자원부 공무원교육원 노동법강사
· 前 엘지그룹, 삼성그룹, SK그룹 공인노무사 과정 노동경제학 강의
· 前 인천시 연수구청, 동구청, 미추홀구 공무원 노조법 강의
· 한국상장회사협의회 내부감사사 노동법 분야 강사
· CFO아카데미 급여관리사 노동관계법령 분야(one day 과정 강사)
· 동작관악교육지원청 직장 내 괴롭힘 금지 강의
· E1계열 충전소 대상 노동법 강의
· 이테시스 집합관리 관련 노동법 강의

· 노동법 다수 실무 강의 출강
  중앙경제HR교육원(교대제개편 시뮬레이션, 연차휴가관리, 임금피크제) | 포스코 인재창조원 (노동조합법, 직장 내 괴롭힘 금지) | 삼성생명휴먼센터(근로기준법, 4대보험) | 대한병원행정관

미국 CNN방송에서 한국의 과로에 대해 보도한 뉴스

리자협회(CEO과정 노동법) | 한국전문대학교육협의회(인사담당자 교육연수) | 산업인력공단(근로기준법) | 세무사고시회(인사급여 실무과정) | 서울송파교육지원청(인권과 근로기준법) | 한국음악저작권협회(임원대상 노동법) | 한국퍼실리티매니저협회(최저임금법, 주52시간 근무제) | 산업은행연수원(연차휴가) | 공무원연금공단(인사담당자 대상 개정 노동법) | 가톨릭의대 내과학 연수과정(변경 노동법) | 한국고용노동연수원(공무원 노사관계) | 서울대학교 산학협력단(4대보험 실무) | 삼성물산(리더십과 MZ세대, 직장내 괴롭힘 금지), 포스코 포항/광양 직책자(노동조합법) 등 다수 실무강의

저서

| 노동경제학 기출문제집 1993~2025 전자책(2025년) | 직장인을 위한 연차휴가 생활백서(2024년) | 인사노무 잘하는 담당자의 비밀파일 3판(2025년) | 노동경제학 제10판(2018년) | 논술노동경제학 제6판(2019년) | 기초노동경제학 제3판(2016년) | 인사급여실무 제2판(2018년) | 주52시간 굿바이 야근(2018년) | 판례로 살펴보는 노동법 실무 공저(2019년) | 적중 객관식 노동법 제2판 공저(2021년) | 합격직업상담사 2차 공저(2011년) | 급여관리사 노동관계법령(2021년) 외 다수

인사노무 잘하는

담당자의 비밀파일

인사노무와 4대보험 개념을 다 담았다

1판 1쇄 발행 | 2023년 3월 5일
4판 1쇄 발행 | 2026년 1월 25일

지은이 | 김우탁
펴낸이 | 최성준
펴낸곳 | 나비소리
전자책 제작 | 모카
종이책 제작 | 갑우문화사
등록일 | 2021년 12월 20일
등록번호 | 715-72-00389
주소 | 수원시 팔달구 효원로249번길 46-15
전화 | 070-4025-8193
팩스 | 02-6003-0268
ISBN | 979-11-92624-33-4 (13320)
스토어 | www.nabisori.shop
인스타그램 | https://www.instagram.com/nabisoribaby
메일 | nabi_sori@daum.net

2026년 제4판에서 아래 내용을 개정하였습니다.

■ 최저임금 상승

2026년 1월 1일부터 최저임금이 **시간당 10,320원으로 인상**되었습니다. 2025년 대비 2.9% 상승한 금액으로 월 209시간 근무 기준 약 **2,156,880원에 해당**합니다.

■ 4대 보험 요율

- **국민연금(인상) : 9.5%** (근로자 4.75%, 사업주 4.75%)
- **건강보험(인상) : 7.19%** (근로자 3.595%, 사업주 3.595%)
- 고용보험(동결) : 1.8% (근로자 0.9%, 사업주 0.9%)
- 산재보험(동결) : 1.47%(위험도에 따라 차등적용)

■ 노조법(노란 봉투법) 개정(2026년 3월 10일 시행)

- 사용자 범위 확대 (노조법 제2조 제2호) : 근로계약 체결 당사자가 아니더라도 근로조건에 관하여 실질적이고 구체적으로 지배·결정할 수 있는 지위에 있는 자도 사용자로 인정. 원청 기업의 사용자성 인정 범위 확대
- 노동쟁의 범위 확대 (노조법 제2조 제5호) : 노동쟁의 범위에 '근로자 지위' 관련 사항 포함. 근로조건에 영향을 미치는 사업경영상의 결정사항 포함. 단체협약 위반 사항 포함.
- 손해배상청구 제한 (노조법 제3조) : 단체교섭, 쟁의행위 뿐 아니라 '그 밖의 노동조합 활동'으로 인한 손해에 대해서도 배상 청구 제한. 사용자 불법행위에 대한 방위 목적 손해의 면책 규정 신설
- 노동조합의 실질적 요건 확대 (노조법 제2조 제4호 라목) : 노조법 제2조 제4호 라목 '근로자가 아닌 자의 가입을 허용하는 경우' 조항 삭제. 근로자가 아닌 자가 가입되어 있더라도 노동조합으로 인정

■ 근로자의 날에서 '노동절'로 명칭 변경

- 근로자의 날 명칭이 '노동절'로 변경되는 이유는 노동의 사회적 가치와 국제 기준에 부합하는 용어 사용, 그리고 노동자의 권리 존중을 반영하기 위함입니다.

■ 노동시간 단축

- 자율적인 주 4.5일제 시범 도입 및 법적 근거 마련 추진

■ 일·가정 양립 및 고용 지원

- 육아 지원 확대 : 육아기 10시 출근제 지원이 신설되어 어린 자녀를 둔 근로자의 유연근무를 장려합니다. 육아기 근로시간 단축 급여 상한액이 인상됩니다.

■ 모성보호 지원 강화

- 대체인력지원금 제도 강화 및 보완

1. 육아휴직 근로자 복직 후 대체인력 계속 고용 시 대체인력지원금 추가 지원(최대 1개월)
2. 출산휴가 등이 끝난 후 지급하던대체인력지원금의 50%를 사전 전액 지급

들어가면서

필자의 직업은 공인노무사(公認勞務士)입니다. 그리고 본서(本書)는 실무서입니다. 그동안 필자가 집필한 책들은 분량이 많고 꽤 두꺼운 실무서이거나 공인노무사 등 각종 자격시험을 위한 수험서였습니다. 수많은 실무 강의를 통해 적당한 분량과 「쉽게 설명된」 실무서, 노동법과 근로기준법 외(外) 「4대보험 실무」 내용까지 아우르는 실무서에 대한 갈망이 있음을 알게 되었습니다. "어떻게 하면 노동법 내용을 쉽게 전달할 수 있을까?"라는 질문에 대한 답을 늘 마음에 품고 본서를 집필하게 되었습니다.

이 책의 주요 특징은 다음과 같습니다

첫째, 총 140개 주제 · 11개 챕터(章)로 구성되어 있습니다. 실무상 가장 중요한 근로계약서 주제로 시작하여 임금 · 근로시간 · 휴일과 휴게 · 연차휴가 · 비정규직 이슈 · 4대보험 · 노동조합 · 취업규칙 등에 대하여 서술하였습니다. 또한 실무서라는 정체성을 반영하여 실제 근로계약서 작성 사례로 내용을 마무리하였습니다.

둘째, 질의응답 형식으로 내용을 구성하였습니다. 실무와 강의를 통해 경험한 질문을 제시하고 개괄적인 설명 · 상세한 설명 순서로 서술하였습니다. 독자들의 이해를 위해 필요할 경우 고용노동부 행정해석과 법원 판례를 참고자료로서 본문에 수록하였습니다.

셋째, 숫자가 등장하는 영역은 도표와 도식화 자료를 활용하였습니다. 필자가 보유한 강의 자료를 각색하여 「임금계산 등 숫자를 통해 값을 확정해야 하는 주제」에서 도식화 자료를 활용하였습니다.

넷째, 동영상 강의를 QR코드로 연결하였습니다. 필자가 운영하는 유튜브 채널 [채널명 : 공인노무사 김우탁]에 업로드한 강의 중 본서 내용과 관련되는 강의를 QR코드를 통해 바로 시청할 수 있습니다.

다섯째, 질의 내용을 색인화하여 마지막 장(章)에 수록하였습니다.

본서는 필자가 열 번째로 쓴 책입니다.

작년 여름쯤 부족한 필자에게 나비소리 출판사 측에서 연락을 주셨고 수개월 동안 틈틈이 집필하였습니다. 공인노무사로서 여러 성장 단계를 거치면서 치열하게 고민한 내용을 최대한 쉽게 서술하려고 노력하였으나 탈고의 후련함 뒤에는 늘 원고의 부족함이 보입니다. 이 부분은 추후 개정을 통해 성실하게 보완하겠습니다.

본서 출간과 관련하여 감사한 분들이 많습니다.

실무능력의 근원적인 성장에 늘 도움을 주시는 「수지라(SUJIRA)소프트」의 김선규 회계사님, 좋은 강의의 장(場)을 열어주신 「세무법인 청년들」의 최정만 세무사님, 실무 강의의 멘토이신 「노무법인 가교」의 이원희 노무사님, 필자와 함께 개업한 유다영 노무사님, 든든한 진짜 후배 송명건 노무사, 저의 영원한 애제자 정원석 노무사, 와캠퍼스의 김정태 대표님과 허대일 팀장님, 본서의 이름을 지어준 와캠퍼스의 정사랑님, 집필을 제안하시고 멋진 편집을 해주신 「나비소리 출판사」의 최성준 대표님, 지난 2년간 필자와 동고동락(同苦同樂)한 「노무법인 원(元)」의 구성원 박효주 노무사 · 김현희 노무사 · 이정우 노무사 · 이종호 노무사 · 손창호 과장 · 장보경 대리 · 김성아 대리 · 이혜령 주임에게 감사드립니다.

2023년 3월 1일

홍대입구 노무법인 원(元) 사무실에서

공인노무사 김 우 탁

4판 들어가면서

이 책이 세상에 나온 지 벌써 만으로 3년이 되었습니다. 그 사이 노동법은 많은 개정을 거쳤습니다. 개정된 내용을 누적하다보니 조금씩 분량이 늘고 있지만 기존 페이지수를 유지하려고 노력했습니다.

새정부가 들어선 후 4.5일 근무제, 정년연장, 노란 봉투법 등 많은 노동정책들이 사회적으로 회자되고 있고 이 가운데 노란 봉투법은 입법이 완료되어 올해 3월 10일부터 시행 예정입니다. 노무제공자(특고)의 경비율도 개정되고 국민연금 보험료율도 9.5%로 인상되는 등 4대보험 영역에도 개정된 내용이 많습니다.

책을 쓰는 과정은 마라톤과 같습니다. 최신판을 선보인 후 연중 개정되는 내용을 틈틈이 원고에 반영하는 과정을 반복합니다. 이러한 과정이 없다면 필자의 지식 수준도 정체될 수 밖에 없는데 이 책 덕분에 필자의 실력도 시나브로 올라갑니다. 이 책을 주교재로 하여 중앙경제HR교육원(실강)과 와캠퍼스(동영상 강의)에서 강의를 진행하고 있습니다. 이러한 상호작용으로 인해 판매 부수도 상승하고 어느덧 제4판을 출간하게 되었습니다.

필자가 쓴 책 중 수험서를 제외하고 제4판까지 온 책은 이 책이 유일합니다. 그만큼 애정이 많이 가는 책이고 연구와 강의를 통해 널리 알리고 계속 판수를 늘릴 계획입니다.

제4판의 머리말을 쓰는 지금 감사한 사람들이 많습니다.

13년 넘게 필자를 응원해 주시는 수지라(SUJIRA)의 김선규 회계사님, 세무사님들과 인연을 맺게 해준 최정만 세무사님(세무법인 청년들 대표), 실무강의를 소개해 주시고 이끌어 주시는 이원희 노무사님(노무법인 가교 대표), 귀찮게 편집을 요청해도 늘 웃는 얼굴로 맞이해주시는 최성준 대표님(나비소리 출판사), 이 책에 있는 내용을 전수 받고 개업시장에서 활발하게 활동하는 김현희 노무사(송담노무사사무소 대표), 김석민 노무사(노무법인 파트너스 대표), 미래를 준비 중인 조수민 노무사, 이 책을 통한 강의를 제안하신 중앙경제HR교육원의 김동우 부장님, 좋은 커리큘럼과 신규 강의 개발에 조언을 주시는 CFO아카데미의 김기홍 상무님, 와캠퍼스의 김정태 대표님에게도 감사합니다.

또한 2026년 필자와 동고동락하는 노무법인 원(元)의 노무사 팀(유다영, 정원석, 이종호, 김태욱, 김보나, 이서연, 박재인, 차주하), 급여1팀(손창호, 이혜령, 이정민, 윤보경), 급여2팀(임수희, 이예슬, 이정희, 박세진, 양서은)의 구성원에게도 감사함을 전합니다.

아직도 많이 부족한 책이지만 독자들의 교양과 지식을 한 단계 올리는 데 도움이 되길 바랍니다.

2026년 1월 20일

홍대입구 노무법인 원(元) 사무실에서

공인노무사 김 우 탁

본문에서 쓴 법령 명칭의 약칭(略稱)

- **근기법** : 근로기준법
- **기단법** : 기간제 및 단시간 근로자 보호 등에 관한 법률
- **고평법** : 남녀고용평등과 일가정 양립 지원에 관한 법률
- **보험료징수법** : 고용보험 및 산업재해보상보험의 보험료 징수 등에 관한 법률
- **고보법** : 고용보험법
- **산재법** : 산업재해보상보험법
- **건보법** : 국민건강보험법
- **연금법** : 국민연금법
- **노조법** : 노동조합 및 노동관계조정법
- **산안법** : 산업안전보건법
- **중처법** : 중대재해 처벌 등에 관한 법률
- **파견법** : 파견근로자 보호 등에 관한 법률
- **최임법** : 최저임금법
- **근퇴법** : 근로자퇴직급여보장법
- **공휴일법** : 공휴일에 관한 법률
- **고령자법** : 고용상 연령차별금지 및 고령자고용촉진에 관한 법률
- **근참법** : 근로자 참여 및 협력증진에 관한 법률
- **장애인법** : 장애인 차별금지 및 권리구제 등에 관한 법률

인사노무 잘하는

담당자의 비밀파일

체크주제로 찾는

CONTENTS

01 근로계약서 Part 01 4선 | 020 |

근로자와 사용자 사이에 계약이 성립되었음을 증명하기 위하여 작성하는 서류. 노무 제공과 임금 지급 따위에 대한 내용을 명시한다.

02 노동법상 임금 실무 19선 | 028 |

근로자가 노동의 대가로 사용자에게 받는 보수. 급료, 봉급, 수당, 상여금 따위가 있으며 현물 급여도 포함된다.

03 근로시간 14선 | 072 |

노동자가 고용주와의 계약에 따라 노동력을 제공하는 시간. 우리나라의 근로기준법은 1일 8시간, 1주일 40시간을 기준으로 정하여 놓고 있다.

04 휴게와 휴일 14선 | 104 |

어떤 일을 하다가 잠깐 동안 쉼. 일요일이나 공휴일 따위의 일을 하지 아니하고 쉬는 날

05 휴가 18선 | 142 |

해마다 근로자에게 주도록 정하여진 유급 휴가. 근로 기준법에 의하면, 1년 동안 80% 이상 출근한 근로자에게 15일 이상을 주게 되어 있다.

06 근로형태의 다양화 17선 | 184 |

자주 경험하는 다양한 근로형태의 기본기를 다지는 내용입니다.

07 4대 보험 | 230 |

자주 경험하는 취업규칙에 대한 기본기를 다지는 내용입니다.

근로자와 사용자 사이에 계약이 성립되었음을 증명하기 위하여 작성하는 서류와 노무 제공과 임금 지급에 대한 내용을 사례 위주로 다루었다.

11 급여소득자를 위한 꿀팁 9선 | 348 |

특정 회사와 고용 계약을 맺고 인적용역을 제공하여 급여를 지급받는 사람을 말하고, 사업소득자는 고용 관계없이 용역을 반복적으로 공급하거나 전업으로 하는 사람을 말한다.

12 기타 6선 | 370 |

무심코 지나칠 수 있는 중요한 내용을 선별하여 게재

Chapter

01

근로계약서

PART 01

CONTRACT

근로계약서 작성 의무

01 근로자 채용 시 근로계약서를 필수적으로 작성해야 하는지요? 만약 작성을 안 할 경우 어떠한 제재가 가해지는지요?

인사노무관리 영역에서 근로계약서라는 존재는 처음이자 끝이라고 할 정도로 매우 중요합니다. 외견상 비록 종이 몇 장이지만 그 효력은 엄청납니다. 사업주와 근로자는 근로계약서에서 정한 내용에 종속됩니다. **근로기준법 제15조(이 법을 위반한 근로계약)** 제1항에서 근로기준법에서 정한 기준에 미달하는 근로조건을 근로계약서에 기재했을 경우 그 부분에 한하여 무효라고 (강력하게) 규정하고 있습니다. 즉 이른바 노예계약은 그 즉시 무효이며 사업주는 근로기준법을 상회하는 근로조건을 설정해야 합니다.

해설

근로계약서는 노사 간 **당연히 작성**해야 합니다. 계약의 형식에 대해서 근로기준법에서 명시적으로 규정한 사항은 없지만 근로기준법 제17조(근로조건의 명시) 제2항에서 임금관련 사항을 **「서면(書面)」으로 명시해야 함을 규정**하고 있습니다. 이 규정으로 인해 실무 영역에서는 서면 작성을 원칙으로 합니다(필자도 이와 같이 자문하고 있습니다). 다만 정보통신기술의 발달로 인해 꼭 종이로 만들어진 서면을 고집할 필요는 없습니다. 전자문서 및 전자거래기본법 제2조 제1호에 따른 **전자문서도 근로기준법상 서면으로 인정**됩니다.

이 법에 따른 전자문서는 정보처리시스템에 의하여 전자적 형태로 작성 · 변환되거나 송신 · 수신 · 저장된 정보를 의미합니다. 가장 대표적인 전자문서는 PDF 파일인데 이는 조작가능성이 낮고 이메일이나 문자메시지로 전달할 수 있기 때문입니다. 다만 서명(자필 서명 등)을 하고 PDF파일로 스캔하여 노사 상호 간 보관해야 함에 주의해야 합니다.

근로계약서의 작성 시기에 관하여 근로기준법에서 따로 정하고 있지 않습니다. 물론 빠르면 빠를수록 좋습니다. 이에 필자는 최소 입사 후 3일 내로 작성할 것을 권합니다. 왜냐하면 근로계약서를 작성하지 않는 상황을 방지하기 위해 근로기준법 등 노동법에서 벌칙사항 등을 규정하고 있기 때문입니다. 근로계약서에는 적어도 **5가지 사항**[*1]**을 필수적으로 기재**해야 하는데 이를 기재하지 않을 경우 500만원 이하의 벌금(정규직 근로자) 또는 500만원 이하의 과태료(비정규직 근로자)가 부과될 수 있습니다.

근로계약이라는 법률행위는 이른바 **쌍무(雙務)계약**입니다. 쌍방이 의무를 부담한다는 뜻으로서 사업주는 임금지급의무를, 근로자는 근로제공의무를 부담합니다. 양 당사자 중 일방이 내재된 의무를 이행하지 않을 경우 계약 해지가 가능합니다. 근로계약의 해지는 「해고 또는 사직」[*2] 이라는 형태로 나타납니다. 하지만 근로자의 보호를 위해 사업주의 일방적인 해고는 당연히 불가능함을 부언합니다.

사업을 영위하는 사업주도 취업하여 열심히 일하는 근로자도 근로계약서를 **당연히 작성**해야 합니다. 근로계약서 작성은 권리이며 의무입니다. 비록 길어야 몇 페이지짜리 문서지만 노사 쌍방을 규율하는 규범입니다. 이에 본서(本書)에서 소개하는 여러 가지 근로조건에 대한 사항을 잘 이해하고 꼼꼼하게 반영하실 것을 권합니다.

근로계약서 필수기재사항 동영상 강의

*1. 이에 관한 내용은 별도 주제(근로계약서 필수기재사항)에서 후술하기로 한다.

*2. 이에 관한 내용은 별도 주제(근로계약의 특약사항)에서 후술하기로 한다.

02 근로계약서를 반드시 서면으로 작성해야 하는지요? 또는 전자문서로도 가능한지 그리고 전자문서의 범위는 어떻게 되는지요?

실무상 근로계약서를 서면으로 작성함이 원칙입니다. 그런데 상술한 바와 같이 IT 시대에 종이만을 고집할 수는 없기 때문에 전자문서로도 작성 가능합니다. 이와 관련하여 2016년에 고용노동부에서 「전자근로계약서 활성화를 위한 가이드라인」을 작성 · 배포한 바 있습니다. 이 가이드라인에 따르면 전자문서법에 따른 전자문서 형태로 근로기준법에서 정한 필수기재사항 등을 기재하여 근로자에게 교부한다면 서면근로계약서로 인정됩니다.

해설

전자문서로 인정받을 수 있는 전자근로계약서는 ① 사내 전산망(인트라넷), 인터넷 구인 · 구직 사이트 등에 마련된 근로계약서 작성 프로그램을 이용한 근로계약서 ② 개인용 컴퓨터, 스마트폰 등 정보처리시스템상 전자문서 생성 전용프로그램(아래한글, MS오피스, PDF등)을 활용하여 변경 불가능하게 제작한 근로계약서 등을 의미합니다. 또한 근로계약서는 노사 양 당사자를 규율하는 강력한 규범이므로 **전자근로계약서가 근로자에게 배포되어 열람과 출력이 담보되어야 합니다.**

근로계약서가 여러 장(page)으로 구성된 경우에 간인(間印)이나 계인(契印)을 법적으로 강제하고 있지 않습니다. 다만 거듭 강조 드리지만 일방 당사자가 임의로 수정할 수 없게끔 읽기전용문서로 배포하여야 합니다. 만약 전산시스템상 수정을 한 내역이 있으면 상대방이 이를 바로 확인할 수 있는 장치(워터마크 등)가 있어야 함을 부언합니다.

이렇게 작성된 전자문서는 물리적인 실체를 지니지 않아 교부여부에 대한 판단도 실무적으로 중요합니다. 전자근로계약서가 자동 송수신되는 시스템과 사내 전산망의 정보처리시스템을 통한 교부는 그 자체로 교부로 인정됩니다. 사내 직원이 아이디와 패

스워드를 통해 언제든지 **열람할 수 있다면 정보망에 문서를 첨부하는 방식을 완료한 경우 교부**로 인정됩니다. 또한 포털사이트 내에서 제공하는 **이메일**[*3]**을 통해 전송하는 것도 교부로 인정**됩니다.

*3. 참고로 2021년 11월 19일부터 임금명세서 교부의무가 시행되었다. 본 교부와 관련하여 (지난 5년 간) IT발전을 감안하여 2016년 가이드라인에는 없었던 카카오톡 등 SNS, 문자발송(사진형태) 등도 임금명세서 「교부」 버전으로 인정하고 있다. 이를 유추해석하면 근로계약서도 SNS를 통해 교부하는 것도 무방하다고 생각된다. 단 읽기전용문서로 교부해야 함을 부언한다.

근로계약서 갱신 시기

03 입사 시 근로계약서를 작성하였습니다. 이후 연봉인상이 있었음에도 갱신하지 않았는데요. 언제 근로계약서를 갱신해야 하는지요?

근로기준법에서 근로계약서 작성시기와 **갱신시기를 규정하고 있지 않습니다.** 그러나 정규직근로자의 경우 5가지의 필수기재사항을 기재하여야 한다고 규정하고 있습니다.

해설

이를 통해서 실무적으로 필수기재사항 중 1가지라도 변경된 경우 이를 서면(또는 전자문서)형태로 작성 재교부해야 한다는 의견이 중론입니다. 따라서 후술할 필수기재사항이 변경되었다면 그 시점으로부터 최대한 빨리 갱신할 것을 권합니다.

04 근로계약서 작성시 반드시 반영해야 할 사항은 무엇인가요? 이를 반영하지 않았을 경우 어떠한 제재가 있는지 궁금합니다.

근로기준법 제17조(근로조건의 명시) 제1항에 따르면 ① 임금 ② 소정근로시간 ③ 제55조에 따른 휴일(주휴일과 관공서 휴일) ④ 제60조에 따른 연차유급휴가 ⑤ 그 밖에 대통령령으로 정하는 근로조건(취업할 장소와 업무)*4를 필수기재사항으로 규정하고 있습니다. 세부사항에 대한 내용은 세부 주제별로 상세하게 후술할 예정입니다. 특히 **주지하여야 할 내용은 동법 제2항에서 규정한 내용**입니다.

해설

임금과 관련하여 임금의 **구성항목 · 계산방법 · 지급방법**을 작성하여 근로자에게 교부하여야 한다고 규정하고 있습니다. 인사노무 영역에서 가장 많은 질문이 쏟아지는 영역은 임금의 구성항목과 계산방법입니다. 이 둘은 상호 밀접하게 연결된 내용인데 이를 100% 이해하려면 통상임금 · 평균임금 · 기타금품 · 월 통상임금 근로시간수 · 최저임금 산입여부*5 등 **인사노무 전반에 대한 이해가 선행**되어야 합니다. 즉 근로계약서 그 자체를 만들기 위해서는 각 조문별로 배치되는 내용에 대한 배경을 반드시 이해해야 합니다.*6 중요한 것은 임금이 기본급 · 연장근로수당 · 야간근로수당 · 휴일근로수당 등 법정수당이 어떻게 구성되는지 그리고 이러한 수당이 어떻게 계산되는지*7를 근로계약서에 명확하게 기재하여야 한다는 점입니다. (앞서 서술한 내용이지만) **근로기준법 제17조**를 위반할 경우 정규직 근로자는 500만원 이하의 벌금에, 비정규직 근로자(기간제 근로자와 단시간 근로자)는 500만원 이하의 과태료가 부과됩니다. 지급방법은 현금지급 여부, 계좌이체 방식 여부에 대한 내용입니다.

*4. 시행령 제8조에서 취업할 장소와 업무 외에 취업규칙의 필수기재사항과 기숙사에 관한 사항까지 규정하고 있다. 하지만 실무적으로는 분량관계로 근로계약서에 직접 기재하지 않고 근로계약서에 「취업규칙과 기숙사 규정에 따른다」고 기재하는 것이 관행이다.

*5. 본 내용에 대해서는 각 주제별로 후술한다.

*6. 이러한 이유로 필자는 본서에서 근로계약서 주제를 PART1(개론)과 PART2(각론의 취합정리하는 내용)로 구성하였다.

*7. 이를 구체화한 서식이 「임금명세서」이다.

Chapter 02

노동법상 임금 실무

01 임금(賃金)의 정확한 의미를 알고 싶습니다. 노동법상 임금의 범위가 여러 가지로 정의된다고 하는데 그 구체적인 내용은 무엇인지요?

근로기준법 제2조(근로조건의 명시) 제1항 제5호에 따르면 임금이라 함은 「사용자가 근로의 대가로 근로자에게 임금, 봉급, 그 밖에 어떠한 명칭이든지 지급하는 일체의 금품」으로 정의하고 있습니다. 여기서 중요한 것은 근로의 대가라는 점입니다. 근로의 대가라고 정의한다는 점은 수행하는 주체가 근로자임을 의미합니다. 따라서 프리랜서와 같이 발주자로부터 지휘명령을 받지 않는 경제적 주체는 근로자가 아니며 제공하는 용역은 (근로가 아닌) 말 그대로 용역일 뿐입니다. 따라서 그 대가는 (용역수수료일 뿐) 임금이라고 할 수 없습니다.

해설

근로기준법상 근로자 여부를 판단하는 **지표 9가지**가 있습니다.

① 어떠한 업무를 담당하게 되는지 사용자가 정하고 사용자의 취업규칙이 있으면 해당 규정을 적용받아 징계 또는 각종 기타 인사처분이 있었는지 여부와 업무 수행 과정에서 업무 보고, 업무 일지 작성 등 상당한 지휘 · 감독을 하는지 여부

② 근로자의 출퇴근 시간 및 근무를 해야 하는 장소가 지정되어 있고 이를 어길 시 사용자 측에서 제재가 있었는지 여부

③ 근로자가 스스로 작업도구 등을 소유하거나 제3자를 대체자로 고용하여 업무를 대행하게 한 사실이 있는지 등의 사실관계를 파악하여 근로자 본인의 계산으로 사업을 영위하는지 여부

④ 업무를 제공하면서 이윤과 손실의 발생을 근로자 본인이 모두 취득하고 부담하는지 여부

⑤ 업무를 제공하면서 지급받는 보수의 성격이 근로의 대가인지 여부

⑥ 기본급이나 고정급이 정해져있는지 또는 비율급이나 인센티브 형식의 체계를 가

지고 있는지 여부

⑦ 근로소득세를 원천징수했는지 또는 사업소득세를 원천징수했는지 등

⑧ 업무를 제공하면서 계속성이 있는지 또는 다른 회사에도 동일한 업무를 제공할 수 있는 등 전속성이 있는지 여부

⑨ 4대보험에 가입되어 있는지를 판단해야 합니다.

임금의 범위는 (실무적으로) **통상임금, 평균임금, 기타 금품**으로 구분됩니다. 통상임금과 평균임금은 인사노무관리에서 매우 중요하므로 별도 주제에서 상세히 설명할 예정입니다. 기타금품은 말 그대로 (여집합 개념으로서) 사용자가 은혜적 · 호의적으로 지급하는 금품으로서 엄밀히 정의하면 임금은 아닙니다. 왜냐하면 근로의 대가로 해석하지 않기 때문입니다. 그러나 이미 약속한 기타금품(예를 들어 경영성과급 등)을 지급하지 않았을 경우 근로자는 약속 미이행(법률상 채무불이행)을 이유로 고용노동부에 진정을 제기할 수 있습니다. 약속을 이행하지 않을 경우 근로기준법 제36조(금품 청산) 위반으로 사업주는 처벌받을 수 있습니다.

(독자들은 의아할 수 있지만) 우리가 알고 있는 경영성과급은 근로의 대가보다는 근로관계에 기초하여 발생한 것으로 해석하기 때문에 임금이라고 보지 않고 기타 금품으로 간주됨을(근로기준과-1758, 2005.3.25.) 부언합니다. 그러나 **근로계약서 · 취업규칙 · 단체협약에서 지급여부 · 지급률 · 지급시기를 구체적으로 정한 경우**에는 (기업 내부적으로는 이미 형성된 규범이므로) 임금성을 인정할 수 있습니다.

02 실무에서 통상임금이라는 용어를 굉장히 많이 들었습니다. 통상임금의 구체적인 정의와 그 요건이 궁금합니다.

통상임금은 **근로기준법 시행령 제6조(통상임금) 제1항** 에서 정의하고 있습니다. 통상임금이라 함은「근로자에게 정기적이고 일률적으로 소정근로 또는 총 근로에 대하여 지급하기로 정한 ① 시간급 금액 ② 일급금액 ③ 주급 금액 ④ 월급 금액 또는 ⑤ 도급 금액을 의미합니다.

해설

시간급 금액부터 월급 금액은 외견상으로 독립적인 개념으로 보이지만 실제로 (도급 금액을 제외하고는) 모든 통상임금은 **시간급 금액으로 환산가능**하며 실무적으로 시간급 금액으로 환산할 수 있어야 하고 환산[*8]하여야 합니다.

통상임금은 근로기준법에서 규정하는 바와 같이 정기적이고 일률적으로 지급되는 임금을 의미합니다. 이를 판례에서 정기성과 일률성이라는 용어로 표현하고 있습니다. 여기에 더하여 2013년 대법원 전원합의체 판결(대법 2012다89399, 2013-12-18 선고) 이후 고정성이라는 속성도 통상임금 판단 지표로 제시했었습니다. 그러나 2024년 12월 19일 대법원 전원합의체에서 고정성을 폐기하는 파격적인 판결[*9]을 했습니다. 2013년 판결 당시 고정성을 2가지로 유형화할 수 있습 니다. ①일할계산하는 임금항목(예를 들어 정기상여금)과 ②최소지급요건이 있는 임금 항목(예를 들어 가족수당)은 고정성이 있기 때문에 통상임금으로 인정한 바 있습니다.

*8. 이에 대하여는 〈월 통상임금 근로시간수〉에서 상세하게 후술할 예정이다.

*9. 대법원 2020다247190 임금 사건, 대법원 2023다302838 임금 사건

특히 일할계산하는 정기상여금이 아닌 경우, 즉 재직요건이 부가된 정기상여금의 경우 2024년 12월 19일 판결 이전에는 고정성이 결여되어 통상임금으로 해석하지 않았습니다. 하지만 소정근로 대가성을 전면에 내세우면서 근로계약서 상 소정근로를 제공*10 한다면 근로자가 수령할 수 있는 정기상여금은 (기존 고정성 법리를 폐기하고) 소정근로 대가성이 충족된다고 보고 통상임금으로 인정했습니다. 이하에서는 통상임금의 3가지 기준인 정기성, 일률성, 소정근로 대가성에 대해서 설명합니다.

첫 번째로 정기성에 대하여 설명합니다. 정기성이라 함은 정해진 기일에 지급하기로 정해진 속성을 의미합니다. **근로기준법 제43조 제2항** 에서 이른바 정기일 지급의 원칙을 규정하고 있습니다. 임금은 (특별한 사유가 없는 한) 매월 1회 이상 일정한 날짜를 정하여 지급해야 합니다. 그러나 통상임금 여부를 판단하는 정기성은 이러한 정기지급일의 원칙을 뛰어 넘습니다. 예를 들어 우리나라 기업에서 많이 설정한 정기 상여금의 경우 매월 또는 격월 · 분기별 · 연별로 지급됩니다. 즉 매월 1회 지급 원칙에 해당하지 않습니다. 그러나 귀속기간을 1년으로 확대하면 1년 내에서는 정기(定期)성이 인정됩니다. 대법원 판례에 따르면 통상임금 판단 기준으로서 정기성기준기간은 사실상 1년이며 이러한 이유로 정기 상여금의 정기성은 충분히 인정됩니다.

둘째 일률(一律)성은 한가지 원칙으로 지배한다는 의미입니다. 일률성이 내재된 대표적인 임금항목은 기본급입니다. 모든 근로자에게 기본급은 배제될 수 없습니다. 그런데 어떤 직무를 수행하는 자(예를 들어 위험한 직무)를 한정하여 그 근로자에게만 직무수당(또는 위험수당)을 지급하는 경우 일률성이 인정되는가도 실무상 쟁점입니다. 위험한 직무라는 특징에만 주목한다면 그 안에서 일률성이 인정될 수 있습니다. 그러나 위험한 직무를 수행함에도 일부에게만 위험수당을 지급하는 경우에는 일률성이 부정됩니다.

셋째 소정근로 대가성이 충족되어야 합니다. 재직요건이 부가되어 있다고 하더라도 사전적으로 소정근로를 제공했다고 가정했을 때 근로자가 마땅히 수령할 수 있는 임금항목이라면 소정근로 대가성이 있다고 해석합니다. 이러한 이유로 (기존 고정성을 폐기

*10. 필자는 이를 사전적 가정이라고 표현한다. 즉 어떤 근로자가 소정근로를 다 수행했다면 받을 수 있는 금원이라면 소정근로 대가성이라고 해석할 수 있다. 기존의 재직요건은 사후적인 결론을 기준으로 소정근로 대가성이 없다고 보았다.

하고) 소정근로 대가성으로 법리를 변경했습니다. 소정근로 대가성은 최소 지급한도[*11]가 정해진 임금항목의 통상임금성에도 그대로 적용됩니다. 개별 성과급은 성과평가라는 변동성도 내제되어 있지만 최소 지급 금액이 정해진 경우라면 소정근로를 제공하면 수령할 수 있는 임금에 해당합니다.

이와 같이 통상임금은 **실무적으로 명칭은 중요하지 않습니다.** 정기성, 일률성, 소정근로 대가성이라는 3가지 요건이 모두 충족된다면 통상임금에 해당합니다. 통상임금은 기준임금[*12]으로서 역할을 하는데 대표적인 것이 **연장 · 야간 · 휴일근로수당의 산정 기준**입니다. 만약 통상임금에 해당함에도 자의든 타의든 이를 배제하여 시간외 수당 등을 지급한다면 임금의 과소지급 즉 임금체불에 해당하는 리스크가 발생할 수 있습니다.

판례

통상임금은 **소정근로의 가치를 평가한 개념**이므로, 실근로와 무관하게 소정근로 그 자체의 가치를 **온전하게 반영**하는 것이라야 한다. 이 점에서 통상임금은 법정 기간 동안 근로자에게 실제 지급된 임금의 총액을 기초로 하여 사후적으로 산정되는 평균임금과 구별된다. 통상임금은 가상의 도구 개념이고 그 개념이 전제하는 근로자는 '소정근로를 온전하게 제공하는 근로자'이다. '소정근로의 온전한 제공'이라는 **요건이 충족되면 이를 이유로 지급되는 가상의 임금이 통상임금**이다. 바꾸어 말하면 소정근로가 온전하게 제공되었다는 이유만으로 지급되는 것이 아닌 임금 항목(예컨대 순수한 의미의 성과급)은 통상임금이 아니다. 이처럼 통상임금을 실근로 또는 실제 임금과 분리하는 것은 법문에 부합할 뿐만 아니라 소정근로의 가치를 온전하게 반영하는 방식이다. 그렇게 해석함으로써 실제 임금의 변동 가능성이 통상임금에 투영되는 것을 막아 **기준임금으로서의 통상임금**의 본질을 지켜낼 수 있다.

대법 2020다247190, 2024-12-19 선고

---

*11. 제2판에서는 이를 고정성으로 서술한 바 있는데 2024년 12월 19일 판결 이후 소정근로 대가성으로 변경 한다.

*12. 기준임금으로서 통상임금의 역할은 별도 주제에서 다룬다.

03 대법원에서 통상임금 여부를 판단하는 구체적인 기준이 무엇인지요?

기본급 외 통상임금에 해당하는지 여부는 전통적으로 고용노동부에서 작성한 통상임금 산정지침에 따랐습니다. 본 지침에 의할 경우 정기상여금과 근속수당은 통상임금에 해당하지 않았습니다. 그 당시 고용노동부가 이렇게 판단한 것은 통상임금의 3가지 요건 중 정기성 원칙에 위배되었다고 판단했기 때문입니다.

해설

우리나라의 많은 정기상여금의 경우 (매월 지급되어 **근기법 제43조 제2항** 에 따른 정기일 지급의 원칙에 외견상 해당된다고 하더라도) 지급률과 지급사유가 연간 단위(예를 들어 「기본급 대비 연간 600%」)로 결정되는 형태가 많습니다.

2013년 이전에 지급주기는 1개월이더라도 지급률의 결정기간이 1개월을 초과하기 때문에 연간정기상여금은 통상임금으로 해석하지 않았습니다. 그러나 2013년 12월 18일 통상임금에 대한 판단기준(대법 2012다89399)이 전원합의체 판결로 선고되면서 노동시장에 큰 영향을 미쳤습니다. 특히 기존의 일률성 외에 **정기성과 소정근로 대가성에 대한 판단을 새롭게 추가**한 바 있습니다(2024년 12월 19일 이후 고정성은 폐기됨).

본 판결 이전에는 정기성의 경우 1월 이내에 지급사유가 결정되어야 인정되었는데 본 판결로 **1년 이내에 지급주기가 정해진 경우**까지 정기성 원칙을 확대했습니다.

소정근로 대가성 측면에서 위 판결 이후 대법원에서 통상임금으로 (기존 고용노동부 입장과 다르게) 인정한 항목 중 가장 대표적인 것은 정기상여금[*13]이었습니다. 다만 2024년 12월 19일 이전에는 상술한 바와 같이 정기상여금이 「특정시점에 재직 중일

*13. 명칭이 꼭 정기상여금이 아니더라도 연간 단위로 지급이 정하여진 보너스 성격의 임금항목을 의미한다.

것」을 그 요건으로 하는 경우에는 일관되게 통상임금으로 판단하지 않았습니다. 그러나 이를 소정근로 대가성으로 변경함으로써 재직요건이 부가되어 있더라도 이제는 정기상여금은 통상임금에 해당합니다. 정기상여금에 대하여 재직요건를 부가함으로써 시간급 통상임금을 최소화한 회사의 경우 (실 연장근로시간이 동일하다고 가정하면) 연장근로수당의 인상을 불가피[*14] 합니다.

*14. 아마도 장기적으로 연장근로와 휴일근로가 단축될 것이다.

04 통상임금을 기준으로 산정하는 임금항목은 무엇인가요?

통상임금은(후술할 평균임금과 다르게) 사전(事前)적인 특징이 매우 강합니다. 입사하기 전에 채용공고나 면접과정에서 기본급에 대한 대략적인 사항을 들을 수 있습니다. 이와 같이 사전에 정기적 · 일률적으로 지급하기로 한 통상임금을 결정하는 이유는 기준임금으로서 역할을 하기 때문입니다.

해설

주휴수당

월급제 근로자의 경우 기본급에 주휴수당이 포함되어 있지만 시급제 근로자는 주휴수당이 만근 여부에 따라 다릅니다. 시급제 근로자가 **해당 주의 소정근로일을 만근**하여 주휴수당이 지급될 때 시간급으로 정한 통상임금을 기준으로 주휴수당[*15]을 산정합니다.

연장 · 야간 · 휴일근로수당

통상임금을 기준으로 산정하는 임금항목 중 가장 대표적인 수당입니다. **근기법 제56조** 에서 연장근로에 대해서는 통상임금의 50% 이상을 가산, 야간근로와 휴일에 근로하는 8시간 이내의 근로에 대해서도 통상임금의 50% 이상을 가산, **휴일에 근로하는 8시간 초과의 근로에 대해서는 통상임금의 100% 이상을 가산**하도록 규정하고 있습니다. 참고로 상시근로자수 **5인 미만 사업장**[*16]**의 경우 본 규정이 적용되지 않음**을 부언합니다.

연차휴가미사용수당(연차수당)

연차휴가는 원칙적으로 1년간 소정근로일의 80% 이상 출근했을 때 발생하며 발생일로부터 **1년이 경과하면 수당으로 전환**됩니다. 이를 연차휴가(미사용)수당이라고 하

*15. 〈주휴수당 산정방법〉은 별도 주제에서 후술한다.
*16. 〈5인 미만 사업장과 근로기준법 적용〉에 대하여는 본서(本書) 마지막 파트에서 설명할 예정이다.

는데 이러한 수당을 산출할 때 통상임금이 기준임금으로서 역할을 합니다.

해고예고수당

근로기준법 제26조에서 해고에 대한 예고를 규정하고 있습니다. 근로자를 해고할 때 30일 이전(초일 불산입)에 예고를 해야 하고 그렇지 않을 경우에 **30일분의 통상임금을 해고예고수당으로 지급**해야 합니다. 다만 근속기간이 **3개월 「미만」인 경우**와 천재 · 사변 등으로 인해 사업계속이 불가능한 경우, 근로자가 고의로 막대한 지장을 초래하거나 재산상 손해를 끼친 이른바 「중대한 귀책사유」가 있을 경우에는 해고예고수당을 지급하지 않아도 됩니다.

출산전후휴가급여

단태아의 경우 출산전후휴가를 90일(미숙아를 출산한 경우에는 100일[*17]을 사용할 수 있습니다(다태아의 경우 120일)

육아휴직급여(원칙)

육아휴직은 원칙적으로 무급이며 최대 1년까지 사용 가능합니다. 영유아가 만 8세 이하 또는 초등학교 2학년 이하일 경우에 신청가능하며 무급이지만 연차휴가와 퇴직금 산정을 위한 근속연수에는 포함됩니다. 육아휴직을 사용하는 부모에 대해 **고용보험에서 육아휴직급여를 지급**하는데 원칙적으로 **통상임금의 80%**를 지급합니다(상한 160만원[*18], 하한 70만원)

평균임금의 최저보장

필자가 아직 평균임금에 대해 설명하진 않았지만 산정 구조상 일반적으로 평균임금이 (일급으로 환산한) 통상임금보다 큰 금액이 산정됩니다. 그런데 근로자가 일정기간 결근하는 등 여러 가지 이유[*19]로 **평균임금이 통상임금보다 적게 산정**된 경우 (근로자의 수급보장을 위해) 통상임금을 평균임금으로 간주합니다 **(근기법 제2조 제2항)**.

*17. 근기법 제74조 제1항. 2025년 2월 23일 시행

*18. 2025년 변경된 육아휴직급여는 관련 단원에서 후술한다.

*19. 시간외 수당이 거의 없는 임금체계에서 이러한 현상이 발생한다.

05 육아휴직급여는 통상임금을 기준으로 산정된다고 알고 있습니다. 자녀 연령과 부모의 사용상황에 따라 다르다고 하는데 구체적인 내용을 알고 싶습니다.

2024년 1월 1일부터 이른바 〈6+6〉 육아휴직제가 시행되었습니다.*[20] 됩니다. 다만 「부모 함께」 육아휴직제로 홍보용 명칭을 변경하고 1차월의 상한액을 (기존 200만원에서) 250만원으로 상향 조정했습니다. 이는 일반 육아휴직에 대한 3차월까지의 상한액을 250만원으로 조정한 배경을 반영한 것입니다.

해설

2024년과 동일하게 생후 18개월 이내에 부모가 동시 또는 순차적*[21]으로 6개월 이상의 육아휴직을 개시해야 합니다. 이 경우 소득대체율을 100%로 적용하되 그 한도를 1차월 250만원, 2차월 250만원, 3차월 300만원, 4차월 350만원, 5차월 400만원, 6차월 450만원으로 우상향하게끔 조정합니다. 당연히 7차월 이후 기간은 소득대체율 80%와 상한액 160만원, 하한액 70만원을 적용합니다.

[부모 A+B 동시 · 순차 사용] 부모 함께 육아휴직 특례 시 부모1인당 아래의 금액을 지급

① 6차월까지 통상임금 100% ~ ④ 7차월부터 통상임금 80%

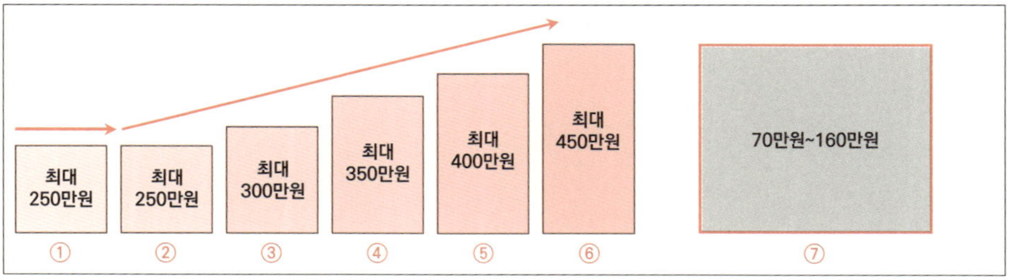

*20. 고용보험법 시행령 제95조의3(출생 후 18개월 이내 자녀에 대한 육아휴직급여 등의 특례) 2023.12.26개정

*21. 그 기간이 중복되지 않아도 된다.

특례 적용기간
= min {min [18개월 이내 아빠의 사용기간(월), 18개월 이내 엄마의 사용기간(월)], 6개월}

부모 모두에게 적용하는 특례제도이고 6개월까지 사용을 장려하는 취지 상 특례 적용기간은 부모 별개로 해석하지 않고 묶음으로 해석합니다. 이에 지원하는 특례기간은 부모의 사용기간 중 최솟값으로 결정합니다. 이를 구체적인 매트릭스로 표현하면 다음 표와 같습니다(단, 부모 모두 통상임금의 80%가 160만원을 초과한다고 가정합니다).

6+6육아휴직급여 동영상 강의

생후 18개월 이내 육아휴직 개시 기간		아빠		
		1차월	3차월	6차월
엄마	1차월	아빠 250만원(특례)+	아빠 250만원(특례)+	아빠 250만원(특례)+
		엄마 250만원(특례)	아빠 160만원(원칙)+	아빠 160만원(원칙)+
			아빠 160만원(원칙)+	아빠 160만원(원칙)+
			엄마 250만원(특례)	아빠 160만원(원칙)+
				아빠 160만원(원칙)+
				아빠 160만원(원칙)+
				엄마 250만원(특례)
	3차월	아빠 250만원(특례)+	아빠 250만원(특례)+	아빠 250만원(특례)+
		엄마 250만원(특례)+	아빠 250만원(특례)+	아빠 250만원(특례)+
		엄마 160만원(원칙)+	아빠 300만원(특례)+	아빠 300만원(특례)+
		엄마 160만원(원칙)	엄마 250만원(특례)+	아빠 160만원(원칙)+
			엄마 250만원(특례)+	아빠 160만원(원칙)+
			엄마 300만원(특례)+	아빠 160만원(원칙)+
				엄마 250만원(특례)+
				엄마 250만원(특례)+
				엄마 300만원(특례)
	6차월	아빠 250만원(특례)+	아빠 250만원(특례)+	아빠 250만원(특례)+
		엄마 250만원(특례)+	아빠 250만원(특례)+	아빠 250만원(특례)+
		엄마 160만원(원칙)+	아빠 300만원(특례)+	아빠 300만원(특례)+
		엄마 160만원(원칙)+	엄마 250만원(특례)+	아빠 350만원(특례)+
		엄마 160만원(원칙)+	엄마 250만원(특례)+	아빠 400만원(특례)+
		엄마 160만원(원칙)+	엄마 300만원(특례)+	아빠 450만원(특례)+
		엄마 160만원(원칙)	엄마 160만원(원칙)+	엄마 250만원(특례)+
			엄마 160만원(원칙)+	엄마 250만원(특례)+
			엄마 160만원(원칙)	엄마 300만원(특례)+
				엄마 350만원(특례)+
				엄마 400만원(특례)+
				엄마 450만원(특례)

위 매트릭스에서 아빠의 사용기한과 엄마의 사용기한의 합계만큼 육아휴직급여 개월수의 조합이 발생하는데 특례의 기간은 (상술한 수식과 설명과 같이) 엄마와 아빠의 육아휴직기간 중 최솟값을 기준으로 적용됩니다. 최솟값을 초과하는 기간은 원칙대로 소득대체율 80%를 적용합니다(상한액은 160만원). 이때 생후 18개월 요건과 관련하여 육아휴직 종료요건이 아니라 육아휴직 개시요건임을 부언합니다. 즉「부모 함께」육아휴직제 도중에 자녀 나이가 생후 18개월을 도과하더라도 예정된 육아휴직 기간에는 특례를 적용합니다.

06 통상임금은 시급, 일급, 월급 등의 형태가 있다고 알고 있습니다. 어떠한 차이가 있으며 시간급으로 환산하는 방법을 알고 싶습니다.

근기법 시행령 제6조 제1항에서 통상임금을 시간급 금액, 일급 금액, 주급 금액, 월급 금액 또는 도급 금액이라고 규정하고 있습니다. 도급 금액은 현실에 거의 존재하지 않으므로 나머지 4가지 관점에서 설명합니다. 시간급과 일급, 주급 금액과 월급 금액은 상호 밀접한 관련이 있습니다. 실무적인 관점에서 정리하면 월급 금액을 주급 · 일급 · 시간급의 순서대로 환산하는 방법을 알아야 합니다.

해설

시간급과 일급의 관계

시간급은 그 자체로서 시간급 통상임금입니다. 예를 들어 시간급이 1만원인 경우 그 시간급이 사전에 정해진 통상임금 그 자체입니다. 어떤 근로자가 1일 소정근로시간 7시간을 근무할 경우 일급으로 환산하는 방법은 간단합니다. 시간급 통상임금에 1일 소정근로시간을 곱하면 됩니다. 즉 7만원(= 1만원/시간 × 7시간/일)입니다.

일급과 주급의 관계

위 사례에 연속해서 1주 소정근로일수가 5일이라면 (그리고 이 근로자가 만근했다면) 주급으로 환산되는 통상임금은 얼마일까요? 일급 7만원에 5일을 곱한 35만원은 오답입니다. 1주 15시간 이상 근로할 경우, 주휴수당이 발생합니다. 주급 단위부터는 항상 주휴수당을 염두에 두어야 합니다. 따라서 주급 금액은 다음과 같이 산정됩니다.

주급 금액(통상임금) = (1만원 × 7시간) × 5일 + (1만원 × 7시간) = 42만원 (①식)

이와 같은 계산법은 **근기법 시행령 제6조 제2항 제3호**(주급)에서 규정하고 있습니다.

주급과 월급의 관계

월의 일수는 월마다 다릅니다. 1월은 31일, 2월은 28일, 4월은 30일 등 각각 다릅니다. 이에 1월이라는 단위 기간에 내재된 평균주수를 곱하여 주(週)와 월(月)단위를 연결해야 합니다. 1년은 365일이며 이를 1주일인 7일로 나누면 약 52.14주가 도출됩니다. 이를 (1년을 구성하는) 12개월로 나누면 4.34(주/월) (또는 4.345주/월)이라는 숫자가 산정됩니다. 상술한 ① 식(주급 금액)에 4.34를 곱하면 월 단위의 통상임금으로 환산됩니다.

월급 금액(통상임금) = 42만원 × 4.345 = 1,824,900원 (②식)

위 ② 식으로 환산하는 논리는 인사급여실무에서 매우 중요합니다. 이에 대한 정밀한 내용은 〈월 통상임금 근로시간수〉 주제에서 필자가 더욱 더 상세하게 설명합니다. 우리가 알고 있는 209시간이라는 값도 위 ② 식의 원리가 담겨 있습니다.

07 정기성과 일률성을 갖춘 상황에서 재직요건이 있더라도 통상임금에 해당할 수 있는지요?

근기법 시행령 제6조 제1항에서 정하고 있는 통상임금에 대하여 「재직요건」이라는 법률용어는 법조문 어디에도 등장하지 않습니다. 이는 판례와 유권해석에서 다루는 내용인데 실무에 미치는 영향은 상당합니다.

해설

판례

지급일 현재 재직 중인 근로자에게만 지급하기로 정해져 있는 '기본연봉의 6/18'(기본연봉 중 12회의 월급여를 제외하고 1월, 6월, 7월, 12월 및 설날, 추석 등 6회에 걸쳐 지급되는 부분을 지칭한다)과 '성과급'은 소정근로 대가성을 갖추지 못하여 통상임금에 해당하지 않고, 이와 같이 성과급 등을 **지급일 현재 재직 중인 근로자에게만 지급하도록 정한 재직요건 규정은 유효**하다.

대법 2016다237653, 2018-10-25

2013년 전원합의체 판결 이후 2024년 12월까지 대법원은 일관성 있게 재직요건이 부가된 상여금 등에 대해 그 재직요건은 유효하며 (이전 기준인) 고정성을 결여하고 있다고 판단했습니다. 물론 지법 · 고법에서는 이와 다르게 판단한 사례가 꽤 있습니다.

종전 2013년 판례에 따르면 법령상 근거 없는 고정성 개념에 의해 통상임금 판단이 좌우*22 되어 소정근로 대가성이 분명한 정기상여금과 같은 임금 항목도 당사자의 조건 부가에 의해 통상임금성이 쉽게 부정되어 통상임금의 범위가 부당하게 축소되고 연장

*22. 대법원 공보연구관실(2024. 12. 19) 배포 자료

근로 등에 대한 정당한 보상이 이루어지지 못하는 결과가 발생하였다고 (2024년 12월 19일에) 대법원에서 판결하였습니다.

대법원은 기준임금으로서 요청되는 통상임금의 기능과 본질에 부합하는 방향으로 법령을 충실히 해석하여 통상임금의 개념과 판단 기준을 새롭게 정립하였습니다. 즉, 고정성 개념을 폐기하고 통상임금의 본질인 소정근로 대가성을 중심으로 통상임금 개념을 재정립하였습니다.

통상임금에 관한 새로운 법리는 ①통상임금의 본질인 소정근로의 가치를 온전하게 반영하여야 한다는 요청과 ②도구개념으로서 요구되는 사전적 산정 가능성(통상임금 판단의 예측가능성)을 모두 충족하며 재직조건부 임금뿐 아니라 근무일수 조건부 임금 등 다양한 임금 유형에 정합적으로 적용될 수 있는 명확한 지침이라는 의의가 있습니다.

08 평균임금의 정확한 의미와 통상임금과의 차이점을 알고 싶습니다.

평균임금이라 함은 이를 산정하여야 할 ① 사유가 발생한 날 이전 3개월 동안에 그 근로자에게 지급된 ② 임금의 총액을 그 기간의 ③ 총일수로 나눈 금액을 의미합니다 (근기법 제2조 제1항 제6호). 평균임금 산정기초가 되는 임금의 총액에는 근로의 대가로 지급하는 임금의 성질을 갖는 각종 기본적인 급여항목(기본급 및 제수당) 이외에도 근기법에 의하여 일정한 요건이 충족될 경우 지급하는 법정수당이 모두 포함되며, 미리 지급조건 등이 명시되어 있거나 관례로서 계속 지급되어온 상여금, 일정금액을 1임금지급기마다 정기적이고 일률적으로 지급하도록 정해진 식비 등 수당, 취업규칙 등에 그 지급률, 지급시기 등이 정해진 체력단련비, 휴가비 등도 평균임금에 포함될 수 있습니다. 그러나 임시로 지급된 임금 및 수당과 통화 외의 것으로 지급된 임금을 포함하지 않습니다 (근기법시행령 제2조 제2항).

해설

이러한 평균임금은 해당 사업(장)에 실제로 제공된 근로에 대해 실제로 지급 받은 임금을 의미하여 (상술한 평균임금의 정의 상) **일급개념으로 산출**됩니다. 총일수는 산정사유 발생일에 따라 다른데 89일에서 92일 사이에서 결정됩니다.

통상임금은 이미 설명한 바와 같이 정기성 · 일률성 · 소정근로 대가성을 갖춘 임금으로서 **사전(事前)적인 개념**입니다. 구직공고나 채용면접단계에서 사전적으로 연봉정보(예를 들어 기본급 등)를 제공하는 사례에서 사전성을 유추할 수 있습니다. 통상임금을 사전에 결정하는 이유는 각종 법정수당의 기준임금이기 때문입니다.

반면 **평균임금은 사후(事後)적인 개념**입니다. 이미 근로를 제공한 후에 발생하는 여러 가지 산정사유들(후술하겠지만 퇴직금 산정 등)이 발생한 경우 기왕에 완성된 임금을 기준으로 산정하는 것이 합리적이기 때문입니다.

평균임금에서 제외되는 임금

09 집단경영성과급도 평균임금에 포함되는지요? 구체적으로 어떤 임금항목이 평균임금 산정 시 포함되지 않는지요?

대부분의 임금항목은 평균임금에 포함됩니다. 그런데 다음의 항목들은 평균임금 산정 시 임금의 범위에 포함되지 않습니다.

해설

첫째, **근기법 시행령**에 따르면 「**임시로 지급**된 임금 및 수당」과 「**통화 이외의 것**으로 지급된 임금」은 평균임금 산정 시 이를 제외합니다. ① 「임시로 지급된 임금 및 수당」이란 일시적, 돌발적 사유로 인하여 지급되는 것과 같은 그 **지급사유의 발생이 불확정적인 것**을 의미합니다. ② 「통화 이외의 것으로 지급된 임금」은 단체협약 또는 취업규칙에 의하여 명시되고 **통화로 환가할 수 있도록 규정한 경우**에 한하여 평균임금 산정기초에 포함할 수 있습니다

둘째, **근기법 제60조**에 따른 연차유급휴가는 1년 간 사용이 가능하며 근로자가 이를 전부 사용하지 못할 경우 사용자에 대한 연차유급휴가청구권이 미사용 연차유급휴가수당청구권으로 전환됩니다. 퇴직으로 인하여 연차유급휴가수당[*23]을 사용하지 못하게 된 경우에도 마찬가지인데, 이와 같은 미사용 연차유급휴가수당은 **퇴직이라는 산정사유가 발생하기 이전에 임금으로서 존재한 것이 아니고** 퇴직으로 인하여 **비로소 발생하는 금품**이기 때문에 평균임금 산정 시 이를 포함하지 않음에 주의하여야 합니다.[*24]

*23. 본서에서 이를 퇴직연차수당이라고 서술한다.

*24. 다만, 고용노동부의 행정해석은 확정기여형(DC형) 퇴직연금제도에 가입되어 있는 경우에는 퇴직으로 인하여 발생한 미사용 연차유급휴가 수당도 퇴직연금 부담금 산정 시 이를 산입하여야 한다는 입장을 취하고 있다(퇴직연금복지과-87, 2008.4.1.).

셋째, 근로자에게 **실비변상적인 성격으로 지급되는 금품**은 「근로의 대가」로 지급되는 것으로 해석하지 않습니다. 따라서 평균임금의 산정을 위한 임금총액에 산입되지 않습니다. 예를 들어, 해외체재비가 근로자가 해외근무라는 특수한 근무환경에서 직무를 수행하게 됨에 따라 지급된 실비 변상적인 금품이라면 임금으로 해석하지 않습니다.

넷째, **집단경영성과급**과 같이 ① 특별한 지급의 근거도 없고 사용자가 그 지급여부를 ② 임의로 결정할 수 있는 금품은 평균임금 산정 시 이를 임금의 총액에 포함하지 않습니다. 따라서 사용자의 재량에 의해 은혜적 · 호의적으로 지급된 성과급 등은 평균임금 산정 시 이를 제외하여도 무방합니다. 다만, 공공기관 · 공기업에서 운영되는 경영평가성과급은 그 외견이 집단경영성과급이지만 사업주에게 지급의무가 부여된 임금이기에 평균임금 산정시 포함됨에 주의하여야 합니다.

판례

평균임금 산정의 기초가 되는 임금은 사용자가 근로의 대가로 근로자에게 지급하는 금품으로서, 근로자에게 계속적·정기적으로 지급되고 단체협약, 취업규칙, 급여규정, 근로계약, 노동관행 등에 의하여 사용자에게 그 지급의무가 지워져 있는 것을 말한다.

경영평가성과급이 계속적 · 정기적으로 지급되고 지급대상, 지급조건 등이 확정되어 있어 사용자에게 **지급의무가 있다면,** 이는 근로의 대가로 지급되는 임금의 성질을 가지므로 **평균임금 산정의 기초가 되는 임금에 포함된다고 보아야 한다.** 경영실적 평가결과에 따라 그 지급 여부나 지급률이 달라질 수 있다고 하더라도 그러한 이유만으로 경영평가성과급이 근로의 대가로 지급된 것이 아니라고 볼 수 없다.

대법 2015두36157, 2018-10-12 선고

10 연차휴가수당은 평균임금과 통상임금 중 어떤 것을 기준으로 산정하나요?

평균임금을 기준으로 산정하는 임금항목은 **근기법과 고보법, 산재법** 등에서 여러 가지를 규정하고 있습니다.

해설

연차휴가수당

연차휴가수당은 평균임금으로 산정합니다. 물론 통상임금으로 산정하여도 무방합니다. 참고로 실무적인 관점에서 시간외 근로수당 · 상여금 등 부가적인 임금이 존재하는 경우 평균임금이 (일급으로 환산한) 통상임금보다 큰 것이 일반적입니다.

휴업수당

휴업이 발생하는 경우 평균임금을 기준으로 휴업수당을 지급해야 합니다. **근기법 제46조** 에서 사업주 귀책사유로 인한 휴업*25 이 발생한 경우 평균임금의 70% 이상을 휴업수당으로 지급해야 합니다. 다만 평균임금의 70%에 해당하는 금액이 통상임금(일급)을 초과하는 경우 그 통상임금을 휴업수당으로 지급할 수 있습니다.

재해보상금

산업재해와 같은 업무상 재해가 발생한 경우 평균임금을 기준으로 재해보상금을 산정합니다. **산재법 제36조** 에서 요양급여 · 휴업급여 · 장해급여 · 간병급여 · 유족급여 · 상병(傷病)보상연금 · 장례비 등의 재해보상금을 규정하고 있는데 평균임금을 기준으로 보상금을 결정합니다.

*25. 근로자의 의사가 반하여 사업주의 귀책사유로 근로의무를 면제하는 조치를 의미한다.

퇴직금과 확정급여(DB)형 퇴직연금급여

법정 퇴직금 또는 확정급여(DB)형 퇴직연금급여 산정 시 평균임금을 기준으로 계산합니다. **근퇴법 제8조** 에서 법정 퇴직금을, **근퇴법 제15조** 에서 확정급여(DB)형 퇴직연금급여 산정 시 계속근로기간 1년에 대하여 30일분 이상의 평균임금을 지급하도록 규정하고 있습니다.

감급의 제재

근기법 제23조 제1항 에 따른 정당한 사유가 있는 경우 취업규칙에 근거하여 근로자에게 지급할 임금을 감하여 지급하는 것이 가능합니다. 다만 감액의 범위는 ① **1회의 금액**이 해당 근로자의 **평균임금 1일분의 2분의 1**을, ② 감액의 총액은 1임금지급기의 임금 총액의 10분의 1을 초과할 수 없습니다.

구직급여(실업급여)

구직급여(실무적으로 실업급여라고 지칭함)는 **근기법** 상 **평균임금(고용보험법에서 임금일액라고 함)의 60%(이를 소득대체율이라고 함)로 정함을 원칙**으로 합니다. 다만 사회보장급여라는 정체성으로 인해 상한과 하한을 정하고 있습니다. 2026년부터 임금일액의 상한은 113,500원으로 인상되었습니다. 이에 구직급여의 상한액도 (소득대체율 60%를 적용하면) 68,100원으로 인상되었습니다. 또한 하한은 당해연도 고시되는 시간급 최저임금에 근로자의 재직 시 1일 소정근로 시간을 곱한 일급 최저임금의 80%로 정합니다. 2026년 최저시급은 10,320원이므로 소득대체율 80%를 적용하면 1일 구직급여 하한액은 66,048원이 산정됩니다.

11 근로자가 출산휴가를 마친 후 바로 퇴직하는 상황입니다. 이 경우 퇴직금을 위한 평균임금 산정 시 출산휴가 기간을 제외하는 것인가요?

평균임금은 원칙적으로 산정사유 발생일(퇴직 등) 이전 3개월의 기간의 총일수를 기준으로 산정합니다. 다만 출산전후휴가와 같이 정상적인 근로소득을 보장해주지 않는 기간의 경우 이 기간을 제외합니다. 이러한 기간을 3개월의 기간에 포함할 경우 **평균임금이 저하되는 것을 방지**하기 위함입니다.

근기법 시행령 제2조 에서 출산전후휴가기간을 포함하여 8가지를 규정하고 있습니다. 이러한 기간 자체와 **임금의 총액도 제외**합니다.

해설

3개월 이내의 수습기간

수습(修習)기간이라 함은 본 채용 이후 기업 내 업무를 습득하는 기간으로서 현장훈련(OJT) 등으로 인해 정상적인 생산성을 발휘하지 못합니다. 따라서 본 임금 대비 일정 비율을 감액하는 것이 일반적입니다. 이러한 수습기간을 평균임금 산정 시 포함한다면 **근로자에게 불이익한 결과가 초래**되므로 이 기간을 제외 합니다.

사용자의 귀책사유로 인하여 휴업한 기간

사용자의 귀책사유로 인한 휴업이 발생한 경우 통상임금의 100% 또는 평균임금의 70%를 휴업수당으로 지급합니다. 시간외 수당과 각종 수당 등 임금항목이 많을 경우 휴업수당 지급은 그 자체로 **근로소득의 감소를 의미**합니다. 따라서 이러한 휴업기간을 평균임금 산정기간에서 제외합니다.

출산전후휴가기간과 유사산휴가기간

근기법 제74조 에 따른 출산휴가기간에 사업주는 전체 90일(미숙아의 경우 10일 가산, 다태아의 경우 120일) 중 **60일만 통상임금을 기준으로 유급 처리**합니다. 유사산휴가는 임신 주수에 따라 최소 5일에서 최대 90일까지 부여됩니다. 양 휴가 모두 **정상적인 임금지급이 담보되지 않기 때문에** 평균임금 산정 시 그 기간과 임금총액에서 제외합니다.

업무상 부상 또는 질병 요양 기간

산업재해가 발생한 경우 (요양급여와 함께) 휴업급여가 지급됩니다. 휴업급여는 원칙적으로 (휴업수당과 동일하게) **평균임금의 70%가 지급**됩니다. 따라서 이 기간은 평균임금 산정 시 제외합니다.

고평법상 육아휴직기간

육아휴직은 고평법상 원칙적으로 최대 1년까지 사용가능*26 하되 그 기간은 **무급 처리**됩니다. 그러나 퇴직금과 연차휴가 산정을 위한 근속연수에는 포함됩니다. 따라서 육아휴직 기간을 근속연수에는 포함하되 평균임금 산정 시(무급이므로) 제외합니다.

노조법상 쟁의행위 기간

노조법 제2조 제6호 에서 쟁의행위를 파업 · 태업 · 직장폐쇄 · 기타 노동관계 당사자가 그 주장을 관철할 목적으로 행하는 행위와 이에 대항하는 행위로서 업무의 정상적인 운영을 저해하는 행위라고 규정하고 있습니다. 쟁의행위는 그 목적과 절차가 정당해야 합니다. 정당한 쟁의행위에 해당하는 경우 민형사상 책임이 면제되지만 **「무노동 무임금 원칙」이 적용**됩니다. 이는 육아휴직과 마찬가지로 무급처리됨을 의미하므로 평균임금 산정 시 제외합니다.

병역법 등에 의해 근로하지 못한 기간

병역법 · 예비군법 · 민방위기본법에 따른 의무를 **이행하기 위해 휴직하거나 근로하지 못한 기간**은 평균임금 산정 시 제외합니다. 예비군 동원이나 민방위 훈련은 단기간인 경우가 많아서 기업에서 유급 처리하는 경우도 많습니다. 만약 기업에서 이 기간에 임금을 지급했다면 당연히 평균임금 산정기간에 이 기간을 포함합니다. 참고로 평균임금 산정 영역은 아니지만 군복무(모병제)에 의한 기간은 퇴직금 산정 시 근속연수에서 제외됩니다.

*26. 육아휴직의 요건과 근로조건 등은 별도 주제에서 후술한다.

판례

구(舊) 병역법(1962.10.1 법률 제1163호) 제76조 제2항의 규정의 취지에 의하면 군복무기간은 퇴직금 산정기준인 계속근로년수에 포함된다고 할 것이나 개정 병역법(1970.12.31 법률 제2259호) 제69호 제2항, 제3항의 규정은 실역복무로 휴직한 공무원이 복무를 마친 경우 복직을 보장하고 승진에 있어서 복무기간을 실무종사기간으로 보아야 한다는 것이고 위 휴직기간을 승진 이외에 퇴직금지급 기간에까지 가산하라는 취지로는 해석할 수 없으니 원고의 군복무로 인한 휴직기간중 병역법(1962.10.1 법률 제1163호)의 개정 전인 1970.12.31까지의 군복무기간은 퇴직금 산정기준이 되는 근속년수에 포함된다고 할 것이나 그 **개정 후 복직전까지의 군복무기간은 근속년수에 합산할 수 없다.**

대법 84다카374, 1984-06-12 선고

사업주 승인을 받은 휴직기간

위에서 열거한 법정(法定) 사유는 아니지만 업무 외(外) 부상이나 질병 등으로 사업주의 승인을 받아 휴업(또는 휴직)한 기간은 평균임금 산정기간에서 제외합니다. **개인 사정으로 인해 휴직을 하되 사업주의 승인을 받는 경우**가 대표적인 사례입니다.

육아기 근로시간단축 기간

고평법 제19조의3 에서 규정하고 있는 육아기 근로시간 단축기간의 경우 사실상 **단시간근로자(파트타임 근로자)로 전환하는 것을 의미**합니다. 근로시간 단축으로 인해 근로소득이 감소하므로 평균임금 산정기간에서 제외합니다.

가족돌봄휴직

고평법 제22조의2 에서 규정하고 있는 가족돌봄휴직은 연간 최대 90일까지 사용할 수 있는데 무급 처리됩니다. 노동법에서 규정된 무급휴직이므로 이 기간은 평균임금 산정 시 제외합니다.

고평법에 따른 근로시간 단축 기간

고평법 제22조의3조 에서 가족돌봄 휴직 외(外)에 ① 근로자 자신의 질병이나 사고로 인한 부상 등의 사유로 자신의 건강을 돌보기 위한 경우 ② 55세 이상의 근로자가 은퇴를 준비하기 위한 경우 ③ 근로자의 학업을 위한 경우 사업주에게 근로시간 단축을 청구할 수 있습니다. 이를 허용하는 경우 1주 소정근로시간은 15시간 이상 30시간 이하의 구간에서 설정해야 합니다. 이러한 근로시간 단축도 가족돌봄휴직과 마찬가지로 **단시간 근로자로 일시적으로 전환**하는 조치이므로(소득감소를 고려하여) 평균임금 산정기간에서 제외합니다.

상술한 평균임금 산정방식과 제외되는 기간에 대하여 구체적으로 설명합니다.

1. 평균임금의 산정 : 원칙 (특별한 기간 등이 없는 경우)

직전 3개월	직전 2개월	직전 1개월	임금총액
89일 ~ 92일			사유발생일

출산전후휴가 등 제외사유가 없고 연간 상여금 및 연차휴가수당도 없는 경우에는 산정사유 발생일 이전 3개월의 기간을 분모에 두고 그 기간에 발생한 임금총액을 분자도 두고 계산합니다. 가장 일반적인 형태로서 사유 발생일에 따라 그 기간은 최소 89일 최대 92일로서 기산됩니다.

(1) 월급제

직전 1개월 등의 기간이 월중에서 월중에 걸친 경우 일할 계산하여 반영합니다.

(2) 시급제 및 일용직

산정기간 3개월 내에 발생한 일수를 기준으로 그대로 반영합니다(일할계산 없음)

2. 평균임금의 산정 : 연간 단위의 임금이 있는 경우(연차수당, 연간 상여금 등)

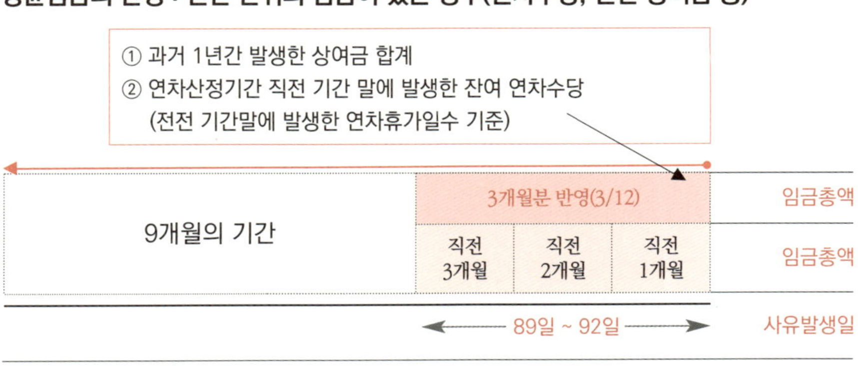

월급 · 시급 · 일용직을 불문하고 1년 단위로 지급이 결정되는 임금항목의 경우 1년분의 금액을 합산하여 **근무개월수**로 나눕니다. 12개월을 재직하고 12개월이라는 근무에 대하여 상여금 등을 수령하였다면 평균임금에 반영되는 연간상여금은 3/12라는 가중치를 가지게 됩니다.

하지만 1년 미만의 기간에 대하여 수령한 상여금 등이라면, 예를 들어 6개월 근무에 대한 상여금이라면 6등분을 함으로써 **월평균 상여금을 산정**합니다. 즉 3/12이라는 가중치는 최빈값에 불과하며 3/6 등 다양한 형태로 산정합니다. 결론적으로 상여금을 **월평균**한 후 3개월을 곱하여 산정하는 것입니다.

3. 평균임금의 산정 : 적용제외 기간과 그 기간의 임금이 있는 경우

(1) 사례 : 3개월의 일부에 예외사유가 있는 경우 (연간 상여금 등 없음)

2023년 10월 1일 퇴사(최종 근무일 : 9월 30일),

2023년 6월 1일부터 2023년 8월 31일까지 : 출산전후휴가 사용

(직전 3개월) 적용제외	(직전 2개월) 적용제외	9월 1일 ~ 9월 30일의 임금총액	임금총액
기간 제외	기간 제외	30일	사유발생일

아래에 해당하는 기간이 최종 3개월이라는 정산기간의 일부를 차지하고 있는 경우 위 그림과 같이 임금총액과 그 기간의 일수에서 각각 제외합니다.

연번	예외사유	비고
1	수습기간	3개월 이내까지
2	휴업	사용자 귀책사유
3	출산전후휴가기간	유사산휴가 포함
4	업무상 요양기간	
5	육아휴직기간	
6	쟁의행위기간	적법 쟁의행위에 한함
7	병역법 등 기간	예비군, 민방위훈련 포함

(2) 직전 3개월 전부가 적용 제외되는 경우

2023년 10월 1일 퇴사(최종 근무일 : 9월 30일),

2023년 7월 1일부터 2023년 9월 30일까지 : 육아휴직 (분할)사용

4.1 ~ 4.30 정상근무	5.1 ~ 5.31 정상근무	6.1 ~ 6.30 정상근무	7.1 ~ 7.31	8.1 ~ 8.31	9.1 ~ 9.30	임금총액
임금3	임금2	임금1	무급	무급	무급	
← 91일 (=30일+31일+30일) →			← 30일 →			사유발생일

예외 사유의 첫날을 산정사유발생일로 간주하고 그 직전 3개월의 기간과 임금을 기준으로 평균임금을 산정합니다.

12 퇴직한 근로자의 퇴직금을 계산하는데 평균임금을 기준으로 산정한 금액에 대해 해당 근로자가 통상임금을 기준으로 산정할 것을 요청하고 있습니다. 어떠한 기준이 맞는지 궁금합니다.

근속연수 1년에 대하여 30일분 이상의 평균임금을 퇴직금으로 지급하는 것이 원칙입니다. 그런데 근로자가 산정사유일 이전 3개월 기간 동안 개인사정에 의한 **1개월을 무단결근을 했을 때 이 기간은 평균임금 산정기간에서 제외하는 기간에 해당하지 않습니다.** 따라서 사업주는 최종 1개월을 무급 처리할 것이고 이로 인해 대략적으로 평균임금의 1/3이 감소하게 됩니다. 평균임금 감소에 따라 **퇴직금 등이 연쇄적으로 감소**할 수 있습니다. 무단결근이 근로자의 귀책사유라는 점은 분명하지만 이미 임금 삭감 조치가 1차적으로 이루어졌기 때문에 퇴직금(정확하게는 평균임금)까지 감액되는 것은 또 다른 불이익이 될 수 있습니다.

해설

근로자를 **2차적인 충격으로부터 보호**하기 위해 **근기법 제2조 제2항**에서 평균임금이 통상임금에 미달할 경우 통상임금액*27 을 평균임금으로 한다고 규정하고 있습니다. 예를 들어 어떤 근로자의 1주 소정근로시간이 40시간이고 임금항목은 기본급 209만원이 유일하며 만1년을 근무했다고 가정하겠습니다. **기본급은 그 자체로서 통상임금입니다.**

이 기본급을 209시간으로 나누면 통상시급이 산출되며 이 통상시급에 1일 소정근로시간 8시간을 곱하면 일급으로 환산한 통상임금이 도출되는데 이 일급통상임금은 8만원입니다. 그리고 평균임금 산정을 위한 3개월 동안의 총일수는 90일이라고 하면 평균임금과 통상임금(일급)을 기준으로 한 퇴직금은 다음 표와 같이 산정됩니다.

*27. 이때 통상임금액이라고 규정한 이유는 일급(日給)으로 통상임금을 환산하기 때문이다.

연번	기준	산정 과정	퇴직금
1	평균임금	$\frac{209만+209만+209만}{90일} \times 30일$	209만원
2	통상임금(일급)	8만원 × 30일	240만원
	차액		31만원

위 표에서 볼 수 있듯이 기준이 평균임금인지 통상임금인지 여부에 따라 31만원의 차이[*28] 가 발생합니다. 실무에서 적지 않게 발생하는 사례이므로 독자들은 **이 부분에 주의**하여 퇴직금 등을 산정해야 합니다.

*28. 평균임금의 최저보장을 규정한 당시 우리나라는 장시간 근로가 노동 관행이었다. 그 당시에는 이러한 조정절차를 적용한다고 하더라도 통상임금(일급)기준으로 산정한 금액이 평균임금 기준으로 산정한 금액을 역전하는 경우가 거의 없었다.

13 2022년말 퇴사하는 근로자의 퇴직금을 계산함에 있어 연차수당을 반영하려고 하는데 전년도에 발생한 연차휴가를 기준으로 산정하는지요?

평균임금을 산정할 때 역법(曆法)상 3개월의 의미는 절대적인 의미가 아닙니다. 2022년 10월 1일부터 2022년 12월 31일까지의 기간을 3개월이라고 할 때 이 기간에 우연히 높은 금액의 상여금을 지급받았다는 이유로 (현금주의와 같이) 산입한다면 예상하지 못한 수준으로 평균임금이 상승하게 됩니다. 반대로 10월 이전에 높은 금액의 상여금을 지급받은 경우는 상대적으로 (근로자가 예상한 수준보다) 평균임금이 하락하게 됩니다.

해설

이에 산정사유 발생일로부터 1년 동안 발생한 상여금을 **안분(按分)하여 반영**합니다. 재직기간이 1년 이상이라면 12개월로 나누고, 1년 미만이라면 해당 근로 개월수로 나눈 후에 3개월을 곱하여 산정합니다.

연차휴가수당도 **마찬가지 원리가 작동**합니다. 연차휴가는 그 명칭에서 바로 유추할 수 있듯이 발생 자체가 연 단위입니다. 따라서 1년 간 발생하는 연차휴가수당을 안분계산(대부분 3/12만큼 반영)하는데 어떤 수당을 기준으로 산입해야하는지가 쟁점입니다. 2022년 말에 퇴직하는 경우 (만약 회계연도 기준으로 연차휴가를 산정한다면) 직전년도 말일(2021년 12월 31일)에 발생한 연차휴가는 2022년에는 **휴가라는 현물로서 존재**합니다.

따라서 **직전년도 말일**에 「발생」한 연차휴가는 평균임금 산정과는 무관합니다. 이에 전전년도 말일(2020년 12월 31일)에 발생한 연차를 추적해야 합니다. 만약 ① 이 날 기준(전전년도 말일)으로 연차휴가가 19일이고 ② 전년도에 9일을 사용했다면 ③ 전년도 말일 현재 「잔여」연차휴가는 10일이 되며 2022년 1월 1일 이후에 ④ 연차휴가「수당」

고용노동부 행정해석

상여금을 평균임금 산정기초에 산입할지에 관하여 아래와 같은 기준에 따라 처리하기 바람.

1. 상여금이 단체협약, 취업규칙, 그 밖에 근로계약에 미리 지급되는 조건 등이 명시되어 있거나 관례로 계속 지급하여온 사실이 인정되는 경우 그 상여금의 지급이 법적인 의무로서 구속력을 가지게 되어 이 때에는 근로제공의 대가로 인정되는 것이므로 **이는 임금으로 취급하여야 할 것**임. 그러므로 지급되는 상여금은 지급횟수(예를 들어 연 1회 또는 4회 등)를 불문하고 **평균임금 산정기초에 산입함.**
2. 상여금은 근로자가 지급받았을 당해 임금지급기만의 임금으로 취급하여 일시에 전액을 평균임금 산정기초에 산입할 것이 아니고 평균임금을 산정하여야 할 사유가 발생한 때 이전 12개월 중에 지급받은 상여금 전액을 그 기간 동안의 **근로 개월 수로 분할 계산**하여 평균임금 산정기초에 산입함.
3. 근로자가 근로를 제공한 기간이 **1년 미만인 경우**에는 그 기간 동안 지급받은 상여금 전액을 **해당 근로 개월 수로 분할 계산**하여 평균임금 산정기초에 산입함.

2015.10.14 고용노동부예규 제096호

으로 전환됩니다. 즉 10일분의 연차휴가수당이 연초에 발생합니다. 그런데 이러한 연차휴가수당은 **1년 동안 존재하는 청구권으로 해석**할 수 있으므로 전체 금액이 아닌 3/12만큼만 평균임금 산정 시 반영합니다.

정리하면 전전년도 말일을 기준으로 발생하고 전년도에 사용하고 남은 연차휴가를 기준으로 산정한 연차휴가수당의 3/12만큼 평균임금 산정에 반영하며, 전년도 말일을 기준으로 발생한 연차휴가수당은 평균임금 산정 시 제외합니다. 다만 **전년도 말일을 기준으로 발생한 연차휴가 중 남은 연차**가 있다면 마땅히 퇴직 시 「별도」의 연차휴가수당으로 (월급에 부가하여) 정산되는데 이를 실무 용어로 (기타금품에 해당하는) 「퇴직연차수당」*[29] 이라고 칭합니다.*[30]

「근로기준법」 제2조제1항제6호의 규정에 따라 "평균임금"이란 이를 산정하여야 할 사유가 발생한 날 이전 3개월 동안에 그 근로자에게 지급된 임금의 총액을 그 기간의 총일수로 나눈 금액을 말하며, 퇴직금 산정을 위한 평균임금 산정 기준임금에 포함되는 연차유급휴가수당은 **퇴직 전전년도 출근율**에 의하여 퇴직 전년도에 발생한 연차유급휴가 중 미사용하고 근로한 일수에 대한 연차유급휴가미사용수당으로 퇴직하기 전 이미 발생한 연차유급휴가미사용수당액의 **3/12에 해당**하는 금액임.

귀 질의상 2011.1.1. 입사한 근로자가 2011년도 출근율에 의하여 2012년도에 부여받은 연차유급휴가 15일 중 10일을 미사용하고 2013.1.1.자로 퇴직하는 경우 이때 지급되는 연차유급휴가미사용수당은 평균임금산정사유 발생일인 **2013.1.1. 이전에 이미 지급된 임금이 아니므로** 퇴직금 산정을 위한 평균임금 산정 기준임금에 포함되지 않음.

근로개선정책과-4298, 2013-07-23 회시

*29. 고용노동부 지침(임금근로시간정책팀-2820, 2006.9.21.)에 따르면 이를 "퇴직으로 인하여 비로소 지급사유가 발생하는 연차휴가수당"이라고 한다.

*30. 본 사례에서 2022년 12월 31일에 퇴사하였다면 이날을 기준으로 발생하는 퇴직연차수당은 발생하지 않는다. 이에 대하여는 〈연차휴가〉 주제에서 상세히 후술한다.

특수한 경우의 평균임금

14 일용직으로서 근로내용확인신고를 계속했던 근로자가 있습니다. 이 근로자에 대한 평균임금도 상용직 근로자와 동일하게 산정하는지요?

일용직 근로자는 1일을 단위로 근로계약을 체결하여 근로하는 근로자를 의미합니다.*31 다만, 일용직 근로자의 경우에도 소득신고만 일용직 형태로 진행되었고 사실상 상용직 근로자처럼 근로 했다면 **퇴직금 · 연차유급휴가 등이 발생**할 수 있습니다. 또한 **업무수행 중 재해**가 발생한 경우 산재법에 따라 보험급여를 수급하여야 하기 때문에 평균임금의 산정이 필요합니다. 그러나 상용 형태의 근로자들의 평균임금 산정 방식과 동일한 방식으로 평균임금을 산정하는 경우 평균임금이 지나치게 저하될 가능성이 있기 때문에 **근기법 시행령 제3조** 에서 일용근로자의 평균임금을 **고용노동부장관이 사업이나 직업에 따라 정하는 금액*32** 으로 산정하도록 규정하고 있습니다.

해설

만약 일용직 근로자에 대한 **평균임금의 산정사유가 퇴직금이나 연차휴가수당**이라면 **근기법 시행령 제4조** 에서 정한 특례규정을 적용할 가능성은 거의 없습니다. 왜냐하면 퇴직금 등을 산정해야 한다는 것은 1년 이상 근무했다는 것을 의미하는데 이는 사실상 **상용직 근로자**이기 때문입니다. 즉 일반적인 방식으로 평균임금을 산정하면 됩니다.

다만 업무상 재해가 발생했을 때 또는 건설일용직에 해당할 때 특례규정을 종종 적용합니다. **산재법 제36조 제5항과 고용노동부 고시(제2017-82호)** 에 따르면 각종 보상과 관련해서 일용근로자에게 평균임금을 적용하는 경우 해당 근로자의 일당에 통상근로계수(73/100)을 곱하여 산정한 금액을 평균임금으로 합니다. 특히 건설 일용근로자

---

*31. 근로기준법에 명확한 정의는 없으며 소득세법, 4대보험법에서 각각 고유하게 정의하고 있다. 한가지 공통점은 근로기간이 단기간이라는 점이다.

*32. 시행령에 규정되었지만 구체적으로 결정 고시된 내역은 없다.

의 경우에는 근로계약서 등 제출된 자료를 토대로 분석하는데 일당을 확인하는 것이 어렵다면 대한건설협회에서 발간하는 건설업 임금실태조사보고서상의 동일 직종에 종사하는 노임단가를 일당으로 결정할 수 있습니다 **(근로복지공단 보상업무처리규정 제7조 제2항)**.

건설업 이외의 일용근로자의 경우에는 해당 사업장의 소재 지역에서 그 사업과 업종 · 규모가 비슷하고 해당 일용근로자와 성별 · 직종 · 경력 · 기술 · 기능 등이 유사한 일용근로자의 일당 수준을 고려하여 평균임금의 산정을 위한 일당을 결정할 수 있습니다 **(근로복지공단 보상업무처리규정 제7조 제3항)**.

15 최저임금의 경제적 · 법적 의미와 이를 위반할 경우 어떠한 제재가 있는지요?

최저임금이라 함은 말 그대로 임금의 최저한도를 국가가 강제로 설정하는 최저가격제*[33]의 한 종류입니다. 국가가 노동시장에 개입하여 최소한의 임금을 강제하고 이를 위반할 경우 형사처벌을 할 수 있는데 우리나라는 이를 **최임법**에서 규정*[34]하고 있습니다. 최임법 제2조에서 근로기준법상 근로자와 사용자에게 적용한다고 규정하고 있으며 동법 제3조에서 동거의 친족만을 사용하는 사업과 가사(家事)사용인, 선원법의 선원과 선박 소유자에게는 적용하지 않는다고 규정하고 있습니다. 실무적인 관점에서 근로자를 사용하는 **모든 사업장에 적용**된다고 해석합니다.

해설

우리나라의 경우 최저임금의 수준을 최저임금 위원회에서 심의하고 고용노동부에서 **매년 8월 5일까지 다음연도 최저임금을 고시**합니다. 최저임금의 결정기준은 근로자의 생계비 · 유사근로자의 임금*[35] · 노동생산성 · 소득분배율입니다. 연도별로 최저임금은 완만한 상승세의 모습을 지니고 있으며 하위 임금 근로자의 임금인상률의 기준이 되기도 합니다. 2023년 기준 최저임금은 시급 9,620원이고 **2024년 기준 최저임금은 시급 9,860원**입니다. 이를 위반하여 최저임금에 미달한 임금을 지급하거나 최저임금을 이유로 종전의 임금을 하향조정한 경우 3년 이하의 징역 또는 2천만원 이하의 벌금에 처합니다 **(최임법 제28조)**. 또한 수습 중인 근로자(입사 후 3개월 이내)는 근로계약기간이 **1년 이상인 경우에 한하여 10% 감액이 가능**합니다 **(최임법 시행령 제3조)**. 표준직업분류상 **대분류 9(단순노무직종)**에 해당하는 직업에 종사하는 경우 감액은 **불가능함**을 부언합니다 **(최임법 제5조 제2항)**.

*33. 재화 또는 서비스의 가격이 일정선 이하로 떨어지지 않도록 하여 생산자를 보호하기 위한 제도를 의미한다. 주의할 점은 용어와 다르게 최저가격은 시장 균형가격보다 높은 수준에 설정된다.

*34. 최저임금을 결정하는 방식은 국가마다 상이하다. 유럽은 단체협약 확장방식, 미국은 법률방식을 사용하며 위원회 방식을 사용하는 국가(대한민국)도 있다.

*35. 업종별로 도입이 가능한 규정으로 인해 설정된 기준이다.

16 최저임금은 왜 시간급으로 고시하는지요? 월 단위 최저임금으로 환산하는 방법이 궁금합니다.

우리나라의 임금지급 방식 중 대표적인 형태는 월급제입니다. 하지만 월급제 외에도 시급제 · 일급제 · 주급제 · 도급제 등 다양한 방식이 존재합니다. 이러한 형태들을 아우르기 위해서 시간급으로 최저임금을 고시합니다. 2026년 기준 최저임금은 시간급 10,320원인데 실무적인 관점에서는 이를 월급으로 환산하는 것이 중요합니다.

해설

209시간은 ① 1주 40시간이라는 소정근로시간과 1주 8시간이라는 주휴시간을 배경으로 ② 월 평균 소정근로시간 174시간과 ③ 월 평균 주휴시간 35시간의 합계입니다. 이에 1주 40시간을 근무하기로 한 근로자의 경우 209시간에 2026년 기준 시간급 최저임금 10,320원원을 곱한 2,156,880원이 월 단위 최저임금으로 환산됩니다

〈월 통상임금 근로시간수〉라는 주제에서 후술하겠지만, 2,096,270원이라는 금액은 풀타임근로자 중 **1주 40시간 「만」 근로했다고 가정**하고 도출된 최저 월급입니다. 직관적으로 1주 20시간(1일 4시간씩 5일 근무)을 근로하는 자는 (1주 40시간의 절반에 해당하기에) 월 단위 최저임금은 (2,096,270원의 50% 수준인) 1,048,135원이 산정됩니다. 즉 최저임금은 근로시간에 따라 다양하게 도출됩니다. 이러한 이유로 시간급으로 고시하는 것입니다. 최임법에서는 209시간 등을 「월 단위 최저임금 **적용기준 시간수**」라고 합니다.

예를 들어 1일 소정근로시간이 8시간인 근로자의 경우 일급 최저임금은 80,240원입니다. 그런데 소정근로시간이 1주 40시간인 경우는 412,800원(=10,320원×40시간)으로 오해할 수 있습니다. **근기법 제55조** 에 따라 1주 소정근로시간을 개근한 경우

주휴수당을 지급해야 하기에 1주 40시간에 주휴시간 8시간을 합산하여 도출된 495,360원(=10,320원원×(40시간+8시간))이 주 단위 최저임금이 됩니다.

이 논리를 더욱 확장하면 월 단위 최저임금이 도출됩니다. 1주 40시간을 만근했을 때 주휴수당을 포함한 주 단위 최저임금에 **4.34주(=(365÷7)÷12)를 곱하면 2,156,880원**[*36]이 산정됩니다. 〈포괄임금제〉 주제에서 따로 설명하겠지만 1주 40시간을 초과하는 연장근로 · 휴일근로 등이 발생하는 경우 월급으로 지급해야 하는 최저임금은 당연히 더 상승하게 됩니다. 어느 정도까지 상승할 것인가는 사업장에 설정된 연장근로시간 등에 따라 다릅니다. 분명한 것은 1주 **40시간에 매칭되는 최저월급이 215만원을 넘는다**는 점입니다.

최저임금을 시간급부터 월급까지 정리한 내용은 다음 표와 같습니다.

2026년 기준

연번	임금형태	소정근로시간	적용기준시간	최저임금	비고
1	시급제	1시간	1시간	10,320원	
2	일급제	8시간	8시간	82,560원	
3	주급제	40시간	48시간	495,360원	주휴 포함
4	월급제	174시간	209시간	2,156,880원	주휴 포함

*36. 독자들이 직접 계산했을 때 이 금액과 약간 차이가 발생하는 금액이 산정될 것이다. 이는 209시간의 정확한 값이 208.57에서 오는 단수차이이다. 실무에서는 209시간이라는 값을 고정된 값으로 사용하므로 2026년 기준 2,156,880원을 월 단위 최저임금으로 설정해야 한다.

17 최저임금에 산입된다는 의미가 정확히 어떤 내용인지 궁금합니다.

최임법은 경제법이며 형법에 가깝습니다. 최저임금을 위반할 경우 민사 청구권이 발생하지만 기본적으로는 최저임금법 위반으로 형사 처벌을 받게 됩니다. 죄형법정주의에 따라 (민사적인 임금청구는 별론으로 하고) 「형사 처벌을 받게 될 만큼 이 법을 위반하고 있는가?」를 판단하기 위해서 이른바 「산입범위」를 최임법에서 정하고 있습니다.

해설

예를 들어 1주 소정근로시간이 40시간인 월급 근로자가 기본급 100만원을 받기로 결정했다고 가정하겠습니다. 100만원을 209시간으로 나누면 4,785원이라는 시급이 산출되며 이는 2026년 기준 10,320원에 현저히 미달하기 때문에 최임법 위반에 해당합니다. 이때 기본급과 같은 역할을 하는 임금항목은 더 존재합니다. 예를 들어 매월 지급되는 (통상임금에도 해당하는) 직무수당 20만원이 있다고 가정하겠습니다. 이는 소정근로시간과 소정근로에 귀속 · 지급되는 속성이 강하므로 **최임법 제6조 제4항** 에 따라 기본급과 동일하게 취급됩니다. 다만 실무적으로 매우 주의하여야 할 점은 「매월 1회 이상 지급」 하는 임금항목이어야 합니다. 이러한 이유로 기본급이 최저임금에 산입되는 대표적인 임금항목이 됩니다.

2018년 최임법 개정 이전에는 열거 방식으로 수많은 항목을 산입범위로서 규정하였는데 산업현장에 존재하는 임금항목을 일일이 고용노동부에서 추적할 수 없기에 **매월 1회 이상 지급하고 소정근로시간과 연계된 임금을 산입**한다는 일반론 방식으로 개정하였습니다. 본 개정과 관련하여 2019년을 1차 연도로 시작하여 **2023년을 5차 연도**[*37] **로 하는 단계적 산입범위를 규정**[*37] 하였습니다. 이 부분이 실무자 입장에서는 헷갈리게 했던 영역입니다. 최저임금에 산입한다는 것은 산입하지 않는다와 상호배반적인 관계이므로 「산입하지 않는」임금 주제에서 이어서 설명하겠습니다.

---

*37. 이를 반대로 해석하면 2024년부터는 최저임금 산입범위가 단순해졌음을 의미한다.

*38. 관련규정은 최임법 본문에 없고 부칙(법률 제15666호, 2018.6.12.) 제2조에서 규정하고 있다.

18 최저임금에 산입되지 않는 임금항목은 어떤 것인지요? 2026년 기준으로 정확히 어떤 항목과 얼마의 금액이 산입되지 않는지 궁금합니다.

해설

「최저임금에 산입되지 않는다」라는 의미에 대해 그림을 통해 설명합니다.

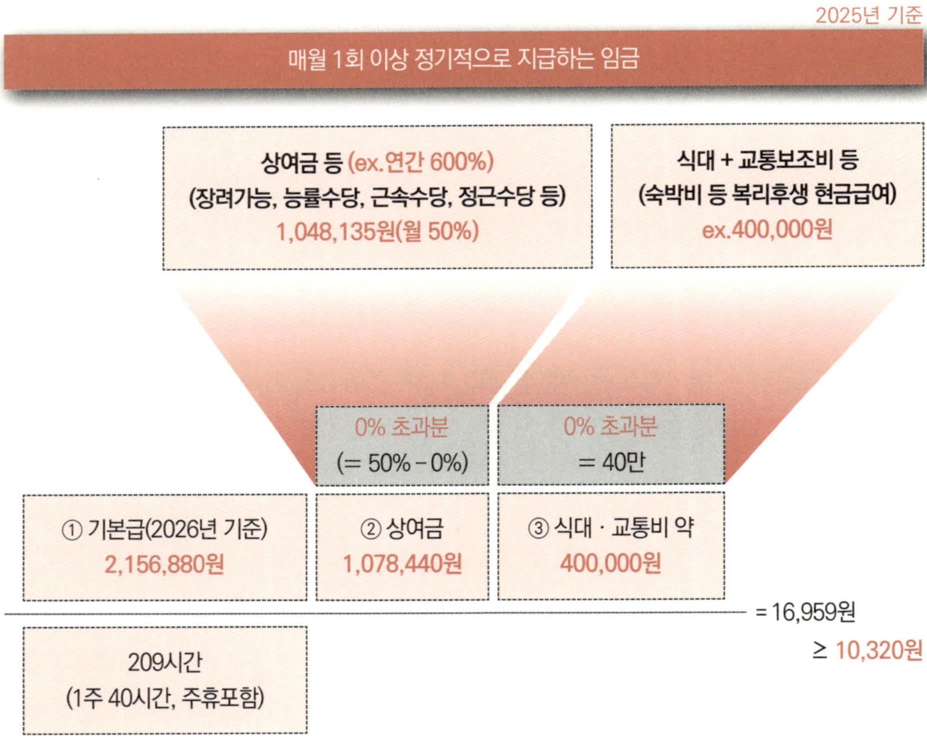

위 그림은 분수식으로 구성되어 있습니다. 분모에는 이미 설명한 209시간이 위치하고 있고 분자에는 여러 가지 임금항목과 그 금액이 제시되어 있습니다. 위 그림의 분자에 위치할 수 있을 때 최저임금에 「산입된다」고 하며 그 반대의 경우 「산입되지 않는다」라고 합니다. 최저임금법 부칙이 5년간 시행 완료됨에 따라 2024년부터 상여금 등에 해당하는 임금항목과 식대 및 교통보조비 등 복리후생적 현금급여*39는 (0% 초과분에 해당하는 금원에 해당하여) 모두 최저임금에 산입되었습니다. 이에 2025년 이후에도 (2024년과 동일하게) 모두 산입됩니다.

최저임금과 산입범위 동영상 강의

*39. 소득세법상 비과세급여로서 4대보험이 부과되지 않는 점은 최저임금 산정과 무관하다. 또한 2023년부터 식대의 비과세한도가 20만원(기존 10만원)으로 상향조정되었다.

19 최저임금 산입범위와 관련하여 상여금과 식대 등 연도별 산입범위 구간 내용이 궁금합니다.

해설

앞에서 설명한 바와 같이 2024년에 이르러 최저임금 단계적 산입이 6차 연도로 적용이 마무리되었습니다. **구체적인 연도별 산입범위**에 대한 비율은 다음 표와 같습니다.

연번	연도	최저임금(시급)	상여금 등	식대 등 복리후생
1	2019년	8,350원	25% 초과분	7% 초과분
2	2020년	8,590원	20% 초과분	5% 초과분
3	2021년	8,720원	15% 초과분	3% 초과분
4	2022년	9,160원	10% 초과분	2% 초과분
5	2023년	9,620원	5% 초과분	1% 초과분
6	2024년	9,860원	0% 초과분 (전액 산입)	0% 초과분 (전액 산입)

2026년 귀속 최저임금은 10,320원으로서 상술한 바와 같이 「0% 초과분」이 적용되기에 상여금 등 및 복리후생적 현금 급여는 모두 산입됩니다. 따라서 2026년 기준 기본급을 1,956,880원(=2,156,880원-200,000원)으로 설정하고 식대 20만원을 지급하더라도 최임법 위반이 아닙니다.*40

상여금을 매월 지급하지 않고 격월 또는 분기 · 반기로 지급하는 회사도 많습니다. 최저임금 산입여부와 관련하여 상여금 등의 전부가 산입되게 하려면 그 지급주기는 **반드시 월 1회 이상**으로 변경해야 합니다. 이는 취업규칙을 개정해야 하는 상황으로 연결

*40. 이 경우 식대 20만원은 비과세됨으로써 4대보험 부과대상에서 제외된다. 즉 4대보험료 절감효과가 있다.

되는데 상여금 지급액을 삭감하는 것이 아닌 지급주기를 단축시키는 것은 취업규칙의 **불이익 변경이 아니므로** 근로자 과반수 이상의 **의견을 청취**하는 절차로 진행 가능합니다(최임법 제6조의2).

Chapter 03

근로시간

01 소정근로시간의 정확한 정의와 기본근로시간과 어떤 관계가 있는지 궁금합니다.

소정(所定)근로시간이라 함은 **근기법 제2조 제1항 제8호** 에서 정의하고 있습니다. 근로자와 사용자가 **상호 약정한 근로시간**을 의미하는데 **법정근로시간을 초과할 수 없다**는 점에 주의하여야 합니다. 가장 일반적인 경우로서 법정근로시간은 1일 8시간과 1주 40시간입니다. 실무에서 가장 빈도수가 높은 소정근로시간은 1일 8시간, 1주 40시간입니다. 이를 보통 풀타임(full time)근무라고도 합니다. 그러나 상한으로서 법정근로시간이 역할을 할 뿐이므로 1일 5시간, 1일 6시간과 같은 파트타임(part time) 근로형태도 존재합니다.

해설

만약 1일 8시간, 1주 40시간을 소정근로시간으로 정한 경우 해당 근로자가 **1주를 만근하면 주휴수당이 발생**합니다. 주휴수당을 위한 시간(이를 필자는 주휴시간이라고 합니다)은 1주 간 소정근로시간을 5일 본래 풀타임근로자(통상 근로자)의 1주 소정근로일수를 의미하므로 반드시 5일[*41]로 나누어 산정합니다. 따라서 1주 40시간을 근로하는 경우 1주에 8시간의 주휴시간이 발생합니다. 이를 (추후 후술하겠지만[*42])월 단위로 환산하면 209시간이 산정됩니다. 그런데 이 209시간은 174시간이라는 월 소정근로시간수와 35시간이라는 월 주휴시간이 합계된 시간입니다.

실무상 기본근로시간이라고 지칭하는 시간은 일반적으로 주휴시간을 포함한 시간입니다. 즉 **「기본근로시간 = 소정근로시간 + 주휴시간」으로 정리**할 수 있습니다. 이를 통해 월급제 근로자는 이미 기본급 내에 주휴수당이 (만근을 가정하고) 포함되어 있음을 유추할 수 있습니다.

---

*41. 본래 풀타임근로자(통상 근로자)의 1주 소정근로일수를 의미하므로 반드시 5일이라는 보장은 없지만 주5일 근무제의 확산으로 실무적으로 5일을 사용한다.

*42. 〈월 통상임금 근로시간수〉 주제에서 상세하게 설명할 예정이다.

그런데 **시급제(일급제 포함) 근로자라면 주의**하여야 합니다. 시급제 근로자는 말 그대로 사전에 시급을 정하고 근로시간을 적용하여 월 단위 임금을 사후적으로 산정하는 근로자입니다. 만약 1주 소정근로일 중 특정일에 근로자가 결근했다면 그 주의 주휴수당은 발생하지 않습니다. 이러한 배경 때문에 시급제의 임금구조는 기본급과 주휴수당이 분리되어 발생하는 특징이 있습니다.[*43] 정리하면 시급제 근로자라면 기본근로시간이 (실제로 근무를 수행한) 소정근로시간을 의미합니다.

*43. 물론 시급에 주휴수당을 포함하는 경우도 있다.

02 1일 8시간과 1주 40시간 외에도 다양한 법정근로시간이 있다고 합니다. 다양한 법정근로시간 유형이 궁금합니다.

첫 번째 법정근로시간 유형은 **근기법 제50조** 에서 정하고 있습니다. **근기법 제50조 제1항** 에서 1주 40시간을, **동조 제2항** 에서 1일 8시간을 법정근로시간으로 정하고 있습니다. 이러한 법정근로시간을 초과하는 경우 (근기법상) 연장근로라고 합니다. 그런데 **근기법 제51조와 제51조의2 (탄력적 근로시간제)** 에서 (변형된) 법정근로시간*44 을 규정하고 있습니다. 탄력적 근로시간제*45 는 1주 평균 40시간 이내로 근로시간을 유지할 수 있다면 특정 주(週)에 1주 40시간을 초과하여 근로할 수 있는 특례제도입니다.

해설

예를 들어 1주차에 48시간을, 2주차에 32시간을 근무한다면 평균적으로 1주 40시간이 도출됩니다. 이는 탄력적 근로시간제 원칙에 부합하므로 1주차에 48시간을 법정근로시간처럼 간주하며 40시간을 초과하였다고 하여 8시간(= 48시간 - 40시간)에 대하여 연장근로수당을 지급하지 않아도 됩니다.

이와 유사한 원리로 작동되는 제도로서 선택적 근로시간제가 **근기법 제52조** 에서 규정되어 있습니다. 주로 재택근무 등 유연근무제 영역에서 활용되는 선택적 근로시간제의 경우 탄력적 근로시간제와 마찬가지로 1주 평균 40시간을 유지한다면 특정 주에 40시간을 초과하여 근무하는 것이 가능한 제도입니다. 이에 선택적 근로시간제에 따른 근로시간을 변형된 법정근로시간으로 해석할 수 있습니다.

*44. 엄밀하게 말하면 법정근로시간에 대한 특례이지만 실무적으로는 「변형된 법정근로시간」으로 이해할 수 있다.
*45. 2주 단위 · 3개월 단위 · 6개월 단위 탄력적 근로시간제에 대해서는 관련 주제에서 설명한다.

근기법 제69조 에서 **두 번째 유형의 법정근로시간**을 규정하고 있습니다. 15세 이상 18세 미만(이를 연소근로자라고 합니다) 근로자의 경우 법정근로시간은 1일 7시간, 1주 35시간입니다(또한 1주 연장근로는 5시간이 한도입니다).

세 번째 법정근로시간은 (근기법이 아닌) **산안법 제139조** 에서 규정하고 있습니다. 동 조에서 유해하거나 위험한 작업으로서 높은 기압의 작업에 종사하는 근로자에게는 1일 6시간, 1주 34시간을 법정근로시간으로 정하고 있습니다. 이 경우 사업주는 근로자에게 안전조치 · 보건조치 뿐만 아니라 휴식의 적정한 배분 · 근로조건의 개선을 해야 합니다.

03 풀타임 근로자와 파트타임 근로자의 정확한 정의를 알고 싶습니다. 양자의 근로조건의 결정적 차이는 무엇인가요?

풀타임 근로자와 파트타임 근로자라는 용어는 법률상 용어가 아닙니다. 파트타임 근로자를 노동법 영역에서 단시간(短時間) 근로자라고 합니다. **기단법 제2조와 근로기준법 제2조 제1항 제9호**에서 단시간 근로자를 「1주 동안의 소정근로시간이 그 사업장에서 같은 종류의 업무에 종사하는 통상 근로자의 1주 동안의 소정근로시간에 비하여 짧은 근로자」로 정의하고 있습니다. 여기서 주목해야 하는 단어는 「통상 근로자」와 「소정근로시간」*46 입니다.

해설

통상 근로자라 함은 일반적인 근로자로 해석되며 해당 사업장에서 흔히 볼 수 있는 유형의 근로자를 의미하는데 여기서 유형이라 함은 근로시간의 유형을 의미합니다. 예를 들어 우리나라 대부분의 회사에는 1주 40시간(1주 5일)의 근무형태가 가장 흔합니다. 이 경우 통상 근로자는 1주 40시간을 근무하는 근로자를 의미합니다.

그런데 어떤 회사의 근로자수가 100명인데 이 중 90명이 1주 35시간을 근무하고 10명은 1주 30시간을 근무한다고 가정하겠습니다. 100명 중 90명이면 백분율로 90%이며 이 정도 비율이면 그 사업장에서 「흔한 근로자」로 간주해도 큰 무리가 없습니다. 따라서 통상 근로자는 1주 35시간을 근무하는 근로자입니다. 이때 노동법상 단시간근로자(파트타임 근로자)는 1주 30시간을 근무하는 근로자입니다. 즉 단시간 근로자는 (절대적인 개념이 아니라) 통상 근로자가 **먼저 정의된 후 상대적으로 도출**되는 개념입니다. 독자 중 대부분은 1주 40시간에 미달하는 자를 단시간 근로자로 알고 있을 것이지만 이는 1주 40시간을 근로하는 근로자가 가장 「흔하기」 때문입니다.

*46. 법정근로시간이 아니라 그 기준이 〈소정근로시간〉임에 주의하여야 한다.

이렇게 정의되는 단시간 근로자에게는 **기단법 이 적용**됩니다. 대표적인 사항이 초과근로에 대한 사항입니다. 초과근로는 (실무상 연장근로와 동일한 개념인데) 단시간 근로자의 소정근로시간을 초과한 근로시간을 의미합니다.

예를 들어 1일 5시간(1주 25시간)을 소정근로시간으로 정한 단시간 근로자가 1일 8시간을 근로했을 경우 (비록 1일 8시간 풀타임 근로자 기준으로 보면 연장근로가 발생하지 않지만) 5시간을 초과한 3시간(=8시간 - 5시간)은 **기단법 제6조 제3항** 에 따른 초과근로이며 5인 이상 사업장의 사업주는 **통상임금의 50%를 가산한 임금**을 지급해야 합니다.

04 연장근로시간과 초과근로시간은 동일한 의미인가요?

앞 선 주제에서 설명한 바와 같이 연장근로시간은 **근기법** 에서, 초과근로시간은 **기단법** 에서 규정하고 있습니다. **법내(法內) 연장근로**라 함은 근로기준법 상 법정 근로시간 이내에서 발생한 연장근로시간을 의미합니다. 〈풀타임근로자와 파트타임근로자〉 주제에서 설명한 바와 같이 1주 35시간을 수행하는 통상 근로자[*47] 가 1주 40시간을 근로했을 때 법내 연장근로에 해당합니다. 이 경우 근기법이 적용되어 연장근로에 대한 가산수당은 발생하지 않습니다.

해설

근로기준법 제46조에 규정한 시간외 근로라 함은 동법 제42조이 1일 8시간, 제43조의 1일 6시간 또는 제55조의 1일 7시간을 초과하여 연장된 시간의 근로를 말하는 것으로 위 시간 이내에서 소정시간보다 연장된 근로시간에 대하여는 동법 제46조에서 정한 시간외 근로수당을 지급치 아니하여도 무방할 것임.

근기 01254-3951, 1989-03-14 회시

그런데 동일 사례에서 1주 30시간을 근무하는 근로자는 단시간 근로자에 해당하므로 (근기법이 아닌) **기단법** 을 적용받습니다. 따라서 이 근로자가 1주 40시간을 근무했을 경우 1주 소정근로시간 30시간을 초과한 10시간(= 40시간 - 30시간)은 기단법상 초과근로시간이므로 가산임금을 지급받을 수 있습니다.

실무적인 관행에 대하여 부가하여 설명하면 연장근로시간과 초과근로시간을 **엄밀하게 구분하지 않습니다.** 1주 40시간을 기준으로 이에 미달하면 단시간 근로자로 간주하여 임금 등을 산정합니다. 이와 같은 관행이 인정되는 이유는 상술한 구분 기준을 적용했을 경우보다 근로자에게 더 유리하기 때문입니다.

*47. 해당 사례에서 이 근로자는 단시간근로자가 아니었음에 주목해야 한다.

야간근로시간의 독립성

05 우리 회사는 야간근로시간에 대하여 1.5배 이상을 지급하고 있습니다. 야간근로시간은 시간외 근로인가요?

야간근로시간에 대하여 **근기법 제56조 제3항** 에서 저녁 10시부터 다음 날 오전 6시까지의 근로라고 규정하고 있습니다. 상시근로자수 5인 이상 사업장의 경우 야간근로시간에 대하여 통상임금의 50% 이상을 가산하도록 규정하고 있습니다. 이러한 가산규정 때문에 많은 독자들이 시간외 근로라고 오해하곤 합니다.

해설

예를 들어 어떤 근로자가 저녁 10시에 출근하여 다음 날 오전 6시에 퇴근했다고 가정하겠습니다(휴게시간은 없다고 가정함). 이 경우 실근로시간은 8시간인데 풀타임 근로자라면 1일 소정근로시간 8시간을 초과하는 연장근로가 발생하지 않습니다. 또한 월요일 저녁에 출근하여 화요일 오전에 퇴근하였다면 휴일근로에 해당하지도 않습니다. 이 근로자에게 8시간은 소정근로시간(또는 기본근로시간)일 뿐입니다.

즉 야간근로시간은 **특정시간의 범위를 의미할 뿐 시간외 근로가 아닙니다.** 이에 대해 필자는 「야간근로시간은 독립성을 가진다」고 설명합니다. 이러한 이유로 고용노동부에서 배포한 임금명세서 작성례에서 야간근로수당은 50%만 반영되어 산식이 기재되어 있습니다.

그렇다면 야간근로수당을 왜 시간외 수당으로 오해할까요? 그 이유는 **주간(晝間) 근무자가 많기 때문입니다.** 오전 9시에 출근하여 오후 6시에 퇴근하지 못하면 연장근로를 수행하는 상황입니다. 이 상황에서 오후 10시에도 퇴근하지 못하면 (여전히 연장근로이고) 야간근로까지 발생합니다. 즉 오후 10시 이후 시간대는 연장근로이면서 야간근로입니다. 이때는 가산임금이 중복되어 적용되므로 오후 10시 이후 근무에 대하여 연장근로가 50% 가산되고 야간근로가 50% 가산되면 총 100% 가산되므로 2배수를 지급해야 한다는 결론이 도출됩니다. 자세히 검토하면 2배수 중 1.5배는 연장근로수당이며 0.5배는 야간근로수당입니다. 따라서 야간근로시간은 **독립성을 지니며 임금에 대한 지분율은 50%**일 뿐입니다.

> 사용자는 근로자가 1일 8시간을 초과하여 연장근로를 하거나 야간근로(22:00~익일 06:00)를 한 경우에는 근로기준법 제46조에 의거 통상임금의 **100분의 50 이상을 각각 가산지급**하여야 함.
>
> **근기 01254-3291, 1987-03-02 회시**

야간근로의 독립성을 구체적인 사례(09시 출근 · 23시 퇴근 사례 · 5인 이상 사업장 · 휴게시간 1시간)로 설명하면 다음 표와 같습니다.

연번	시간대	기본근로	연장근로	야간근로	가산임금
1	09시~18시 (휴게 1시간)	○	×	×	없음
2	18시~22시	×	○	×	연장 가산 50% (1.5배수[연장근로])
3	22시~23시	×	○	○	연장 가산 50% + 야간 가산 50% (**2배수**=1.5배수[연장근로] +**0.5배수[야간근로]**)

06 휴일근로수당은 1.5배로 계산하나요? 아니면 2배로 계산하나요?

임금계산에 있어서 휴일근로수당은 특별한 수당입니다. 다만 상시 근로자수 5인 이상 사업장에 적용됨에 주의하여야 합니다. 휴일은 본래 노사 간 근로 의무를 처음부터 면제하기로 한 날을 의미합니다. 그런데 이 날에 근로를 할 경우 근로자의 「쉴 권리」가 침해되므로 보상을 해주어야 합니다. 이를 휴일근로수당이라고 합니다.

해설

근기법 제56조 제2항에서 이에 대한 내용을 규정하고 있습니다. 본 조문 제1호에서 가산의무를 구체적으로 정하고 있는데, **8시간 이내의 휴일근로는 50% 이상을 가산하고 8시간을 초과한 휴일근로는 100% 이상을 가산**해야 합니다. 즉 휴일에 근로를 제공할 경우 8시간까지는 1.5배이며 8시간을 초과하는 시간에 대해서는 2배를 적용합니다. 예를 들어 어떤 근로자가 10시간의 휴일근로를 수행한 경우 최초 8시간은 1.5배로서 12시간 분을, (8시간을 초과하는) 2시간에 대해서는 2배로서 4시간 분을 휴일근로수당으로 지급합니다. 즉 휴일근로 10시간에 대하여 최소 16시간 분(=8시간×1.5+2시간×2)의 휴일근로수당이 지급되어야 합니다.

법률상 용어는 「휴일근로수당」으로 통일되지만 적용되는 가산율(또는 배수(倍數)이 다르기 때문에 필자는 **8시간을 초과하는 휴일근로를 「휴일연장근로」라고 칭하고 있습니다.** 휴일에 1일 8시간을 초과하는 경우 법정근로시간 1일분을 초과하였기에 연장근로의 성격을 내재하고 있기 때문입니다. 이 배수(倍數) 처리 시 단시간근로자의 경우에는 주의해야 합니다. 1일 소정근로시간이 6시간인 단시간근로자가 실제로 1일 7시간을 근무한 경우 6시간을 초과하는 1시간은 「초과근로」에 해당하여 50%를 가산(1.5배수)하여 임금을 지급받습니다. 그러나 7시간을 휴일에 수행하였다면 (비록 1일 소정근로시간 6시간을 초과하였더라도) 여전히 8시간 이내의 휴일근로이므로 7시간 전체에 대하여 50% 가산(1.5배수)을 적용받습니다. 즉 100%를 가산하는 **휴일연장근로의 경계 값인 8시간은 (상대적인 개념이 아니고) 절대적인 개념**입니다.

07 주52시간 근무제에서 1주 연장근로와 휴일근로의 한도는 몇 시간이며 단시간 근로자도 주52시간 근무제 적용을 받는지요?

주52시간 근무에서 52시간은 40시간에 12시간을 더한 시간수를 의미합니다. **근기법 제2조 제1항 제7호** 에서 「1주를 휴일을 포함한 12시간」으로 정의하고 있습니다. 또한 **근기법 제53조 제1항** 에서 **연장근로의 한도를 「1주」 12시간**으로 정하고 있습니다. 이러한 용어 서술을 종합하면 법정근로시간 1주 40시간을 넘어서 근로시간을 연장할 경우 **그 한도는 휴일영역까지 포함하여 12시간임을 의미합니다.** 따라서 52시간(=40시간+12시간) 근무제라고 지칭됩니다. 여기서 **① 40시간은 (법정근로시간이기도 하지만) 정확하게는 소정근로시간이며 ② 12시간은 연장근로와 휴일근로를 의미**합니다. 따라서 소정근로시간이 1주 30시간인 근로자는 42시간(=30시간+12시간)을 근로할 수 있을 뿐 30시간 외에 22시간을 더하여 1주 52시간 까지 근무할 수 있는 것은 아닙니다.

해설

1주는 7일로 구성됩니다. 제1요일부터 제6요일에 근로시간을 배정하고 제7요일은 주휴일이 되는 구조입니다. 제7요일이 주휴일이면서 일요일이고 제1요일이 월요일, 제5요일이 금요일, 제6요일은 휴무하는 형태가 가장 익숙한 형태입니다. 이를 주5일 근무라고 하는데 정확한 명칭은 **주40시간 근무제이므로 꼭 5일을 소정근로일로 정할 필요는 없습니다.**

여기서 주휴일이 일요일이라고 (회사가) 결정하면 1주의 단위는 월요일부터 일요일이 되며 그 단위기간 내 실근로시간(=소정근로시간+연장근로시간+휴일근로시간+휴일연장근로시간)의 합계가 52시간을 초과할 수 없게 됩니다(종전에는 토요일이 휴일인 경우 1주 68시간까지 실근로시간 설정이 가능했는데 주52시간 근무제가 도입되면서 전부 폐지됐습니다).

1주 52시간 근무제는 **2021년 7월 1일부로 상시근로자수 5인 이상 사업장**에 대하여 전면 확대 적용되었습니다. 후술할 **탄력적 근로시간제 등 특례 합의가 있거나 고용노동부에 특별연장근로의 인가 승인이 없다면**[*48] 어떠한 이유로도 1주 52시간을 초과하여 근로시킬 수 없습니다. 다만 1주 52시간 근무제라는 제도는 시간외 근로(연장근로와 휴일근로)를 감소시키는 제도이기에 시간외 근로수당이 감소함에 따라 임금 총액이 감소하는 것은 위법이 아닙니다.

실근로시간이 감소하는 것을 선호하는 근로자라면 이 제도를 환영하지만 반대의 선호를 가지는 근로자는 이 제도를 좋아하지 않을 수 있습니다. 이 제도에 대한 평가는 사업주도 마찬가지입니다. 이를 준수하지 않을 경우 2년 이하의 징역 또는 2천만원 이하의 벌금 **(근기법 제110조 제1항)** 에 처해짐을 부언합니다.

1주 52시간 근무제의 해석에 대하여 2024년 1월 현재 고용노동부는 1주 간 연장근로와 휴일근로를 12시간으로 통제하되 그 기준을 1일 8시간을 초과하는 연장근로까지 포함된다고 해석한 바 있습니다.

구분	월	화	수	목	금	토	일(주휴)	집계
실근로	13시간		13시간	9시간	10시간			45시간
소정근로	8시간		8시간	8시간	8시간			32시간
연장근로	5시간		5시간	1시간	2시간			5시간 vs 13시간

위 표와 같이 1주간 실 근로시간이 45시간이더라도 1일 8시간을 초과하는 연장근로시간이 13시간(=5시간+5시간+1시간+2시간)이라면 (1주 45시간이 52시간보다 작더라도) 1주 12시간을 초과하는 것으로 보아 1주 52시간 근무제 위반으로 해석한 바 있습니다. 그러나 2026년 초 현재 (후술할 대법원 판결에 따라) 근로기준법 위반 여부를 판단할 때 고용노동부도 1주 단위의 초과시간 기준을 적용하고 있습니다.

주52시간 근무제 동영상 강의

*48. 근기법 제53조(연장근로의 제한) 제4항

그런데 2023년 12월 7일 대법원 **(대판2020도15393)** 은 임금지급을 위한 1일 단위 연장근로시간 집계(위 사례의 13시간)와 별도로 근로기준법 제53조 제1항[*49] 에 따라 1주 간 실근로시간이 52시간을 넘지 않는다면 (위 사례의 45시간) 근로기준법 위반이 아니라고 판결한 바 있습니다.[*50]

이 판결은 형사적인 부분에 대한 판결일 뿐 여전히 1일 기준 8시간을 초과하는 경우에는 연장근로에 해당하여 상시 근로자수 5인 이상 사업장의 경우에 가산임금이 발생[*51] 함에 주의하여야 합니다.

*49. 제53조(연장근로의 제한)

① 당사자 간에 합의하면 1주 간에 12시간을 한도로 제50조의 근로시간을 연장할 수 있다.

*50. 이는 형사처벌 대상이 아님을 의미하며 민사적 부분(임금지급 대상여부)과는 별도이다.

*51. 제50조(근로시간)

① 1주 간의 근로시간은 휴게시간을 제외하고 40시간을 초과할 수 없다.

② 1일의 근로시간은 휴게시간을 제외하고 8시간을 초과할 수 없다.

08 탄력적 근로시간제의 설계원리가 어떻게 되는지요? 또한 이 제도를 도입하면 1주 52시간을 초과하여 근로할 수 있는 것인가요?

52시간 근무의 단위기간은 1주입니다. 1주라는 기간 내에 52시간을 넘을 수 없기 때문에 경직적인 측면이 있습니다. 만약 40시간이 상수 값이 아니라 **평균 값**이라면 어떻게 될까요? 2주의 단위기간 내에서 1주차에 48시간을 근무하고 2주차에 32시간을 근무한다면 1주 「평균」근로시간은 40시간(=(48시간+32시간)÷2주)이 됩니다. 이와 같이 **1주 평균 40시간(이내) 근무시간을 유지할 수 있다면** 특정 주에 40시간을 초과(상술한 48시간)할 수 있는 제도가 탄력적 근로시간제입니다.

해설

다만 탄력적 근로시간제와 관련하여 다음 2가지를 주의해야 합니다. 첫째, 탄력적 근로시간제를 도입했다고 해서 **실근로시간을 절대적으로 늘릴 수 있는 것은 아닙니다.** 위 사례에서 보듯이 2주 단위기간에서 법정근로시간 총량은 80시간입니다. 특정 주(1주차)에서 40시간을 초과한 48시간을 근무하는 반대 급부로 2주차에서는 32시간으로 근로시간이 줄어들어야 합니다. **둘째 주별로 소정근로시간이 수정(修訂)됩니다.** 소정근로시간을 초과할 때 비로소 1주 12시간의 연장근로가 발생하는 것이며 이때 1.5배의 연장근로수당이 발생합니다. 따라서 상술한 사례에서는 1주차에는 48시간을 초과할 때, 2주차에는 32시간을 초과할 때 연장근로수당이 발생합니다.

1주 12시간의 연장근로를 각각 주차별로 적용하면 1주차에는 최대 60시간, 2주차에는 44시간의 근로가 가능합니다(결국 이를 평균하면 1주 실근로시간은 52시간이 됩니다). 지금 설명한 사례를 2주 이내의 탄력적 근로시간제라고 합니다 **(근기법 제51조 제1항)**. 2주 이내 탄력적 근로시간제에서 소정근로시간을 수정할 수 있는 한도는 특정 주에 48시간입니다.

본 제도는 취업규칙에 반영하는 것으로 족하고 1일 근로시간의 한도는 없습니다. 이러한 이유로 탄력적 근로시간제는 (선택적 근로시간제와 다르게) 연소근로자와 임신 중인 여성에게 적용할 수 없습니다.[*52] 근기법에서 정하는 탄력적 근로시간제 유형별 주요 내용은 다음 표와 같습니다.

유형	최대 단위기간	최대 반영 주수	수정(修訂) 소정근로시간	1일 한도	특례합의
2주 이내	2주	2주	48시간	없음	없음
3월 이내	3개월	13주	52시간	12시간	근로자대표
6월 이내	6개월	26주	52시간	12시간	근로자대표

그러나 단위기간이 **2주를 초과하는 경우**에는 장기간 동안 예정된 근로시간을 근로자에게 미리 고지해야 하기 때문에 사전에 **근로자 대표와 서면합의**를 해야 합니다(근기법 제51조 제2항). 합의 사항은 ① 대상 근로자의 범위 ② 단위기간 ③ 단위기간의 근로일과 근로일별 근로시간 ④ 합의의 유효기간 등입니다. 2주를 초과하는 탄력적 근로시간제 중 3개월을 초과하는 탄력적 근로시간제를 적용할 경우 위 4가지 합의 외에 **① 11시간 이상 연속 휴식시간을 설정해야 하고 ② 2주 전까지 근로시간을 주기적으로 통보**해야 합니다.

만약 3개월 초과 탄력적 근로시간제를 도입했고 특정 주의 수정된 소정근로시간을 52시간으로 합의했다면 그 주의 실근로시간은 64시간(=52시간+12시간)까지 가능합니다. 다만 1:1 비율로 다른 특정 주의 실근로시간은 40시간(=28시간+12시간)의 한도를 적용받습니다(본 사례에서도 연장근로시간을 포함하여 결국 1주 평균 52시간(=(64시간+40시간)÷2주)로 귀결됨을 알 수 있다). **계절적 요인으로 성수기와 비수기가 명확한 업종**은 두 계절(6개월)을 단위기간으로 하는 탄력적 근로시간제 설계가 가능할 것입니다.

탄력적 근로시간제 동영상 강의

*52. 선택적 근로시간제는 임신 중인 여성에게 적용가능하다.

09 선택적 근로시간제의 정산기간은 몇 개월이며 어떤 업종에 적용할 수 있는지요?

선택적 근로시간제라 함은 원칙적으로 일정기간(1월 이내)의 단위로 정해진 **총 근로시간 범위 내**에서 ①업무의 시작 및 종료시각과 ②1일의 근로시간을 근로자가 ③자율적으로 결정할 수 있는 제도를 의미합니다. 근로자는 1주 40시간과 1일 8시간이라는 법정 근로시간의 제한없이 자신의 선택에 따라 자유롭게 근로할 수 있습니다. 선택적 근로시간제는 탄력적 근로시간제와 마찬가지로 1개월 동안 **평균 1주 40시간을 유지**할 경우 연장근로에 대한 가산임금을 면제하여 주는 제도입니다. 이때 1개월을 정산기간이[*53]라고 합니다. 또한 **업종 중 신상품 또는 신기술의 연구개발 업무를 수행하는 경우 정산기간은 3개월까지** 설정 가능합니다 **(근기법 제52조 제1항, 2021.1.5.개정)**.

해설

선택적 근로시간제는 2가지 유형으로 구분할 수 있는데 ① 완전 선택적 근로시간제 ② 부분선택적 근로시간제가 그것입니다. 완전선택적 근로시간제는 정산기간 중 업무의 시작 및 종료시각이 근로자의 자유로운 결정에 맡겨져 있고 사용자가 전혀 관여하지 않는 제도입니다. 부분 선택적 근로시간제는 일정한 시간대를 정하여 그 시간(이를 의무적 근로시간대라고 합니다)에는 근로자가 사용자로부터 시간적 구속과 구체적인 업무지시를 받고 나머지 시간(선택적 근로시간대)은 근로자가 자유롭게 결정하는 제도입니다.

근기법에서는 대상 업무를 한정하고 있지 않습니다. 다만, 근로일 및 근로시간대에 따라 업무량 편차가 발생하여 업무조율이 가능한 소프트웨어 개발 · 사무관리(금융거래 · 행정처리 등) · 연구 · 디자인 · 설계 업무와 함께 출퇴근 등에 엄격한 제한을 받지 않는 관리감독 업무 종사자, 근로의 양보다 질이 중요시되는 전문직 종사자에 대하여

*53. 탄력적 근로시간제의 단위기간과 유사한 용어이다.

선택적 근로시간제가 많이 활용되고 있습니다. 다만 정**산기간 3개월을 설정할 수 있는 업종**은 신상품 또는 신기술의 연구개발 업무라는 점에 주의하여야 합니다.

본 제도를 도입하려면 취업규칙 및 근로계약서에 이를 규정하고 근로자 대표와 서면합의를 해야 합니다.

서면합의의 내용은

① 대상 근로자

② 정산기간과 총근로시간

③ 의무적 근로시간대

④ 선택적 근로시간대

⑤ 표준근로시간 등입니다. 표준근로시간은 본 제도를 활용하고 있는 근로자가 연차휴가 등을 사용했을 때 유급처리하는 시간수를 의미하는데 통상적으로 8시간으로 정합니다.

정산기간 내에서 정한 총근로시간(소정근로시간의 합계)을 초과한 시간은 연장근로수당을 지급해야 하지만 특정 주 · 특정일에 소정근로시간을 초과하더라도 연장근로수당 지급의무는 없습니다. 다만 **야간근로수당과 휴일근로수당은 지급**해야 합니다.

본 제도는 임신 중인 여성에 대하여는 (가족 친화적인 제도이므로)적용 가능하지만 연소근로자에게는 적용할 수 없습니다.

10 유연근무제란 무엇이며 어떤 유형이 있는지 궁금합니다.

유연근무제는 법률상 용어가 아닙니다. **전통적인 근로시간(1일 8시간, 1주 40시간)과 고정된 근무장소에서 업무를 수행하지 「않을」 경우 유연근무제**라고 실무적으로 통칭합니다. 유연근무제는 최근 일과 가정의 양립(기혼여성), 일과 건강의 양립(고령자), 일과 학업의 양립(학생)에 대한 수요가 증가하고 워라밸과 워케이션*54이라는 근로문화가 새로이 부각되면서 주목받는 제도입니다.

상술한 **선택적 근로시간제가 가장 대표적인 유연근무제**입니다. 근기법상 용어로 선택적 근로시간제이지만 근무장소가 집이라면 ① **재택근무제**가 되고 모바일 오피스라면 ② **원격근무제**라고 합니다. 즉 원격근무제와 재택근무제는 사실상 선택적 근로시간제의 한 유형일 뿐입니다.

최근 IT업종과 같이 정신노동을 수행하는 근로자가 증가하면서 재량근로시간제라는 유연근무제도 많이 활용되고 있습니다. 이하에서는 재량근로시간제에 대하여 구체적으로 설명합니다.

해설

재량근로시간제라 함은 업무의 성질에 비추어 업무수행방법을 근로자의 재량에 위임할 필요가 있는 업무로서 **근기법 시행령 제31조** 와 관련 고시에서 정한 업무를 수행하는 근로자에 대하여 사용자가 근로자대표와 서면 합의로 정한 시간을 근로한 것으로 간주하는 제도를 의미합니다. 그 대상업무는 여러가지가 있습니다.

① 신상품 또는 신기술의 연구개발이나 인문사회과학 또는 자연과학분야의 연구 업무
② 정보처리시스템의 설계 또는 분석 업무
③ 신문, 방송 또는 출판 사업에서의 기사의 취재, 편성 또는 편집 업무
④ 의복 · 실내장식 · 공업제품 · 광고 등의 디자인 또는 고안 업무

*54. workation은 일(work)과 방학(vacation)의 합성로서 「일과 휴가의 양립(병행)」을 의미한다.

⑤ 방송 프로그램 · 영화 등의 제작 사업에서의 프로듀서나 감독 업무

⑥ 그 밖에 고용노동부장관이 정하는 업무로서 회계 · 법률사건 · 납세 · 법무 · 노무 관리 · 특허 · 감정평가 등의 사무에 있어 타인의 위임을 받아 상담 · 조언 · 감정 또는 대행을 하는 업무 등을 그 범위로 합니다.

재량근로시간제를 도입하려면 **근로자 대표와 서면합의**를 해야 하는데 서면 합의의 내용은 ① **대상업무(상술한 6가지 업무)** ② 사용자가 업무 수행 수단과 근로시간 배분에 대하여 **구체적인 지시를 하지 않는다**는 내용 ③ 근로한 것으로 간주하는 근로시간 등입니다.

고용노동부 행정해석

근로자 개인의 재량으로 선택한 업무 수행 수단 및 시간 배분 방법으로 인해 서면합의로 정한 근로시간을 초과한 경우에는 **법정 근로수당을 청구할 수 없을 것**입니다. 다만 서면합의했음에도 사용자가 업무 수행 방법에 대해 **구체적인 지시를 하고 출 · 퇴근 시간을 통제**한다면, 이는 재량근로로 볼 수 없으므로 실근로시간에 따라 근로시간을 산정해야 하고 법정 근로시간을 초과한 경우에는 법정 근로수당을 지급해야 할 것입니다.

근로개선정책과-6390, 2012-11-28

이러한 재량근로제의 적법성 여부를 판단함에 있어 가장 중요한 부분은 구체적인 지시와 출퇴근 통제여부입니다. 서류적으로 재량근로제를 설정하더라도 그 **「실질」에 있어서 재량이 없다면 마땅히 재량근로시간제로 인정될 수 없고** 각종 연장근로수당을 지급하여야 합니다.

11 주52시간 근무제와 1주 12시간의 연장근로 한도를 적용받지 않는 업종이 있다고 들었습니다. 어떤 업종이 근로시간의 예외에 해당하는지요?

근기법 제59조 에서 근로시간과 휴게시간의 특례를 규정하고 있습니다. 5가지 업종을 특례 업종으로 정하고 있는데 본 조문에서 정한 요건에 해당될 경우 ① 주 12시간을 초과하는 연장근로가 가능하고 ② 휴게시간을 변경할 수 있습니다.

5가지 업종은 ① 육상운송 및 파이프라인 운송업(단, 노선 여객자동차운송업은 제외) ② 수상운송업 ③ 항공운송업 ④ 기타 운송관련 서비스업 ⑤ 보건업으로 구성됩니다. 본 업종은 표준산업분류에 따릅니다.

해설

근기법 제59조 에 따르면 근로시간 특례가 적용되기 위해서 (효력 요건인) 근로자대표와 서면 합의가 필요합니다. 근로시간 특례 도입의 필수요건인 노사합의는 사용자와 근로자대표가 반드시 서면으로 작성하여 권한이 있는 당사자가 서명 · 날인해야 합니다. 서면 합의서에 반드시 포함되어야 하는 내용을 근기법에서 규정하지 않았지만 실무적으로 ① 유효기간 ② 특정일 연장근로 제한 ③ 특례적용 사유 ④ 합의해지사유 등을 포함하는 것이 바람직합니다.

근로시간 특례업종에 해당하더라도 무제한적인 연장근로를 방지하기 위해 「연속 11시간 휴식제도」가 2018년 9월 1일부터 적용된 바 있습니다. 근로시간 특례 도입 사업장은 「근로시간 종료 이후부터 다음 근로시간 시작 전」까지 최소 11시간 이상 연속 휴식시간을 보장해야 합니다. 이 경우 역일(曆日)을 달리하더라도 11시간의 연속휴식시간은 반드시 보장되어야 합니다.

고용노동부 행정해석

근로기준법 제59조는 엄격한 연장 근로시간 및 휴게시간의 규제가 공중생활의 불편을 초래할 수 있거나 사업 목적 달성이 어려운 사업에 대해 일정한 요건이 충족되면 근로기준법에 의한 **연장 근로 제한 시간을 초과해 근로하게 하거나 휴게시간을 변경**할 수 있도록 하고 있습니다. 위 규정은 그 적용 대상을 동조에 해당되는 '사업'으로 하고 있으며, 동조에 의한 사업에 해당하는지 여부는 당해 사업의 목적과 주된 생산 활동이 무엇인지에 따라 판단하되 주요 **생산품 · 매출액, 근로자의 직종별 분포 등을 종합적으로 고려**해, 동조에 의한 사업에 해당된다면 개별 근로자의 수행 업무와 관계없이 전 근로자에게 적용된다 할 것입니다.

근로조건지도과-3325, 2008-08-21

12 209시간이라는 월 통상임금의 근로시간수의 정확한 의미와 그 도출과정을 알고 싶습니다. 이 시간이 최저임금법상 적용기준 시간수와 동일한 것인가요?

209시간은 실무적으로 유명한 숫자입니다. 이 숫자의 단위기간은 월(月)입니다. 이러한 숫자가 어떻게 도출되는지 그 원리에 대하여 먼저 설명합니다. 우리나라는 서양 달력을 사용하는데 서양 달력은 월의 일수(日數)가 28일에서 31일까지 다양합니다. 이렇게 월의 일수가 다름에도 우리는 기본급이라는 월급을 매월 「동일한 금액」으로 수령합니다. 시급제 근로자라면 매월 금액이 동일할 수 없습니다. 그럼에도 동일한 월급이 계산되고 이를 인정하는 이유는 근기법에서 **「평균」을 사용하기 때문**입니다. 이때 평균은 월평균을 의미합니다. 그런데 월의 일수가 다르다는 점은 **월의 주수(週數)도 다름**을 의미합니다. 이러한 이유로 1년 간 존재하는 총주수를 이용하여 월 평균으로 수렴하는 방식을 사용합니다.

해설

1년은 365일이며 1주는 7일입니다. 이에 365일을 7일로 나누면 1년 간 존재하는 총주수가 산출됩니다. **그 값은 52.14주**(=365일÷7일)이며 52주를 12개월로 나누면 1월 평균 4.34주(=52주÷12월)가 도출됩니다. 즉 1월은 평균적으로 **4.34주로 구성**[*55]된다는 의미입니다.

마지막으로 검토해야 하는 기간은 1주 단위입니다. 만약 우리가 이른바 칼퇴근을 하는 근로자라고 가정하면 1일 8시간, 1주 40시간만을 근무할 것입니다. 그런데 1주 소정근로시간 40시간을 만근하면 **근기법 제55조 제1항** 에 따라 **주휴수당**[*56]**을 받습니**

*55. 주사위 던지기 게임 시 눈금의 평균값은 3.5이다. 하지만 현실에는 이러한 숫자는 나올 수 없다. 상술한 4.34주도 마찬가지로서 이는 말그대로 평균 값일 뿐이다.

*56. 주휴수당의 산정방법은 별도 〈주휴일〉에서 상세하게 설명한다.

다. 이 경우 주휴시간은 8시간입니다. 월급근로자의 경우 근기법에서 월 통상임금에 주휴수당을 포함하는 것으로 규정합니다. 즉 월급근로자는 실근로시간 40시간 외에 **유급 주휴시간 8시간을 매주 받을 수 있다**는 의미입니다.*57 위 설명을 근거로 209시간의 도출과정을 수식으로 나타내면 다음과 같습니다.

209시간
= (40시간 + 0시간*58 + 8시간)/주 × 4.34주
= (40시간 + 0시간 + 8시간)/주 × (365일 ÷ 7일)/년 ÷ 12월/년
≒ 208.57시간/월 (반올림)

이와 같이 도출된 시간을 「월 통상임금 근로시간수」라고 합니다. 이제 위 수식에서 2가지의 의미있는 구조를 설명합니다.

첫째, 1주 단위에서 제6요일(일반적으로 토요일)이 **무급**이라는 점입니다. 이는 주 40시간 근무제를 도입하면서 토요일의 성격(무급 · 유급 여부)을 기업 자율에 맡겼기 때문입니다. 이 식과 다르게 토요일을 (여러가지 이유로) 유급 처리할 수 있습니다. 토요일 유급의 범위는 이론적으로 0시간부터 8시간(소정근로시간의 상한)입니다. 실무적으로 토요일의 유급시간은 4시간 또는 8시간입니다. **토요일을 4시간 유급 처리**할 경우 위 식에 의해 월 통상임금 근로시간수는 **226시간으로 환산**됩니다. 만약 토요일 8시간을 유급 처리할 경우에는 월 통상임금 근로시간수는 243시간으로 환산됩니다.

둘째, 이미 강조한 바와 같이 월 통상임금 근로시간수에는 **주휴시간이 포함되어 있다**는 점입니다. 주휴수당은 법정수당이기에 이를 제외하고 지급하면 당연히 임금체불이 됩니다.

최임법 시행령 제5조에서도 월 통상임금 근로시간수와 유사한 구조로서 「최저임금 적용기준 시간수」를 규정하고 있습니다. 1주 40시간을 소정근로시간으로 정한 경우에는 209시간이 환산됩니다. 그런데 월 통상임금 근로시간수와 **차이는 분명히 존재**합니

*57. 물론 결근할 경우 해당근로일과 주휴수당을 병행하여 급여차감이 가능하다.
*58. 토요일(제6요일)이 무급임을 의미한다.

다. 토요일을 4시간 유급휴일로 정한 경우 월 통상임금 근로시간수는 226시간이지만 **월 최저임금 적용기준 시간수는 여전히 209시간이라는 점에 주의**하여야 합니다(최임법 시행령 제5조 제1항 제2호). 이는 양 시간수의 **고유목적이 다르기 때문**입니다. 통상임금은 연장 · 야간 · 휴일근로수당을 산출하는 기준임금의 역할을 하는 반면, 최저임금제는 최저가격제로서 강제력을 행사하는 제도이기 때문입니다.

즉 최저임금 위반 여부를 판단하는 것이 1차적인 목적이기에 그 기준을 적용기준 시간수라는 용어를 통해 규정하고 있습니다.

13 가산임금은 모든 근로자에게 적용되는 것인지요? 이를 적용하지 않는 예외적인 사유에는 어떤 것들이 있는지요?

근기법 제56조 에서 규정하고 있는 가산임금 지급 의무는 상시 근로자수[*59] 5인 미만 사업장에 적용하지 않습니다 **(근기법 시행령 별표1)**. 다만 상시근로자수는 1개월 단위로 산정하므로 매월 5인 여부가 달라질 수 있습니다. 상시근로자수의 5인 이상 요건이 충족되어 가산임금 규정이 적용될 때 (실무 영역에서) 많은 실수가 나타나는 곳은 휴일연장수당입니다. 이미 설명한바와 같이 휴일근로 중 8시간을 초과하는 시간대의 경우 2배수가 적용됨을 다시 한 번 강조합니다.

해설

또한 **근기법 제63조** 에서 가산임금 적용을 제외하는 사항이 있습니다. 감시(監視) 또는 단속적(斷續的)으로 근로에 종사하는 사람으로서 사용자가 고용노동부장관의 승인을 받은 사람(이를 「감단근로자」[*60]라고 함)의 경우 근로시간 · 휴게 · 휴일 규정이 적용되지 않습니다. 여기서 근로시간이 적용되지 않는다는 것은 소정근로시간이 적용되지 않는다는 것을 의미합니다. 소정근로시간이 적용되지 않을 경우 다음 2가지 사항에 주의해야 합니다.

첫째, 연장근로(또는 초과근로)의 경계 지점인 소정근로시간이 적용되지 않으므로 연장근로에 대한 가산의무도 없습니다. 둘째, 당연한 논리지만 실 근로시간에 대한 대가는 지급되어야 합니다. 다만 1일 8시간, 1주 40시간이라는 소정근로시간의 한도를 초과해도 무방합니다.

*59. 〈상시근로자수〉 산정방법은 별도 주제에서 후술한다.

*60. 감단근로자의 휴일 등에 대한 사항은 별도 주제에서 후술한다.

실무에서 감단근로자에 대한 사항이 가장 많이 논의되지만 근기법 제63조에서 감단근로자와 마찬가지로 근로시간 · 휴게 · 휴일이 적용되지 않는 그룹이 더 있습니다.

① 토지의 경작 · 개간, 식물의 식재(植栽) · 재배 · 채취 사업과 그 밖의 농림 사업과

② 동물의 사육, 수산 동식물의 채취 · 포획 · 양식 사업, 그 밖의 축산, 양잠, 수산 사업의 근로자

③ 관리 · 감독 · 기밀을 취급하는 근로자(사업의 종류 불문)의 경우 근로시간 · 휴게 · 휴일 규정이 적용되지 않습니다.

고용노동부 행정해석

근로기준법 제49조에 따르면 근로시간은 1일 8시간.1주 44시간(2003.9.15 개정된 근로기준법은 40시간)을 초과할 수 없으며, 이러한 기준 근로시간을 초과하는 근로시간은 다른 사정이 없는 한 연장근로로서 그 시간에 대하여는 동법 제55조에 따라 통상임금의 100분의 50 이상을 가산한 임금을 지급하여야 하는 것임.

다만, 동법 제61조에 따라 **관리 · 감독업무 또는 기밀을 취급하는 업무**에 종사하는 자에 대하여는 근로시간에 관한 규정이 적용되지 않으므로 연장근로에 대한 가산임금을 지급하지 않아도 무방하다 할 것임.

근로기준과-2747, 2005-05-21

상시근로자 5인 미만에 적용되는 근기법 동영상 강의

14 포괄임금제를 운영할 경우 연장근로수당 등을 지급하지 않아도 되는지요?

포괄임금제는 법률에서 규정한 임금지급 형태가 아닙니다. 오랜 기간 동안 실무에서 자연발생한 임금지급 형태로서 노동시장에서 많이 활용되고 있습니다. 포괄임금제의 유효성에 대한 갑론을박이 있지만 분명한 것은 대부분의 기업에서 활용하고 있다는 점입니다.

본래 포괄임금제는 본질적으로 **근로시간 산정이 어려운 노동시장에서 노사 상호간 근로자에게 불이익하지 않은 수준**[*61]**에서 임금을 포괄하고 법정 제 수당이 포함되었다고** 약정하는 임금지급 형태를 의미합니다.

해설

판례

감시 · 단속적 근로 등과 같이 근로시간, 근로형태와 업무의 성질을 고려할 때 근로시간의 **산정이 어려운 것으로 인정되는 경우**에는 사용자와 근로자 사이에 기본임금을 미리 산정하지 아니한 채 법정수당까지 포함된 금액을 월급여액이나 일당임금으로 정하거나 기본임금을 미리 산정하면서도 법정 제 수당을 구분하지 아니한 채 일정액을 법정 제 수당으로 정하여 **이를 근로시간 수에 상관없이 지급하기로 약정하는 내용**의 이른바 포괄임금제에 의한 임금 지급계약을 체결하더라도 그것이 달리 근로자에게 불이익이 없고 여러 사정에 비추어 정당하다고 인정될 때에는 유효하다.

근로시간의 산정이 어려운 경우가 아니라면 근로기준법상의 근로시간에 관한 규정을 그대로 적용할 수 없다고 볼 만한 특별한 사정이 없는 한 근로기준법상의 근로시간에 따른 임금지급의 원칙이 적용되어야 하므로, 이

*61. 해당 노동시장 내에서 생계비 등을 충분히 보상하는 수준으로 해석된다.

러한 경우에 포괄임금제 방식의 임금 지급계약을 체결한 때에는 그것이 **근로기준법이 정한 근로시간에 관한 규제를 위반하는지를 따져**, 포괄임금에 포함된 법정수당이 근로기준법이 정한 기준에 따라 산정된 **법정수당에 미달한다**면 그에 해당하는 포괄임금제에 의한 임금 지급계약 부분은 **근로자에게 불이익하여 무효**라 할 것이고, 사용자는 근로기준법의 **강행성과 보충성 원칙**에 의하여 근로자에게 그 미달되는 법정수당을 지급할 의무가 있다.

대법 2011도12114, 2014-06-26 선고

이를 반대로 해석하면 근로시간을 명확하게 산정할 수 있는 경우라면 포괄임금제는 원칙적으로 금지됩니다. 실무적으로 완전 금지는 현실적으로 어렵기 때문에 이른바 고정OT제를 통해 **보충성 원칙을 적용**하고 있습니다. 교대제 근로를 수행하는 노동시장은 출퇴근 시간이 명확합니다. 2조 2교대를 수행하고 조별로 실 근로시간이 12시간이라고 가정하겠습니다.

이 경우 소정근로시간 8시간과 연장근로시간 4시간이 명확하게 도출됩니다. 그런데 포괄임금제라는 이유로 연장근로시간을 1시간만 기재하고 지급한 경우 당연히 인정될 수 없습니다. 다만 임금명세서상 구분하여 기재된 1시간에 대한 연장근로수당은 인정됩니다. 그러나 (1시간을 초과한) **3시간은 임금체불에 해당되며 보충성 원칙에 의해 이러한 계약은 부분 무효**가 됩니다.

요일	출근시각	퇴근시각	휴게시간
월	13:00	23:00	1시간
화	13:00	23:00	1시간
수	13:00	23:00	1시간
목	13:00	23:00	1시간
금	13:00	23:00	1시간
토	무급휴무일		
일	주휴일		

실무적으로 포괄임금제를 제대로 구성하려면 이른바 임금근로시간*62을 산정해야 합니다. 상시 근로자수 5인 이상의 경우 연장근로와 휴일근로, 야간근로에 대한 가산의무가 있는데 이를 반영하여 (실 근로시간을) 실제로 임금을 지급해야 할 근로시간수로 환산해야 합니다.

1일 8시간과 1주 40시간을 소정근로시간으로, 주 5일을 소정근로일로, 무급휴무일을 토요일로, 주휴일을 일요일로, 휴게시간은 1시간인 상시 근로자수 5인 이상인 가상의 사업장 사례로 설명합니다.

평일에 실 근로시간은 9시간이며 **1시간의 연장근로시간**이 발생합니다. 또한 (22시를 넘어 근무하므로) **평일에 1시간의 야간근로시간**이 발생합니다. 이를 통해 임금근로시간을 산출하면 다음과 같습니다.

연번	임금항목	계산과정	임금근로시간
1	기본급(주휴제외)	40×(365÷7)÷12	174
2	주휴수당	8×(365÷7)÷12	35
3	연장근로수당	(1×5)×(365÷7)÷12×1.5	33(반올림)
4	야간근로수당	(1×5)×(365÷7)÷12×0.5	11(반올림)
	합계		253

위 근로시간 형태의 경우 **임금근로시간 합계가 253시간이** 도출됩니다. 여기에 2026년 최저시급 10,320원을 곱하면 2,610,960원이 산정됩니다. 따라서 이 금액 미만을 지급하면 최저임금법 위반이 됩니다.

이와 같이 포괄임금제를 구성할 때 임금근로시간과 항목별 금액은 회사별 · 실근로시간별로 다양한 모습을 지닙니다. 따라서 획일적인 형태로 포괄임금제를 작성하면 안되고 정확하게 임금구성항목을 사전에 계산해야 합니다. 또한 이렇게 산정한 내역이 임금명세서에 연동되어 기재되어야 함을 부언합니다.

*62. 법률상 용어는 아니며 필자가 실무상 사용하는 용어이다.

Chapter 04

휴게와 휴일

TUESDAY
WEDNESDAY
THURSDAY
1
2
3
4
8
9
10
15
16
17
22
23
24
28

휴게시간의 의의와 법적 기준

01 실근로시간이 4시간인 근로자가 있습니다. 근무시간 중 휴게시간을 부여받지 않고 4시간 연속 근무 후 퇴근을 원하는데요. 이러한 노무관리 방식이 적법한 것인지요?

휴게시간이라 함은 근로자가 계속해서 근로를 제공함에 있어 피로를 회복시키고 노동력을 재생산하는데 도움이 되도록 부여하는 시간을 의미합니다. **근기법 제54조**에서 사용자는 근로자에게 근로시간 4시간에 대하여 30분 이상을, 근로시간 8시간에 대하여 1시간 이상을 휴게시간으로 부여하되 근로시간 「도중」에 부여해야 한다고 규정하고 있습니다. 또한 휴게시간은 근로자가 자유롭게 이용할 수 있습니다.

해설

근로기준법 제54조제1항의 규정에 따라 사용자는 근로시간이 4시간인 경우에는 30분 이상, 8시간인 경우에는 1시간 이상 휴게시간을 근로시간 도중에 주어야 하며, 같은 법 같은 조 제2항의 규정에 따라 휴게시간은 근로자가 자유롭게 이용할 수 있어야 합니다.

귀 질의상 근로자가 휴게시간을 사용자의 지휘·감독으로부터 벗어나 자유롭게 이용할 수 없다면 근로기준법상 휴게시간으로 인정될 수 없을 것이며 휴게시간을 근로시간 도중이 아닌 **업무의 시작 전 또는 업무가 끝난 후에 부여**하는 것은 근로기준법에 **위반될 소지**가 있다 할 것입니다.

근로개선정책과-1773, 2013-03-19 회시

휴게시간을 근무시간 도중에 부여하지 않고 업무 **시작 전 또는 업무 종료 후에 부여하는 것은 원칙적으로 위법**입니다. 하지만 업무시간 중간에 휴게시간이 길게 부여되는 경우 사업장에 머무르는 총구속시간이 길어지는 단점[*63]도 분명히 존재합니다. 이에 실무적으로 노사 합의하에 4시간만 근로하고 바로 퇴근하는 경우도 꽤 있습니다.

근기법에서 휴게시간의 하한만을 정하고 있고 **1회 부여 여부에 대해서는 정하고 있지 않습니다. 따라서 분할사용도 가능**합니다. 다만 노동력의 재생산이 휴게 부여의 주된 취지이므로 노사 간 합리적인 방식으로 분할함이 좋습니다.

> 근로기준법 제44조의 휴게시간은 근로시간이 4시간인 경우에는 30분 이상 8시간인 경우에는 1시간 이상의 휴게시간을 근로시간 도중에 주도록 규정하고 있는 바, 동 제도는 적절한 휴게를 부여함으로써 근로자의 건강보호, 작업능률의 증진 및 재해방지에 그 목적이 있는 것이므로 휴게시간을 **일시적으로 부여함이 휴게제도의 취지에 부합**되나, 작업의 성질 또는 사업장의 근로조건 등에 비추어 사회통념상 필요하고도 타당성이 있다고 일반적으로 인정되는 범위 내에서 휴게제도 **본래의 취지에 어긋나지 않는 한** 휴게시간을 **분할하여 주어도 무방**할 것임.
>
> **근기 01254-884, 1992-06-22 회시**

*63. 간혹 연장근로수당 지급을 면탈하기 위해 긴 휴게시간을 설정하기도 한다.

02 1일 8시간의 소정근로시간을 개근한 후 3시간의 연장근로를 했습니다. 이 경우 3시간 연장근로시간에 대하여도 휴게시간을 부여해야 하는지요?

휴게시간을 규정하고 있는 **근기법 제54조** 에서 근로시간을 법정근로시간 또는 소정근로시간으로 한정하지 않습니다. 따라서 실 근로시간으로 해석함이 타당합니다. 이를 확대해석하면 **1일 8시간에 대하여 1시간의 휴게시간을 부여**한 후 다시 연장근로가 개시된 경우 그 연장근로시간이 8시간이면 1시간, 4시간이면 30분 이상의 휴게시간을 부여해야 합니다. 그런데 **연장근로시간이 4시간에 미달하면** 휴게시간을 부여하지 않아도 **위법은 아닙**니다.

해설

근로기준법 제54조에 따른 휴게 시간은 근로자의 건강을 위하여 최소한도로 필요한 시간을 정한 것으로 귀 질의와 같이 **1일 8시간을 초과하여 발생한(4시간 이상) 연장 근로**에 대하여도 동 규정이 적용된다 할 것입니다.

근로조건지도과-722, 2009-02-06 회시

휴게시간이 동일한 시간대에 일정하게 부여되어야 하는가에 대한 논의도 종종 있습니다. 휴식의 안정성 측면에서 동일한 시간대에 부여됨이 바람직하지만 사업장 사정상 동일한 시간대를 준수할 수 없는 경우도 있습니다. 미리 근로자에게 근로일의 휴게시간을 고지하는 방식을 취한다면 휴게시간대가 불규칙해도 위법은 아닙니다.

판례

근로기준법상의 근로시간은 근로자가 사용자의 지휘 · 감독 아래 근로계약상의 근로를 제공하는 시간을 말하는 바, 근로자가 작업시간의 도중에 현실로 작업에 종사하지 않은 대기시간이나 휴식 · 수면시간 등이라 하더라도 그것이 휴게시간으로서 근로자에게 자유로운 이용이 보장된 것이 아니고 실질적으로 사용자의 지휘 · 감독 아래 놓여있는 시간이라면 이는 근로시간에 포함된다.

운전업무 종사자들에게 휴게시간이 **매일 동일한 시간에 주어지지 않았거나 휴게시간 1시간이 연속적으로 주어지지 않았다고** 하더라도 그러한 사정만으로 휴게시간이 **보장되지 않았다고 볼 수는 없다.**

서울남부지법 2011가합17312, 2013-08-30 선고

03 업무시간 도중에 본연의 업무(고객응대 등)를 수행하지 않고 대기하는 시간이 있습니다. 이러한 대기시간도 업무시간에 포함되는지요?

대기시간은 특별한 사정이 없는 한 **근로시간의 일부분으로 해석**합니다. 근로시간이라 함은 근로자가 사용자의 지휘 · 감독을 받으면서 근로계약에 따른 근로를 제공하는 시간을 의미합니다. 반면 **휴게시간**이라 함은 근로시간 도중에 사용자의 지휘 · 감독으로부터 해방되어 **근로자가 자유로이 이용할 수 있는 시간**을 의미합니다. 따라서 외견상 작업시간 도중에 실제로 작업에 종사하지 않는 휴식시간이나 대기시간이더라도 근로자의 자유로운 이용이 보장되지 않고 실질적으로 사용자의 지휘 · 감독을 받는 시간이라면 근로시간에 포함됩니다.

해설

휴게시간이나 대기시간이 근로시간에 해당하는지 여부는 특정 업종이나 직무에 따라 일률적으로 판단하기 어렵습니다. ① 근로계약의 내용과 취업규칙 · 단체협약의 규정 ② 직무 내용과 구체적 업무 방식 ③ 휴게 중인 근로자에 대한 사용자의 간섭의 정도 · 감독 여부 ④ 자유롭게 이용할 수 있는 휴게 장소의 구비 여부 ⑤ 근로자의 실질적 휴식이 방해되었다거나 사용자의 지휘·감독을 인정할 만한 정황 여부 등을 종합하여 개별사안에 따라 판단할 수 있습니다.

예를 들어 음식업종에서 점심식사시간과 저녁식사시간 사이에 설정하는 브레이크 타임의 경우를 살펴보면, 브레이크 타임 동안 본래 취지대로 근로자가 휴식을 취한다면 그 대기시간을 근로시간으로 해석하지 않습니다. 하지만 고객의 입장을 제한하는 시간일 뿐 식당 내부에서 저녁식사 판매를 위한 준비를 수행하거나 근로자의 온전한 휴식에 대해 사업주가 통제한다면 이는 사업주의 지휘감독 하에 있는 대기시간으로서 근로시간에 해당할 가능성이 매우 큽니다.

판례

피고는 배차간격이 6분이었다고 주장하나, 원고가 직접 작성한 차량운행 일지에 따르면 대기시간이 6분보다 짧았던 경우도 많이 찾아볼 수 있어 위와 같은 대기시간이 휴식을 취하기에 충분한 시간으로 보장된 것이라고 보기 어렵다.

버스기사들은 회사 종점에서 자신이 운행하는 버스와 함께 대기하였던 것으로 보여 **버스를 방치하고 완전한 자유시간을 가지기 어려웠던 것으로 보이고,** 실제로 차량을 점검하고 **요금 통을 설치하는 등 운행을 위한 준비**를 하는데 대기시간을 사용하기도 하였고, 피고의 회사 종점에 **별도의 휴게 공간도 없었던 것**으로 보인다.

의정부지법 2017나211901, 2018-06-21 선고

04 시업시각부터 종업시각까지 총 9시간을 운영 중인데 휴게시간을 1시간 30분 부여하고 있습니다. 근로자의 영외 외출이 많은 편인데 근로자가 자유롭게 이용할 수 있다는 것이 장소의 제약을 받지 않고 무제한적인 자유를 의미하는지요?

휴게시간은 근로자가 자유로이 사용할 수 있음이 원칙입니다. 「자유롭다」라는 의미는 사용자의 지휘명령으로부터 벗어남을 의미하며 휴게시간 그 자체는 보장되어야 함을 의미합니다. 이때 시간뿐 만 아니라 장소도 근로자의 의사대로 특정할 수 있는가에 대해 실무적으로 갑론을박(甲論乙駁)이 있습니다.

휴게시간은 근로시간 도중에 부여되어야 합니다. 근로시간 도중에 부여된다는 점은 노동력의 재생산 측면도 있지만 휴게 종료 후 다시 근로가 개시됨을 의미합니다. 근로계약관계에서 업무의 연속성과 기업의 최소한의 질서유지가 필요하므로 휴게 장소를 제약하는 것은 가능한 것으로 보입니다.*64

해설

휴게장소를 영내로 특정함과 관련하여 2022년 8월 시행된 산안법 중 「휴게시설 설치 의무화」에 대한 내용을 설명합니다. **산안법 제128조의2** 에서 휴게시설 설치를 의무화하고 있습니다. 휴게시설 설치 의무는 **상시근로자수 20인 이상(공사금액 20억원 이상 공사현장) 사업장***65입니다.

또한 20인 미만 사업장이더라도 상시 근로자가 10인 이상이고 취약 직종 근로자를 2인 이상 고용한 경우 휴게시설을 설치해야 합니다.

*64. (고용노동부가 아닌) 법제처에서 이와 관련하여 해석한 사례가 있다. 다른 유권해석 사례와 다르게 희소성이 있는 사례여서 내용을 거의 생략하지 않고 휴게관련 원문 대부분을 소개한다.

*65. 물론 모든 사업장에 적용되지만 20인 미만 사업장은 산안법상 과태료가 없기 때문에 이와 같이 서술하였다.

이 사안은 「근로기준법」 제54조 제2항에 따라 근로자에게 휴게시간의 이용 장소와 방법에 있어 일체의 제약이 없는 무제한의 자유가 인정되는 것인지에 관한 것이라 하겠습니다.

먼저 「근로기준법」에서는 휴게시간에 대한 별도의 정의를 하고 있지는 않으나, 같은 법 제50조 제1항·제2항에서는 근로시간에서 휴게시간을 제외한다고 규정하고 있고, 같은 법 제54조 제2항에서는 휴게시간은 근로자가 자유롭게 이용할 수 있다고 정하고 있으며, 휴게시간은 근로자가 작업시간 중에 실제로 작업에 종사하지 않은 대기시간이나 휴식, 수면시간 등으로 실질적인 사용자의 지휘 · 감독 없이 근로자의 자유로운 이용이 보장된 시간(대법원 2006.11.23. 선고 2006다41990 판결례 참조)이라는 점에 비추어 보면, 휴게시간은 근로시간과 분리되어 근로자의 자유에 맡겨지는 휴식과 재충전을 위한 시간이라 할 것입니다.

그런데, 휴게시간은 작업의 시작으로부터 종료 시까지로 제한된 시간 중의 일부이므로, 휴게시간 중이라고 하더라도 다음 작업의 계속을 위하여 사용자의 지휘 · 감독 등 일정 수준의 제약을 받는 것은 부득이하다고 할 것입니다. 즉 근로자에게 그 종사하는 업무의 특성에 따라 자유로운 휴게시간을 부여하면서도 업무의 연속성을 유지하고 업무와 관련한 긴급 상황에 효율적으로 대응할 수 있도록 하는 등 최소한의 질서유지를 위하여 휴게시간의 이용에 관한 제한이 이루어질 수 있다고 할 것인 바, 이 경우 근로자로 하여금 사용자의 지휘 · 감독을 벗어나 휴게시간을 자유롭게 이용할 수 있도록 하되 그 장소를 사업장 안으로 제한하거나 휴게시간에 사업장 밖에 나갈 수 있도록 하되 이를 사전에 마련된 객관적 기준에 합치되는 경우에만 허가하는 등의 제한은 휴게시간의 이용 장소와 방법에 관한 합리적인 제한이라고 보아야 할 것입니다.

한편, 사용자가 근로자에 대하여 휴게시간의 이용 장소와 방법을 제한할 수 있다고 보게 되면, 휴게시간이 주어졌다 하더라도 실질적으로는 업무를 수행하는 근로시간 또는 업무를 위한 대기시간이 될 우려가 있으므로 휴게시간에 대하여 일체의 제한이 허용되지 않는다고 보아야 한다는 의견이 있을 수 있습니다. 그러나, 휴게시간이 실질적으로 근로시간으로 운영되는 경우 「근로기준법」의 다른 규정에 위반이 되는 것은 별론으로 하고, 그러한 우려만으로 근로자의 휴게시간

이용 장소 및 방법에 대한 제한이 일체 허용되지 않는다고 볼 수는 없으므로 그러한 의견은 타당하지 않다고 할 것입니다.

이상과 같은 점을 종합해 볼 때, 「근로기준법」 제54조 제2항에 따라 근로자에게 휴게시간의 자유로운 이용이 인정된다고 하더라도 그 이용 **장소와 방법에 있어 일체의 제약이 없는 무제한의 자유가 인정되는 것은 아니라고 할 것**입니다.

법제처 16-0239, 2016-08-19 회시

취약 직종 근로자는

① 전화상담원

② 돌봄서비스 종사원

③ 텔레마케터

④ 배달원

⑤ 청소원 · 환경미화원

⑥ 아파트 경비원

⑦ 건물 경비원[*66] 입니다.

휴게시설의 최소면적은 6㎡, 바닥에서 천장까지 높이는 2.1m 이상으로 설정해야 합니다. 휴게시설을 설치하지 않을 경우 **1,500만원 이하의 과태료가 부과**되고 고용노동부 장관이 정한 휴게시설 설치 · 관리기준을 준수하지 않은 경우에도 1,000만원 이하의 과태료가 부과됩니다.

다만 제도 초창기임을 고려하여 2023년 8월 18일까지 상시 근로자수 50인 미만 사업장(공사금액 50억원 미만 공사현장)에 대하여 과태료 부과를 유예한 바 있습니다.

*66. 산안법 시행령 제96조의2(휴게시설 설치 관리기준 준수 대상 사업장의 사업주)

05 휴게시간 중 근로자가 다치는 일이 발생했습니다. 지휘명령에서 이탈한 휴게시간 내 사고도 업무상 재해(산업재해)로 인정받을 수 있는지요?

반복되는 논의지만 휴게시간은 근로자가 **자유로이 사용할 수 있습니다.** 이는 사업주의 지휘명령이 미치지 않는 상황을 의미하므로 (비록 물리적인 위치는 사업장 내에 있다고 하더라도) 업무「상」이라고 판단하지 않는 것이 원칙입니다. **산재법 제37조** 에서 규정하는 업무상 재해는 크게 ① **업무상 사고** ② **업무상 질병** ③ **출퇴근 재해**로 구분됩니다. 출퇴근 재해는 그 명칭에서 유추할 수 있듯이 사업장이라는 장소적 요건을 요구하지 않습니다. 업무상 질병도 장기간에 걸쳐 발생하는 것이기에 업무수행성 또는 업무장소 구속성을 요구하지 않습니다.

해설

휴게시간과 관련하여 쟁점이 되는 부분은 업무상 사고입니다. **산재법 제37조 제1항 제1호 마목** 에서 「휴게시간에 해당하더라도 **사업주의 지배관리 하**에 있다고 볼 수 있는 행위로 인한 사고」를 업무상 사고(재해)로 규정하고 있습니다.

다만 사업주의 「지배관리」에 있다는 사실을 입증해야 하므로 예외적인 업무상 사고라고 평가할 수 있습니다. 업무상 사고에 대한 인정과 승인은 근로자 본인 명의로 근로복지공단에 신청하는데 불승인시 근로복지공단을 상대로 행정소송을 제기할 수 있습니다. 이에 산업재해 관련 판례는 **행정법원 사례가 많습니다**. 다음페이지 판례는 휴게시간에 점심식사에 필요한 식재료를 구매하러 가는 과정에서 발생한 사고에 대하여 행정소송을 통해 사업주의 지배관리성을 인정받은 사례입니다.

또한 체력단련 등 업무와 관련된 **준비과정 또는 인과관계가 큰 활동**이라고 인정될 경우에 그 사고가 휴게시간에 발생하더라도 업무상 사고(재해)로 인정될 수 있습니다.

판례

원고(통근버스운전기사)는 오전 출근운행을 마치고 기사대기실에서 대기하다 점심식사를 준비하기 위해 **필요한 식재료를 사러** 자전거를 타고 마트에 가서 식재료를 사서 위 기사대기실로 돌아가던 중 농로 **옆 배수로에 추락하는 사고**를 당하였는 바, 근로자들이 점심식사를 하는 행위는 점심식사 종료 후의 노무제공과 관련한 것으로 근로자의 본래의 업무행위에 수반되는 생리적 행위라고 볼 것이고, 원고를 비롯한 통근버스운전기사들은 회사에서 지급한 식비로 인근에 있는 식당에서 식사하다가 **비용절감을 위해서 회사로부터 받은 식비를 모아 기사대기실에서 직접 조리**를 하여 식사를 해결해 왔던 점, 마트는 걸어서 다녀오기엔 무리가 있어 소유 여부를 불문하고 자전거를 이용하였던 것이 통상적인 방법의 범위에서 벗어났다고 보기 어려운 점 등을 종합하여 볼 때, 원고가 점심식사를 위하여 자전거를 타고 식재료를 사오던 행위는 소위 **회사의 지배를 벗어나지 아니한 행위**라고 할 것이므로 그 과정에서 발생한 이 사건 사고는 **업무상 재해에 해당**한다고 봄이 타당하다.

서울행법 2016구단66554, 2017-06-09 선고

판례

체력단련실이 생산직 직원들의 근골격계 질환을 예방하기 위하여 회사가 설치 · 관리하여 온 **회사의 지배 · 관리하에 있는 복리후생시설**이고, 차체와 범퍼 등을 들어서 부착하는 업무와 로봇 모터 등의 정비 등을 하는 **로봇용접기 유지 · 관리업무를 하여 온 업무내용** 등에 비추어 그 업무로 인하여 발생할 수 있는 근골격계 질병을 예방하고 그 업무를 원활하게 수행하기 위해서는 **근육의 힘을 강화**시킬 수 있는 운동이 필요한 것으로 보이므로 이 체력단련실에서 바벨운동 등을 한 것은 업무의 준비행위이거나 사회통념상 그에 수반되는 것으로 인정되는 **합리적 · 필요적 행위**로 보이므로 근로자가 야간근무 중 야식시간에 회사 내 체력단련실에서 운동하던 중 입은 목 디스크는 **업무상 재해에 해당**한다고 볼 수 있다.

울산지법 2011구합796, 2012-09-26

휴게시간의 특례

06 당사는 육상운송업을 영위하는 업체입니다. 근로시간과 휴게시간 영역에서 특례업체라고 하는데 당사도 주52시간 근무제를 준수해야 하는지요?

주52시간 근무제 주제에서 설명한 바와 같이 1주 최대 소정근로시간 40시간에 연장근로 · 휴일근로 12시간을 가산하여 1주 최대 52시간의 근무를 할 수 있습니다. 그런데 운송업과 같은 업종은 육로 · 수로(해로) · 항공로를 경유하기 때문에 52시간을 준수하기 어려운 측면이 있습니다. 또한 보건업(병의원)의 경우에도 의료서비스업을 제공하는 공공성을 지니므로 이를 강제하기 어렵습니다.

해설

이에 **근기법 제59조** 에서 ① 육상운송 및 파이프라인 운송업(단, 「여객자동차 운수사업법」 **제3조제1항제1호** 에 따른 노선(路線) 여객자동차운송사업[*67]은 제외) ② 수상

판례

비록 「근로기준법」 제59조에서 운수업 등 일부 사업의 경우 사용자가 근로자대표와 서면 합의를 하면 같은 법 제54조에 따른 **휴게시간을 변경**할 수 있도록 규정하고 있다고 하더라도, 그 변경은 위와 같은 휴게제도의 **본래 취지에 맞게** 이루어져야 할 것입니다. 따라서, 이는 법률에서 정한 휴게시간의 최저기준은 유지하되 공중의 편의 또는 업무의 특성 등을 고려하여 **휴게시간의 간격이나 시간대를 변경**할 수 있다는 제한적 의미로 이해되어야 할 것이고, 이를 벗어나 휴게시간을 법률에서 정한 기준보다 **줄이거나 전혀 주지 않도록 변경할 수 있다는 의미는 아니라고 할 것**입니다.

서울남부지법 2019노2151

---

*67. 버스회사가 가장 대표적인 사례이다.

운송업 ③ 항공운송업 ④ 기타 운송관련 서비스업 ⑤ 보건업[*68]이라는 **5가지 업종에 대하여 근로시간과 휴게시간의 특례를 인정**하고 있습니다.

위 업종에 해당하는 경우 **「근로자 대표와 서면합의」** 후 1주 12시간을 **「초과」하여 연장근로**를 할 수 있으며 **휴게시간을 변경**[*69]할 수 있습니다. 다만 근로종료일부터 다음 근로개시일까지 연속하여 **11시간의 휴식시간을 설정**해야 합니다. 상술한 업종은 **직종이 아니라 산업분류**를 의미합니다. 이에 특정산업(예를 들어 운송업)에 해당한다면 그 안에서 근무하는 **다양한 직종을 수행하는 근로자**에게도 근로시간과 휴게시간의 특례를 적용할 수 있음에 주의하여야 합니다.

근로기준법 제58조의 규정은 동조에 해당되는 사업에 대하여 적용되고, 사업 내의 근로자의 **직종별로 적용 여부를 규정하고 있지 아니하므로** 동조 각 호의 1에 해당하는 사업은 직종에 관계없이 소속 근로자 전체를 대상으로 특례규정을 적용할 수 있는 것임.

철도공사 전체가 하나의 사업으로서 근로기준법이 적용되는 경우에는 한국표준산업분류 등에 따라 철도공사의 업종이 **운수업으로 분류**되고 그 주된 사업내용이 운수사업에 해당된다면 철도공사 **전체 근로자를 대상**으로 근로기준법 제58조의 특례를 적용할 수 있을 것으로 사료됨. 다만, 근로자대표와의 서면합의를 통하여 특례규정을 **일부 직종의 근로자에 대해서만 적용하는 것은 가능**하다고 사료됨.

근로기준과-228, 2004-01-09 회시

위 특례적용과 관련하여 실무적으로 중요한 점은 **「근로자 대표와의 서면합의」**입니다. 근로자대표라 함은 사업장 과반수를 대표하는 노동조합이 있는 경우 **노동조합의 대표자**, 그렇지 않을 경우 호선 등으로 **근로자 대표로 선출된 자**를 의미합니다. 개별합의는 인정되지 않습니다. 이를 실무적으로 「집단 동의(합의)」라고 칭하며 이는 명백히 **효력 요건**입니다. 다만 본 특례적용과 관련하여 **소급 합의는 인정되지 않습니다.**

---

*68. 상기 5가지 산업은 표준산업분류상 소분류까지의 산업을 의미한다.

*69. 8시간에 대하여 1시간, 4시간에 대하여 30분이라는 총량은 유지하되 부여 간격 등 관련규칙을 변경할 수 있음을 의미한다.

「근로기준법」 제59조는 사업의 성격 내지 업무의 특성을 감안할 때 엄격한 연장근로시간 및 휴게시간의 규제가 공중생활에 불편을 초래할 수 있는 운수업, 물품 판매 및 보관업, 금융보험업, 의료 및 위생사업*70 등의 사업에 대하여 사용자가 근로자 대표와 서면합의를 한 경우에는 제53조제1항에 따른 **주 12시간을 초과하여 연장 근로를 하게 하거나 제54조에 따른 휴게시간을 변경**할 수 있다고 규정하고 있음.

한편, 공익적 사업의 근로시간 및 휴게시간 특례적용을 위한 근로자 대표와의 서면합의는 특례제도 도입을 위한 절차적 필수요건인 바, 서면합의 효력은 **노사 합의한 이후부터 발생하는 것으로 보아야 할 것**임.

근로기준정책과-3842, 2015-08-20 회시

*70. 본 유권해석은 2015년 해석으로서 이 당시에는 금융보험법도 특례대상 산업이었다.

07 우리 회사는 주6일을 근무하고 있습니다(주휴일은 일요일). 이 경우 토요일 휴무를 휴가사용으로 갈음할 수 있는지요?

휴일은 입사 당시부터 근로제공 의무가 없는 날을 의미합니다. 가장 대표적인 휴일은 **근기법제55조 제1항** 에서 규정하고 있는 유급주휴일입니다. 근로제공 의무를 면제함으로써 여가시간을 부여하기 위함입니다. 이를 반대로 해석하면 휴일이 아닌 날은「소정 근로일」에 해당합니다. 소정근로일이라 함은 근로제공 의무가 있는 날로서 출근이 강제되는 날[*71]을 의미합니다. 즉 소정근로일과 휴일[*72]은 서로 교집합이 있을 수 없습니다.

해설

반면 휴가라 함은 본래 **근로제공의무가 있는데 이를 면제하는 날을 의미**합니다. 가장 대표적인 휴가는 **근기법 제60조** 에서 규정하는 **연차유급휴가**입니다. 일상적으로 근로자들이 많이 표현하는 "오늘은 휴가입니다"라고 할 때 오늘은 소정근로일이 됩니다. 이러한 소정근로일은 노사 간 정하기 나름입니다. 대부분의 근로자들은 주5일 근무제 형태로 근로하는데 이때 1주 소정근로일은 5일입니다.

단시간 근로자는 주1일부터 주5일까지 다양한 1주 소정근로일이 구성됩니다. 여기서 중요한 점은 **1주 소정근로시간은 40시간인데 꼭 5일로 구성할 필요가 없다**는 점입니다. 1일 소정근로시간을 8시간으로 정하고 1주 소정근로일을 5일로 구성할 수 있고 1일 소정근로시간을 월요일부터 금요일까지 7시간으로 정하고 토요일에 5시간을 배정하면 1주 소정근로일은 6일이 됩니다(일요일은 주휴일로 지정하기 때문에 본질적으로 소정근로일이 될 수 없습니다).

---

*71. 일상 용어로 (주말과 반대로) 평일이라고 부른다.

*72. 이와 유사한 개념으로서 〈휴무일〉이 있는데 이에 대해서는 〈휴일과 휴무일〉주제에서 설명한다.

만약 1주 40시간 이내에서 주6일 근무제를 운영하고 있다면 제6요일(토요일)은 **소정근로일이기 때문에** 이날 근로의무를 면제한다면 **휴가를 사용하는 것**입니다. 그런데 토요일 근무시간이 이미 1주 40시간을 초과한 시간대(이는 연장근로에 해당함을 의미함)라면 노사 상호 간 연장근로를 약정한 것일 뿐 소정근로일수는 아니기 때문에 휴가 사용으로 간주할 수 없습니다.

2022년 1월 1일부터 상시 근로자수 **5인 이상 사업장**[*73]에 대하여 **근기법 제55조 제2항**에서 이른바 **관공서 휴일을 법정휴일로 규정**하고 있습니다. 관공서 휴일은 **「관공서의 공휴일에 관한 규정」 제2조**(일요일은 제외)에 따른 공휴일(대체공휴일 포함)을 의미합니다. 단 사업장 상황상 변경할 필요가 있는 경우 **근로자 대표와 서면합의를 통해 다른 날로 대체**할 수 있습니다.

휴게와 휴일

04

*73. 주휴일은 5인 미만 사업장에도 적용된다.

08 회사창립기념일인 11월 11일에 휴무하고 있습니다. 이 날 근로하는 직원에게 휴일근로수당을 지급해야 하는지요?

노동법상 휴일은 법정휴일과 약정휴일로 구분됩니다. 법정휴일은 법에서 정한 휴일로서 주휴일, 노동절, 관공서 휴일(단 5인 이상 사업장에 적용) 등을 의미합니다. 이와 다르게 (법에서 정하지 않았지만) **근로계약서 · 취업규칙 · 단체협약 등에서 정한 휴일**을 약정(約定)휴일이라고 합니다. 회사창립기념일 · 노조설립기념일 등이 대표적인 약정휴일입니다. 약정휴일은 대부분 유급휴일이지만 무급휴일로 지정하여도 법 위반은 아닙니다. 유급약정휴일이 무급휴무일인 토요일 등과 중복되는 경우 이 날을 유급으로 지급해야 할 의무는 없습니다.*74

해설

신정 1일, 구정 3일, 하기휴가 2일, 추석절 2일 등의 소위 특별휴가를 단체협약, 취업규칙 등에 의하여 유급 또는 **무급휴일로 정하여 주기로 약정**한 때에는 이러한 특별휴가와는 별도로 근로기준법 제48조의 규정에 의한 연차유급휴가를 따로 주어야 하는 것임.

그러나 이러한 특별휴가를 **무급휴가일로 주기로 정한 때**에는 연차유급휴가를 청구할 수 있는 근로자의 동의를 얻으면 동 무급휴일을 연**차유급휴일로 대체하여 사용**할 수는 있다고 하겠으나, 이 경우 이러한 휴가기간 동안에는 유급으로 당연히 지급되는 임금(단체협약, 취업규칙, 근로계약 등으로 정한 유급휴일수당)을 지급하여야 하는 것임.

법무 811-14715, 1979-06-20 회신

*74. 후술할 〈관공서 휴일 유급화〉에서도 동일한 논리가 설명된다.

약정휴일은 노사 간 자체적으로 정한 특징이 있지만 (소정근로일이 아닌) 휴일이므로 해당 일에 근로한 경우 마땅히 휴일근로수당이 지급되어야 합니다.

> 근로기준법 제46조 규정에 따른 **휴일근로수당**은 동법 제45조에 규정된 **주휴일, 근로자의날제정에관한법률에 규정된 근로자의 날** 기타 노사가 **휴일로 약정한 날**에 근로를 제공하였을 때 지급되는 것으로, 만근일수를 정하여 동 만근일수를 초과하는 경우에 지급되는 것이 아님.
>
> **근기 01254-16105, 1991-11-16 회신**

09 유급휴일과 무급휴일의 의의와 그 유형이 궁금합니다.

노동법 영역에서 「유급(有給)」이라 함은 해당 일에 **근로를 제공하지 않아도 임금을 받을 수 있다**는 것을 의미합니다. 대표적인 유급휴일은 ① 주휴일(週休日)입니다. 물론 개근이라는 요건이 있지만 분명한 것은 (가장 흔한 요일인) 일요일에 휴무하더라도 주휴수당이라는 유급휴일수당이 지급되어야 합니다. 또한 ② 노동절도 대표적인 유급휴일입니다. 그리고 상시근로자수 5인 이상 사업장에 대하여 2022년부터 ③ 관공서 휴일은 근로기준법상 유급휴일입니다.

해설

반면 무급휴일은 **근로를 제공하지 않으면 임금을 지급하지 않는 휴일**을 의미합니다. 대표적인 무급휴일은 주5일 사업장의 토요일입니다. 주휴일인 일요일과 다르게 토요일은 무급으로 지정하는 경우가 많습니다. 하지만 **유 · 무급 여부와 관계없이** 근로의무가 사전에 면제된 휴일이므로 해당 일에 근로를 제공하게 되면 휴일근로수당이 지급되어야 합니다.

판례

근로기준법 제55조는 사용자는 근로자에게 1주일에 평균 1회 이상의 유급휴일을 주도록 하여 **유급휴일의 최소한도만을 규정**하고 있는 점, 이 사건 근로계약서상 일요일은 주휴일로 명시되어 있으면서도 토요일은 **단순히 휴무라고 규정**되어 있는바, 이는 유급휴일인 일요일과 무급휴일인 토요일을 구분하기 위한 것으로 보이는 점, 또한 이 사건 근로계약서상 1일 결근하는 경우 42,000원을 월급에서 공제하도록 규정되어 있는바, 이는 **토요일을 제외한 나머지 날에 해당하는 일급**을 42,000원으로 산정한 것으로 보여 토요일이 무급휴일임을 뒷받침하고 있는 점 등을 종합하면, 이 사건 근로계약의 해석상 토요일은 주휴일인 일요일과 달리 **피보험단위기간 산정에서 제외되는 무급휴일에 해당**한다고 봄이 상당하다.

서울행법 2010구합40427, 2011-03-17 선고

10 우리 회사 규정에서 토요일이 유급휴무일(8시간 유급)로 정해져 있습니다. 월 단위 최저임금은 얼마로 환산되는지요?

우리나라에 주40시간 근무제(주5일 근무제)는 2004년 7월 1일부로 상시근로자수 1,000명 이상 사업장에 처음으로 적용되었습니다. 주40시간 근무제 이전 법정근로시간은 1주 44시간이었습니다. **월요일부터 금요일까지 8시간씩 5일, 토요일 4시간 근무를 가산하여 주44시간**을 근무하는 형태가 가장 일반적이었습니다. 이 당시에는 주7일 중 주휴일을 제외한 나머지 6일은 소정근로일에 해당하였습니다.

해설

그런데 주40시간에 대하여 1일 8시간을 배정하는 이른바 **주5일 근무제가 일반화**되면서 근무를 하지 않는 **「토요일의 성격」에 대한 논의**가 이루어지기 시작했습니다. 「쉬는 날」임은 분명한데 이 날이 휴일인지 (업무를 쉬는) 휴무일(休務日)인지에 대한 정리가 필요했던 시기였습니다. 분명한 것은 물리적으로 **주5일 근무 하에서는 토요일은 「쉬는 날」이라는 점**입니다. 이때 쉬는 토요일을 4가지로 분류할 수 있는 그 유형은 다음 표와 같습니다.

분류	휴무일	휴일
유급	유급휴무일	유급휴일
무급	무급휴무일	무급휴일

유급과 무급에 대한 구분의 실익은 해당 일에 근무를 하지 않았음에도 유급수당(기본급)을 보장하는지 여부에 있습니다. **휴일과 휴무일**에 대한 구분의 실익은 해당 일에 근무를 했을 경우 연장근로수당을 지급하는가 또는 휴일근로수당을 지급하는가를 결정합니다.

대표적인 ① **유급휴일**인 주휴일을 생각하면 쉽게 이해될 수 있습니다. (주휴일과 같이) 유급휴일에 출근했을 경우 휴일근로수당을 지급하며 반대로 출근을 하지 않아도 유급수당(기본급)이 지급됩니다. 반면 ② **무급휴일**이라면 출근을 하지 않으면 기본급이 보장되지 않지만 출근을 하면 휴일근로수당이 지급됩니다. 고용노동부 해석에 따르면 토요일의 4가지 성격을 취업규칙이나 근로계약서에서 정해야 하지만 이에 대해 특별히 정한 바가 없으면 **「무급휴무일」로 정한 것으로 보고** 있습니다. ③ **무급휴무일**은 출근을 하지 않으면 기본급이 보장되지 않지만 출근할 경우 연장근로수당이 지급되는 날입니다. 마지막으로 ④ **유급휴무일**[*75]은 출근을 하면 연장근로수당을 지급하되 출근을 하지 않더라도 기본급이 보장되는 날을 의미합니다.

실무적으로 살펴봐야할 내용은 토요일에 대한 **「유급처리의 범위」**입니다. 특별한 경우[*76]를 제외하고 1일 소정근로시간을 한도로 유급의 범위를 정할 수 있습니다. 따라서 이론적으로 토요일 유급처리 시간은 0시간 이상 8시간 이하입니다. 실무적으로 4시간과 8시간 유급을 가장 많이 사용합니다. 만약 토요일 4시간을 유급 처리한다면 월 통상임금 근로시간수는 226시간[*77]으로 환산됩니다.

반면 토요일 8시간을 유급 처리한다면 월 통상임금 근로시간수는 243시간으로 환산됩니다. 따라서 어떤 회사의 취업규칙에 토요일을 8시간 유급휴(무)일로 정한 경우 대내적으로 지급해야 하는 **기본급은 243시간분**입니다. **2026년 최저시급 10,320원을 기준으로 월 단위**로 환산하면 **2,507,760원**입니다. 그런데 **최저임금법상 최저임금 산입범위를 다룰 때 (주휴일이 아닌) 유급휴(무)일에 대한 수당은 산입하지 않음에 주의하여야 합니다.**[*78] 이는 최저임금 위반에 해당하지 않지만 유급수당을 지급하지 않을 경우 근로기준법상 임금체불에 해당합니다.

*75. 휴무일의 정확한 의미는 1주 40시간을 초과하였을 경우 연장근로로 기산함을 의미한다. 위 본문에서는 1주 40시간을 만근했다고 가정하고 서술하였다.

*76. 감시단속적근로자와 같이 근로시간 규정이 적용되지 않는 경우를 의미한다.

*77. 이미 설명한 〈월 통상임금 근로시간수〉 산정식에서 토요일 무급을 4시간 유급으로 호환하면 도출된다.

*78. 이미 설명한 〈월 최저임금 적용기준 시간수〉 내용을 참고하기 바란다.

11 토요일이 무급휴무일이고 일요일이 주휴일인 회사입니다. 일요일이 광복절이었고 월요일이 대체 공휴일인 상황에서 근로자가 출근했을 때 월요일의 수당계산은 어떻게 해야 하는지요?

관공서휴일이라 함은 본래 공무원 신분인 자가 휴무하는 날을 의미합니다. 학창 시절에 이 날은 수업이 없는 날이었는데 그 당시 선생님들이 교육공무원 신분이었기 때문입니다. 사회생활을 시작하면 근로기준법의 적용을 받는데 (2022년 이전에는) 관공서 휴일이 무조건 쉴 수 있는 날은 아니었습니다. 그 당시에는 회사가 취업규칙 등에서 관공서휴일을 약정휴일로 지정해야 쉴 수 있었습니다.

그런데 2022년 1월 1일부터 상시근로자수 5인 이상 사업장에 대하여 관공서 휴일이 근로기준법상 유급휴일로 전환되어 이른바 법정휴일이 되었습니다.

해설

종전에는 **관공서 공휴일에 관한 규정**과 근기법을 연결시켰지만 2022년 1월 1일부로 **공휴일에 관한 법률**이 시행됨으로써[*79] 이 법에서 **관공서 휴일과 대체공휴일에 대한 사항을 구체적으로 규정**하고 있습니다. 공휴일법 제2조에서 규정하는 휴일은 다음 페이지의 표와 같습니다.

근기법 시행령 제30조 제2항 에서 공휴일법상 휴일과 대체공휴일을 이른바 관공서 휴일로 규정하고 있습니다. 이때 본래 ① 일요일인 공휴일(예를 들어 국경일인 광복절)이 대체 규정을 통해 ② 월요일로 대체공휴일이 되었을 때 일요일과 월요일이 ③ **각각 공휴일로 해석함에 주의**하여야 합니다.[*80] 다만 토요일과 같은 무급휴일과 교대제 근로 상

---

*79. 관공서 공휴일에 관한 규정(공휴일법의 시행령 성격)에서 일요일을 휴일로 지정하는데 민간영역에서 주휴일은 꼭 일요일이 아니기 때문에 공휴일에 관한 법률에서 일요일은 규정하고 있지 않다.

*80. 공휴일법에 따른 공휴일 · 대체공휴일 Q&A (고용노동부, 2021년 8월 9일)

<table>
<thead>
<tr><th>연번</th><th>명칭</th><th>일자</th><th>비고</th><th>대체공휴일 여부</th></tr>
</thead>
<tbody>
<tr><td>1</td><td>삼일절</td><td>3월 1일</td><td rowspan="5">국경일</td><td rowspan="4">토요일 · 일요일
중복 시
다음 비공휴일</td></tr>
<tr><td>2</td><td>광복절</td><td>8월 15일</td></tr>
<tr><td>3</td><td>개천절</td><td>10월 3일</td></tr>
<tr><td>4</td><td>한글날</td><td>10월 9일</td></tr>
<tr><td>5</td><td>신정</td><td>1월 1일</td><td></td></tr>
<tr><td>6</td><td>구정 연휴</td><td>음력 12월 31일
음력 1월 1일
음력 1월 2일</td><td></td><td>일요일 중복 시
다음 비공휴일</td></tr>
<tr><td>7</td><td>석가탄신일</td><td>음력 4월 8일</td><td></td><td>토요일 · 일요일
중복 시
다음 비공휴일</td></tr>
<tr><td>8</td><td>어린이날</td><td>5월 5일</td><td></td><td>토요일 · 일요일
중복 시
다음 비공휴일</td></tr>
<tr><td>9</td><td>현충일</td><td>6월 6일</td><td></td><td></td></tr>
<tr><td>10</td><td>추석 연휴</td><td>음력 8월 14일
음력 8월 15일
음력 8월 16일</td><td></td><td>일요일 중복 시
다음 비공휴일</td></tr>
<tr><td>11</td><td>기독탄신일</td><td>12월 25일</td><td></td><td>토요일 · 일요일
중복 시
다음 비공휴일</td></tr>
<tr><td>12</td><td>선거일</td><td>수시 지정</td><td>공직선거법상
임기만료</td><td></td></tr>
<tr><td>13</td><td>기타 임시공휴일</td><td>수시 지정</td><td>국무회의 심의</td><td></td></tr>
</tbody>
</table>

비번일이 관공서휴일과 중복되는 경우(특약이 없는 한) 별도의 유급휴일수당은 지급하지 않아도 됩니다. 관공서휴일의 유급화는 기존 소득(월급)의 저하 없이 휴일을 보장하는 것이 본래 취지이기 때문입니다. 단 시급제 임금체계라면 소정근로일과 관공서 휴일이 중복되면 휴일부여와 동시에(1일 소정근로시간만큼) 기본급을 보장해야 합니다.[*81]

*81. 해당일에 근로를 제공하지 않아도 출근으로 간주하여 기본급에 반영해야 함을 의미한다. 반면 월급제는 출근을 예정하고 이미 이날의 유급분이 기본급에 포함되어 있기 때문에 추가적인 지출은 없다.

관공서 공휴일을 근로기준법상 유급휴일로 보장하도록 한 법 개정 취지는 공무원과 일반근로자가 **공평하게 휴식을 취할 수 있도록 하기 위한 것**으로써, 근로자가 관공서 공휴일에 휴식을 취하더라도 **임금의 삭감이 없도록** 하여 온전히 휴식을 보장하기 위해 유급으로 정한 것입니다. 만약 휴무일 등과 같이 애초부터 근로제공이 예정되어 있지 않은 날이 관공서 공휴일과 겹칠 경우에 추가 휴일수당을 지급해야 한다고 해석할 경우에 법 개정 취지를 넘어 근로자가 실질적으로 누리는 **휴일 수는 동일함에도 추가적인 비용부담만 강제**하게 되는 불합리한 결과가 발생합니다. 따라서, 휴무일 등 애초부터 근로제공이 예정되어 있지 않은 날이 관공서 공휴일과 겹칠 경우 해당 일을 유급으로 처리하여야 하는 것은 아닙니다.

임금근로시간과-743, 2020-03-30 회신

주휴일과 관공서휴일이 중복되는 경우에는 **하나의 휴일만 인정**됩니다. 따라서 주휴일인 일요일이 광복절과 중복되는 경우 별도의 유급수당을 지급하지 않아도 됩니다. 그러나 만약 8월 16일이 대체공휴일로 지정된 경우 월요일이 본래 소정근로일(평일)이었다면 이 날은 관공서휴일이라는 **유급휴일로 그 성격이 바뀝니다.** 따라서 이 날 근로자가 근로를 제공하였다면 8시간 이내의 근로에 대하여 통상임금의 50%를 가산(1.5배의 휴일근로수당)하고 8시간을 초과하는 경우 통상임금의 100%를 가산(2배의 휴일연장근로수당)하여 지급해야 합니다.

근기법 제55조 제2항 단서 에서 관공서휴일이 근로기준법상 유급휴일로 변경됨에 따라 사업장 운영에 지장이 있는 경우 **근로자 대표와 서면합의를 통해** 다른 날로 대체할 수 있습니다. 다만 **대체하는 날은 소정 근로일**이어야 하며 **비번일과 휴무일로 대체할 수 없음**에 주의하여야 합니다. 휴일대체를 하게 되면 대체된 날이 관공서 휴일이 되므로 원래의 공휴일은 소정근로일에 해당합니다. 따라서 원래의 공휴일에 발생한 근로시간은 소정근로에 해당하여 휴일근로수당은 발생하지 않습니다.

노동절은 별도의 법률에서 정하고 있으므로 절대적인 휴일입니다. 이에 노동절은 다른 날로 대체 자체가 불가능함을 부언합니다.

1. 지정된 휴일을 변경하고자 할 때에는 적어도 **24시간 전에 근로자에게 통지**하여야 함.
2. 지정된 휴일의 변경은 단체협약이나 취업규칙에 그 변경요건 · 절차 등이 미리 정하여져 있거나 근로자의 동의를 얻은 경우에 다른 날로 대체할 수 있는 바, 이와 같이 휴일이 대체휴일로 변경된 경우에는 **당초의 휴일은 평일**이 되므로 휴일근로가산수당을 지급할 필요가 없음.
3. 그러나 근로자의 날은 법률로서 특정한 날을 **유급휴일로 정하고 있으므로 다른 날로 휴일을 대체할 수 없으며,** 동 휴일을 다른 날로 대체하여 근로자의 날에 근로한 경우에는 근로기준법 제46조에 의한 휴일근로수당을 지급하여야 함.
4. 변경된 대체휴일에 근로한 경우에는 휴일근로수당을 지급함이 타당함.
5. 근로기준법 제45조에 의한 **주휴일은 적치사용할 수 없음.**

근기 68207-806, 1994-05-16 회신

12 감시단속적 근로자로서 격일 형태로 수위 업무를 수행하는 근로자가 있습니다. 해당 근로자에게도 노동절이 적용되어 휴일근로수당을 지급해야 하는지요?

노동절 제정에 관한 법률에 따라 5월 1일을 ① 노동절 날로 정하고 ② 이날은 근기법에 따른 유급휴일에 해당합니다. 노동절은 근로기준법상 주휴일과는 다른 성격을 지닙니다. 필자는 이를 **절대성(絶對性)**이라고 설명합니다. 주휴일은 해당 주의 소정근로일을 개근할 때 비로소 발생하는 반면 노동절은 그 자체로서 유급휴일입니다.

해설

주휴일은 전주 소정근로일 **개근여부에 따라 유급휴일로 부여**하면 될 것이고, 근로제공의무가 없는 비번일에 대해서는 별도로 노사간 특약이 없는 한 유급으로 처리할 이유는 없다고 할 것입니다.

또한, **주휴일이 다른 유급휴일과 중복**될 경우 취업규칙이나 단체협약 등에 별도의 정함이 없는 한 근로자에게 유리한 하나의 휴일만 인정하면 될 것입니다.

다만, 근로자의 날은 「근로자의 날 제정에 관한 법률」에 의하여 **소정근로일의 개근여부와 관계없이** 부여되는 유급휴일이므로, 근로자의 날과 주휴가 중복될 경우 1주간의 소정 근로일을 **개근하지 못한 근로자에 대해서는 근로자의 날에 유급휴일이 부여**되어야 할 것입니다.(근로기준과-4267, 2005.8.17. 참조)

임금근로시간과-637, 2021-03-19 회신

따라서 노동절은 해당 주의 개근여부와 무관하며 (유리한 하나의 휴일을 인정하는) 휴일 중복 원칙에 따라 특정 주에 개근 요건 불충족으로 주휴일이 발생하지 않더라도 **주휴일과 노동절이 중복되면 (노동절로 인하여) 유급휴일로 인정**됩니다. 이러한 절대성은 휴일 대체 논리에도 적용됩니다. **근기법 제55조** 에서 정하는 주휴일과 관공서휴일은 근로계약서 또는 취업규칙에서 정하는 바에 따라 다른 날로 대체할 수 있습니다. 그런데 노동절은 절대적으로 부여되어야 하므로 **다른 날로 대체할 수 없습**니다.[*82]

감시단속적 근로자

감시단속적 근로자의 적용제외 승인 신청을 받은 경우 근로기준법상 근로시간 · 휴게 · 휴일이 적용되지 않습니다. 그런데 노동절은 **근로기준법에서 규정한 휴일(주휴일과 관공서휴일)이 아니므로** 감시단속적 근로자에게도 보장되는 날입니다.

근로기준법 제49조에 의하면 감시 또는 단속적 근로자로서 노동위원회의 승인[*83]을 얻은 경우에는 같은 법 제4장과 제5장에서 정한 근로시간, 휴게와 휴일에 관한 규정은 적용하지 아니함. 그러나 근로자의 날은 **근로자의 날 제정에 관한 법률**에 의해 유급휴일로 특정되어 있으므로 근로기준법 제49조에 의하여 적용이 **배제되는 휴일에는 포함되지 아니하므로** 근로자의 날에 근로를 하였을 경우에는 근로기준법 제46조에 의한 임금을 지급하여야 함.

근기 68207-930, 1994-06-09 회신

감시단속적 근로자에게 노동절을 유급으로 보장한다는 것은 해당 일이 (무급 처리되는)비번일이더라도 유급 처리되어야 함을 의미한다. 유급으로 보장되어야 하는 근로시간은 **격일근로자의 경우 근무일의 실 근로시간의 50%**[*84] 입니다.

---

*82. 다만 노동절은 보상휴가제의 대상이 될 수 있다(임금근로시간정책팀-3356, 2007-11-13).

*83. 현재는 고용노동지청으로 관할이 이전되었다.

*84. 격일근로자이기 때문에 50%일 뿐 3일주기의 근무형태라면 33.3%이다. 즉 1주기 내 근로시간을 1주기 내 총일수로 나누어 산정한다.

행정해석

1. 연차휴가수당 (연차휴가미사용수당)

(1) 근로기준법 제63조에 따라 근로시간 · 휴게 · 휴일에 관한 규정이 적용되지 않는 감단근로자의 연차휴가수당 산정과 관련하여, 종전에 1주 단위로 근로하는 감단근로자의 경우 통상 하루의 소정임금**(1일 소정근로시간)을 1주 40시간에 비례하여 산정**하는 것으로 해석한 바 있으나(임금근로시간과-517, 2021.3.5.),

(2) 감단근로자의 경우 일반근로자와 달리 법정근로시간 · 휴게 · 휴일 규정의 적용을 받지 않는다는 점을 고려할 때, 통상 하루의 소정임금(1일 소정근로시간)을 1주 40시간에 비례 산정하기보다는 **근무주기를 기준으로 하여, 해당 주기의 근로시간 합계를 해당 주기의 일수로 나누는 것이 제도 취지에 부합**하는 것으로 사료됨.

※ 주 단위 근무는 1주 근로시간 합계÷7일, 격일제(24시간 격일제 포함)는 근무일의 근로시간 합계÷2일, 「2일 근무, 1일 휴무」는 2일 근무일의 근로시간 합계÷3일 등

2. 근로자의 날 유급휴일수당

(1) 근로자의 날은 「근로자의 날 제정에 관한 법률」에 의해 특정일을 기념하여 유급휴일로 보장하고 있으므로, 근로자의 날이 무급휴(무)일과 겹치더라도 **통상 하루의 소정임금을 지급해야 하는 것으로 그동안 일관**되게 해석

(2) 이와 관련하여 근로자의 날 유급휴일수당은 근로자의 날에 근무를 한다면 지급받을 수 있는 임금을 지급하는 것이 아니라, 통상 하루의 소정임금**(1일 소정근로시간)을 산정하여 지급하는 것이 타당하다고 사료**됨(감단근로자의 통상 1일 소정근로시간은 상기 연차휴가수당 산정방법 참조).

임금근로시간과-982, 본 지침 2022-05-04 제정

〈감시단속적 근로자 등의 적용방법〉

감시단속적 근로자 등에게도 근로자의 날은 보장됨. 감시단속적 근로자를 포함한 「근로기준법」 제63조의 적용제외 근로자는 제4장과 제5장에서 정한 휴일에 관한 규정은 적용되지 않음. 따라서 제63조의 적용제외 근로자가 휴일에 근로를 제공한다고 하더라도 휴일근로로 보지 않음.

다만, 근로자의 날은 「근로자의 날 제정에 관한 법률」에 의해 특정일을 기념하여 휴일로 규정하고 있으므로 제63조의 적용제외 근로자에게도 유급휴일로 보장.(근기 01254-6550, 1991.5.9.)

「근로기준법」 제63조의 적용제외 근로자는 제4장과 제5장에서 정한 휴일에 관한 규정은 적용되지 않으므로 제57조의 **보상휴가제도는 적용되지 않는 것**임. 다만, **당사자 간 합의로 제도를 도입하여 운영할 수는 있음(중략)**

만약 제63조 적용제외 근로자가 격일제 근무 등을 이유로 근로자의 날 **당일을 쉬지 못하고 근로를 제공**한 경우라도 휴무자(비번자)와 **동일하게 통상 하루의 소정임금**을 추가로 지급하면 됨.

임금근로시간정책팀-3356, 2007-11-13 회신

만약 노동절에 (격일근로 형태의) 감시단속적 근로자가 근무를 했다면 휴일근로수당이 지급되어야 합니다. 다만 휴일근로에 대한 가산임금 규정이 적용되지 않음에 주의하여야 합니다.*85

월급 근로자

월급 근로자의 경우 출근과 만근을 전제로 유급휴일에 대한 수당을 기본급에 모두 포함하여 지급합니다. 따라서 노동절에 휴무한 경우 사전에 정해진 **기본급을 지급하는 것 자체가 유급 처리**함을 의미합니다.

*85. 고용노동부 지침(행정해석 포함)에 명확한 이유를 설명하고 있지 않다. 필자의 견해로는 휴일근로에 대한 가산은 근로기준법상 휴일에 대한 부속규정이므로 감시단속적 근로자에게 근로기준법상 휴일가산규정을 적용하지 않는 것으로 생각된다.

즉 추가적인 수당 지출은 없습니다. 물론 이 날에 근로한 경우 휴일근로수당을 지급[*86] 해야 합니다.

시급 근로자

시급 근로자의 경우 주휴수당을 포함한 (기본급으로 지급되는) 유급휴일수당은 사후적으로 정산된다는 특징이 있습니다. 사전에 시간급 임금만을 결정하며 개근 여부 등을 통해 주휴수당을 사후 검증하는 구조입니다. 이에 시급제 근로자는 (사전에 예상하지 못한) 추가지출이 **유급휴일수당(기본급에 산입)(1배)과 휴일근로수당(1.5배)(5인 이상 사업장) 2가지**로 구성[*87] 됩니다.

*86. 이러한 이유로 월급제에 대하여 1.5배 수당을 지급한다고 알려져있다.
*87. 이러한 이유로 시급제에 대하여 2.5배 수당을 지급한다고 알려져있다.

13 1주일 중 월·수·금 3일만 근무하며 각 일자별로 10시간씩 1주 30시간을 근무하는 파트타임 근로자가 있습니다. 이 근로자의 주휴수당은 얼마를 지급해야 하는지요?

주휴수당은 **근기법 제55조 제1항** 에서 규정하고 있습니다. 전형적인 풀타임 근로자는 1주 40시간을 근무하며 종종 연장근로가 발생합니다. 예를 들어 1일 10시간씩 주 5일을 근로했다고하면 실 근로시간은 1주 50시간이 됩니다.

해설

그러나 주휴수당 지급을 위한 시간[*88]은 10시간이 아니며 8시간입니다. **8시간의 정확한 의미는 1일 소정근로시간입니다.** 다만 소정근로시간의 한도는 법정근로시간이므로 결과적으로 주휴시간은 **1일 법정근로시간 8시간을 한도로 소정근로시간만큼 결정**됩니다.

단시간근로자의 경우 풀타임 근로자와 다르게 ① 1주 소정근로일수 ② 1주 소정근로시간 ③ 근로일별 소정근로시간이 다양하게 구성되어 있습니다. 분명한 것은 **1주 소**

> 주휴수당으로 지급되는 임금의 범위는 당해 사업장의 근로시간이 법정근로시간을 초과하는 경우에는 법정근로시간에 대한 임금을, 근로시간이 법정근로시간보다 적은 경우에는 소정근로시간에 대한 임금으로 한다(1987.4.2, 근기 01254-5392)
>
> **임금정책과-2492, 2004-07-07 회신**

*88. 이를 본서에서 필자는 주휴시간이라고 표현한다.

정근로시간이 통상 근로자(일반적으로 1주 40시간을 수행하는 풀타임 근로자)보다 작습니다. 이에 **「근로시간 비례 원칙」을 적용**[*89] 하여 주휴시간을 산정합니다. 근기법 시행령 별표2[*90] 에서 이를 상세히 규정하고 있는데 본 별표에서도 1일 소정근로시간을 기준으로 한다고 명시하고 있습니다. 단시간 근로자의 1일 소정근로시간수는 **「4주 평균」을 사용**하며 4주 동안의 **「소정」**[*91] **근로시간수**를 그 기간의 **통상근로자**(일반적으로 풀타임 근로자)의 **총 소정근로「일수」**[*92] **로 나눈 시간**을 의미합니다.

만약 단시간근로자가 월 · 수 · 금 각 10시간씩 근로(1주 30시간)했을 경우 1일 소정근로시간의 한도는 8시간이므로 단시간 근로자의 **1주 소정근로시간**은 (실 근로시간인) 30시간이 아니라 **24시간임에 주의**하여야 합니다. 이를 근거로 1일 소정근로시간을 산출하면 다음 식과 같습니다.

$$\text{단시간 근로자의 1일 소정근로시간} = \frac{\text{24시간/주} \times \text{4주}}{\text{5일/주} \times \text{4주}} = \text{4.8시간/일}$$

소정근로일이 월요일부터 금요일이고 토요일은 무급휴무일, 일요일이 주휴일인 사업장을 가정할 때 월요일부터 금요일까지 만근하고 퇴사한 경우(다음주 월요일에 출근하지 않음) 주휴수당이 발생하는지 여부가 실무적으로 중요합니다.

주휴수당 동영상 강의

*89. 이에 대하여 〈단시간 근로자의 포괄임금〉 주제에서 후술하도록 한다.
*90. 단시간근로자의 근로조건 결정기준 등에 관한 사항
*91. 실(實)근로시간수가 아님에 주의하여야 한다.
*92. 일반적으로 4주 20일, 1주 5일이다.

행정해석

변경 전[*93]

1주간의 소정근로일을 개근하고 아울러 1주를 초과하여 (예 : 8일째) 근로가 예정되어 있는 경우 주휴수당 발생 (근로기준정책과-6551, 2015.12.7. 등)

변경 후

1주간 근로관계가 존속되고 그 기간 동안의 소정근로일에 개근하였다면 1주를 초과한 날(8일째)의 **근로가 예정되어 있지 않더라도 주휴수당 발생**

기존 행정해석이 인용한 판례(대법원 2007다73277)는 휴직기간에 포함된 주휴일에 관한 것으로서 동 사안과는 차이가 있음. 또한, "사용자는 근로자에게 1주에 평균 1회 이상의 유급휴일을 보장"하도록 하고(제55조①), 시행령에서는 "1주 동안의 소정근로일을 개근한 자"에게 주도록 규정(제30조①)하고 있으므로, 법령상 그 다음 주까지 근로관계가 유지되어야 한다는 내용은 없으며, "1주에 평균 1회 이상의 유급휴일을 보장"한다는 규정은 최소한 1주 동안의 근로관계 존속을 전제로 한다고 봄이 타당

* 연차 유급휴가(제60조)의 경우에도 "1년간 80%이상 출근"이라는 요건에서 1년간 근로관계 존속을 요하는 것으로 보고 있음

※ (예) 소정근로일이 월~금까지이며, 개근했고, 주휴일은 일요일인 경우

- 월요일 ~ 금요일까지 근로관계 유지(토요일에 퇴직) → 주휴수당 미발생
- **월요일 ~ 일요일까지 근로관계 유지**(그 다음 월요일에 퇴직) → 주휴수당 발생
- 월요일 ~ 그 다음 월요일까지 근로관계 유지(그 다음 화요일에 퇴직) → 주휴수당 발생

임금근로시간과-1736, 2021-08-04 제정

2021년 8월 4일 이전에는 그 다음주 월요일의 근무가 예정된 경우에 한하여 해당 주의 주휴수당이 발생한다고 해석했습니다. 그러나 고용노동부 행정해석 변경으로 일요일[*94]까지 근로관계가 유지되었다면 (월요일 근무 예정과 무관하게) 해당 주의 주휴수당은(1주 소정근로시간이 15시간 이상인 경우에) 발생합니다.

*93. 실무에서 문의가 많은 사례여서 원문을 최대한 그대로 수록하였다.

*94. 반대로 해석하면 토요일까지 유지된 경우에 대해서는 명확한 내용이 없다.

주휴일 대체

14 바쁜 프로젝트로 인해 본래 주휴일인 일요일에 8시간을 근무하게 되었습니다. 이 경우 다른 날을 휴일로 부여하면 8시간만 유급처리하면 되는 것인지요?

근기법 제55조 제1항 에서 1주에 「평균」 1회 이상의 유급 주휴일을 부여할 것을 규정하고 있습니다. 평균이라는 것은 주휴일 부여를 특정 단위기간 중 일정기간에 꼭 귀속시키지 않아도 됨을 의미합니다.

해설

행정해석

> 근로기준법 제54조에서 사용자는 근로자에게 1주일에 평균 1회 이상의 유급휴일을 주도록 하고 있는 바, 여기서 1주일이라 함은 연속한 7일의 기간을 의미하는 것으로 반드시 **월력에 의한 일요일부터 토요일까지로 해야 하는 것은 아님.** 일주일에 휴무일이 2일*95 이상이 되는 경우 이 중 하나를 유급주휴일로 할 수 있음. 주휴일은 산정단위가 되는 1주일의 기간 중 **평균 1일 이상 주면 되므로** 반드시 주휴일간의 **간격이 7일이 되어야 하는 것은 아니나** 근로자가 주휴일을 **사전에 예측**할 수 있도록 해야 할 것임. 다만, 근로자의 건강 등을 고려하여 **가급적 규칙적**으로 부여하는 것이 바람직하다고 사료됨.
>
> **근기 68207-1540, 2001-05-12**

하지만 주휴일의 취지가 근로자의 피로를 해소하고 그 다음주의 원활한 근로를 도모함에 있으므로 규칙적으로 부여하는 것이 좋습니다. 그런데 회사 사정상 특정기간에

*95. 회신 당시 주6일 근무제였기 때문에 주2일 중 1일을 주휴일로 처리할 수 있었다.

집중적으로 근무할 필요가 있을 때 이른바 「**주휴 대체**」를 **활용**하는 경우가 있습니다. 주휴 대체 적용 전에 꼭 먼저 살펴봐야하는 점은 주 5일근무제라고 가정할 때 평균적으로 휴(무)일을 포함하여 **주2일의 휴무를 보장하는지 여부**입니다.

단위기간(2주)	일반적인 경우	주휴 대체
1주 차	2일 휴무(토요일 · 일요일)	1일 휴무(토요일)
2주 차	2일 휴무(토요일 · 일요일)	3일 휴무(월요일 · 토요일 · 일요일)
합계	4일 휴무(2주)	4일 휴무(2주)
평균	2일 휴무(1주)	2일 휴무(1주)

위 표와 같이 1주 차에 바쁜 일정으로 본래의 주휴일인 일요일을 부여하지 못하고 근로를 제공한 경우 그 다음주(2주 차)에 **1일의 휴일을 더 부여하여 평균 2회 휴무**(평균적으로 주 5일 근무)를 보장해야 합니다.

휴일대체에 대하여 근로기준법에서 달리 정한 바는 없으나 대법원에서는 단체협약 등에 정해져 있거나 당사자 개인의 동의를 얻은 경우 미리 근로자에게 교체할 휴일을 특정하여 고지하면 달리 보아야 할 사정이 없는 한 이는 적법한 휴일대체로 보고 있으며, 적법한 휴일대체인 경우에는 원래의 휴일은 통상의 근로일이 되고 그날의 근로는 휴일 근로가 아닌 통상근로가 되므로 사용자는 근로자에게 휴일근로수당을 지급할 의무를 지지 않는다고 판시한 바 있음.(대법원 99다7367 2000.9.22)

다만, 위와 같은 휴일대체를 하고자 할 때는 적어도 24시간 이전에 해당 근로자에게 통보해 주어야 하며(법무 811-18759, 1978.4.8) 그러하지 아니한 경우에는 적법하게 휴일대체가 이루어졌다고 보기는 어려울 것으로 보임.

임금근로시간정책팀-1815, 2006-07-21 회신

이와 같이 주휴일 등을 대체할 때 당사자 동의를 얻어야 하므로 사전에 **취업규칙 및 근로계약서에 이를 규정**하여야 합니다. 또한 근로자의 예상가능성을 담보하기 위해 24시간 이전에 이를 통지함이 바람직합니다. 적법한 주휴 대체를 하였을 경우 **본래의 주**

휴일이 소정근로일로 대체되므로 일요일에 수행한 근로는 **소정근로로 해석되므로 휴일근로수당은 발생하지 않습니다.** 교대제 근로자의 경우 비번일이 주기적으로 발생하는 특징이 있습니다. 비번일은 물리적으로 근로제공이 없으며 원칙적으로 무급입니다.

> 사용자는 근로자가 소정의 근로일수를 개근한 경우에는 1주일에 평균 1회 이상의 주휴일을 주도록 되어 있는 바, 근로의 형태가 1일 3교대제로 되어 있어 업무형편에 의하여 주 1회 24시간 이상 계속 휴일을 부여하는 경우 동 휴일은 주휴일에 해당하는 것임.
>
> **근기 01254-6585, 1988-05-04 회신**

반면 주휴일은 평균적으로 7일 간격으로 발생하는 특징이 있습니다. 이 부분에서 교대제하 비번일 생성주기와 주휴일 발생주기가 일치하지 않습니다. 이에 비번일 중 주 1회 이상 24시간 이상 계속 휴식이 보장되는 날이 있다면 **주휴일로 지정**할 수 있습니다. 다만 근로계약서 등에 명확하게 기재 후 교부해야 합니다. 이와 같이 명확히 주휴일을 사전에 지정해야 주휴 대체에 대하여도 상호 투명하게 운영할 수 있습니다.

> 근로기준법 제45조는 사용자가 1주간의 소정근로일수를 개근한 근로자에 대하여 1주일에 평균 1회 이상의 유급휴일을 주도록 규정하고 있으며, 이 경우 주휴일은 반드시 일요일이어야 하는 것은 아니나, 매주 특정요일로 정하는 것이 바람직할 것임. 따라서 교대제 근무로 인하여 주휴일로 정하여진 날에 근로를 하고 대신 대휴를 주는 것이 사전 근로자의 동의하에 규칙적으로 실시되고 단체협약이나 취업규칙에 정하여지는 등 주휴일이 보장되고 있다면 일요일에 2교대 또는 3교대 근무제가 근로기준법 제45조에 위반된다고 볼 수 없을 것임.
>
> **근기 68207-761, 1994-05-09 회신**

Chapter 05

휴가

법정휴가의 유형

01 법정휴가란 무엇이며 어떤 휴가로 구성되어 있는지 궁금합니다.

법정(法定)휴가라 함은 말 그대로 법에서 정한 휴가를 의미합니다. 법에서 정했다는 것은 강제성이 있다는 의미이고 이를 위반 시 사업주는 처벌받을 수 있습니다. 우리나라 노동법에서 정하는 휴가에 대해 개괄합니다.

해설

대표적인 법정휴가는

① **근기법 제60조** 에 따른 연차휴가입니다. (관련 주제에서 상세하게 후술하겠지만) **상시근로자수 5인 이상 사업장**에 적용되며 연차휴가는 1년간 80% 이상 출근했을 경우 15일 이상이 발생합니다. 또한 발생일로부터 일정기간(주로 1년)이 경과하면 **연차휴가수당으로 전환**되기 때문에 인사노무관리상 중요합니다.

② 여성이 출산하는 경우 **근기법 제74조 제1항** 에 따라 출산전후휴가가 부여됩니다. 단태아의 경우 90일이 부여(2025년 2월 23일 이후 미숙아의 경우 10일 추가)되며 이 중 **60일은 통상임금을 기준으로 유급 처리**됩니다. 다태아의 경우 120일이 부여되며 이 중 75일은 유급입니다. 다만 출산전후휴가는 (사실상 휴직과 유사하게 부여되는 특징을 감안하여) 주말을 포함하여 사용합니다.

③ 유사산 휴가는 **근기법 제74조 제3항** 에서 규정되어 있으며 임신 주수에 따라 출산전후휴가 일수 범위 내에서 부여됩니다.

④ **고평법 제18조의2** 에서 배우자출산휴가를 정하고 있습니다. 배우자 출산휴가는 2025년 2월 23일부터 최대 20일(종전 10일)까지 사용할 수 있고 출산일로부터 120일(종전 90일) 이내에 사용할 수 있습니다. **3회(종전 1회) 분할 사용**이 가능하며 **20일 전체가 유급휴가**입니다. 또한 휴가라는 정체성 을 감안하여 휴무일(주

로 토요일)과 휴일(주로 일요일)을 제외한 소정근로일(평일)에 사용하도록 해야 합니다. 따라서 실질적으로는 주말을 포함하여 거의 1개월을 부여받게 됩니다. 또한 고보법상 우선지원대상기업의 경우 20일 전부(종전 10일 중 5일)에 대해 인건비를 지원받을 수 있습니다.*96

⑤ 생리휴가는 **근기법 제73조** 에서 규정하고 있는데 상시근로자수 **5인 이상 사업장**의 여성 근로자가 월 단위로 1일을 부여받을 수 있습니다. 다만 주5일 근무제 도입 이후에는 **무급으로 전환되었**음에 주의하여야 합니다.

판례

여성 근로자로 하여금 생리휴가를 청구하면서 **생리현상의 존재까지 소명하라고 요구**하는 것은 해당 근로자의 사생활 등 인권에 대한 과도한 침해가 될 뿐만 아니라 생리휴가 청구를 기피하게 만들거나 청구 절차를 어렵게 함으로써 **생리휴가 제도 자체를 무용**하게 만들 수 있다. 따라서 사용자로서는 여성 근로자가 생리휴가를 청구하는 경우, 해당 여성 근로자가 폐경, 자궁 제거, 임신 등으로 인하여 생리현상이 없다는 점에 관하여 비교적 명백한 **정황이 없는 이상** 여성 근로자의 청구에 따라 생리휴가를 부여하여야 한다고 봄이 타당하다.

서울남부지법 2019노2151

⑥ **고평법 제18조의3** 에서난임치료휴가를 규정하고 있습니다. 근로자가 인공수정 또는 체외수정 등 난임치료를 받기 위해 휴가를 청구하는 경우에 **연간 최대 6일까지** 부여해야 합니다. 다만 **6일***97 **중 2일만 유급처리**됩니다. 난임치료휴가는 성별과 무관하게 사용할 수 있습니다. 유급분이 (종전 1일에서) 2일로 증가하면서 고용보험에서 난임치료휴가급여*98를 사업주에게 지원합니다(단 우선지원대상기업에 한하며 2026년 현재 **2일분 기준 최대 168,420원을 한도로 지원**). 또한 사업주는 난임치료휴가의 청구 업무를 처리하는 과정에서 알게 된 사실에 대해 비밀을 유지해야 합니다.

*96. 2026년 현재 20일 단위 인건비 지원 한도는 1,684,210원이다(20일 미만의 경우 일할계산).

*97. 2025년 2월 23일 시행

*98. 고보법 제75조에서 출산전후휴가급여와 함께 규정하고 있고 휴가 종료일 이전 피보험단위기간이 180일 이상이어야 한다.

태아검진 시간의 허용은 「근로기준법」상 임산부 정기건강진단을 받는데 필요한 시간을 허용하는 것이므로 근로자가 **건강진단 외의 다른 목적**으로 태아검진 시간을 청구하였고, 휴가기간 내 태아 검진이 **가능하지 않을 것이라는 사실이 신의칙상 명백**한 경우라면, 사업주에게 「근로기준법」상 태아검진시간을 부여할 의무가 없어, 근로자의 신청을 허용하지 않더라도 「근로기준법」 위반으로 볼 수 없을 것입니다.

여성고용정책과-4065 회시

⑦ **근기법 제74조의2** 에서 태아검진휴가[*99] 도 규정하고 있습니다. 상시근로자수 5인 이상 사업장의 근로자가 임산부 정기건강진단을 청구하는 경우 이를 허용하되 **임금삭감을 하지 못합니다.** 임신 28주까지는 4주에 1회, 임신 29주부터 36주까지는 2주에 1회, 임신 37주 이후는 1주 1회를 부여해야 합니다.

⑧ **고평법 제22조2 제2항** 에서 가족돌봄휴가를 규정하고 있습니다. 본 법에서 규정하는 가족은 **배우자, 조부모, 부모, 자녀, 손자녀를 의미**하고 이들에 대한 노령, 질병,사고를 이유로 휴가를 신청하는 경우 사업주는 허용해야 합니다. 다만 본 기간은 **무급처리**됩니다. 가족돌봄휴가는 연간 최대 10일[*100] 까지 사용할 수 있고 일(日)단위로 분할하여 사용할 수 있습니다. 다만 본 휴가일수는 별도휴직인 가족돌봄휴직(연간 최대 90일까지 사용가능하며 30일 이상 사용 시 분할사용 가능)일수에 포함됩니다.

참고로 ⑨ 월차휴가는 주40시간 근무제가 (2004년 7월 1일부터 2011년 7월 1일까지 순차적으로) 도입완료됨에 따라 공식적으로 폐지되었습니다.

상술한 8가지 휴가 **외에 회사에서 부여해주는 휴가는 이른바 약정휴가**라고 합니다. 약정휴가는 말 그대로 약속해서 정한 휴가로서 사업주가 부여해야할 의무는 없습니다. 다만 복리후생제도 측면에서 취업규칙이나 단체협약에서 정할 수 있습니다. 경조사휴가, 포상휴가, 근속휴가, 청원휴가 등이 대표적인 사례입니다.

*99. 정식명칭은 태아검진시간인데 실무적으로 태아검진휴가라고 부른다.

*100. 코로나19로 인해 동법을 개정한 바 있다. 감염병 등으로 심각단계의 위기경보가 발령되는 경우 고용정책심의회의 심의를 거쳐 연간 10일을 추가로 부여할 수 있다.

02 출산전후휴가의 내용과 휴가 기간 중 임금 및 근로조건에 대한 내용이 궁금합니다.

출산전후휴가는 대표적인 모성보호정책입니다. 말 그대로 출산 시점을 전후해서 여성 근로자가 사용할 수 있는 휴가입니다. 명칭은 휴가이지만 **실질은 휴직과 비슷**합니다. 이러한 이유로 주말을 포함하여 휴가일수를 부여받습니다. **원칙적으로 90일(미숙아의 경우 10일 가산)을 부여받으며 이 기간 중 60일은 사업주에게 유급의무**를 부담하고 있습니다. 그리고 출산 후 기간에 45일 이상을 배정해야 합니다. 다태아*[101] 의 경우 120일을 부여하고 75일은 유급 처리됩니다. 이 경우 출산 후 기간에 60일 이상을 배정해야 합니다.

해설

유급 처리의 기준은 통상임금입니다. 통상임금은 (임금 주제에서 이미 설명한 바와 같이) 정기성 · 일률성 · 소정근로 대가성을 갖춘 임금으로서 회사별 · 근로자별로 다릅니다. 통상임금을 ① 월 통상임금 근로시간수로 나눈 후 (시급이 산출됩니다) ② 1일 소정근로시간을 곱하면 일급 통상임금이 산정됩니다. 이 일급에 대하여 60일을 곱하는 것이 일반적인 유급처리 방식입니다. 그러나 만약 주2일만 근무하는 경우라면 (즉 소정

출산휴가기간 중 소정 근로시간 또는 근로기간에는 **무급 휴무일은 포함되지 않으므로** 시간급 또는 일급에 따라 임금을 지급하는 근로자의 경우 무급 휴무일을 제외한 소정 근로기간에 대한 통상임금을 산정하여 임금을 지급하여야 할 것으로 판단됨. 이는 시간급 또는 일급을 지급하는 근로자에게 무급휴일을 포함한 90일치를 일급으로 계산하여 지급한다고 본다면 근로 시 지급받는 임금보다 **휴직 시 지급받는 급여가 더 많게 되는 불합**리한 결과가 발생하기 때문임

여성고용정책과-1644, 2015-06-09 회시

*101. 다태아에 대한 규정은 2014년 1월 21일부터 시행 중이다.

근로시간이 짧은 경우에는) 60일 동안 정상적으로 근무했을 때 수령할 수 있는 임금수준을 지급합니다. 즉 **무급휴무일은 제외한 일수만큼 지급**하면 됩니다.

종종 출산전후휴가 이전에 **근로기준법 제74조 제7항** 에서 규정하는 임신기 근로시간단축제도를 활용하는 경우가 있습니다. **임신 12주 이내 또는 32주 이후의 기간**에 근로자가 근로시간단축을 청구*102하는 경우 사용자는 임금 삭감 없이 1일 2시간을 단축해야 합니다(다만, 그 하한은 1일 6시간입니다). 또한 조기진통 또는 다태아 임신 등 고위험 임산부(의사의 진단서를 첨부해야 함)일 경우 임신 전(全)기간에 대해 근로시간 단축이 가능*103합니다. 그런데 1일 2시간을 단축하는 경우(즉 1주 30시간으로 단축하는 경우) 1일 실 근로시간이 새롭게 형성됩니다. 임신기 단축근무는 (은혜적인 조치로서) 소정근로시간이 변경되는 것은 아님에 주의하여야 합니다. 이후 출산전후휴가를 사용할 때 기준이 되는 통상임금은 **출산전후휴가를 사용하기 직전(휴가 시작일 기준)의 임금**임에 주의하여야 합니다.

고용보험법 제76조제1항의 규정에 따라 출산전후휴가급여 등은 출산전후휴가 기간에 대하여 「근로기준법」의 통상임금(휴가를 시작한 날을 기준으로 산정한다)에 해당하는 금액을 지급한다'고 규정하고 있는바 출산전후휴가 급여산정의 기준이 되는 통상임금은 휴가를 시작한 날을 기준으로 산정하면 될 것임

근로개선정책과-6703, 2013-11-12 회시

임신 중인 여성은 시간외 근로가 원칙적으로 금지되며 근로자의 요구가 있는 경우 쉬운 업무로 전환을 시켜야 합니다. 또한 1일 소정근로시간을 유지하면서 업무의 시작과 종료시각의 변경을 요청하는 경우에도 이를 허용해야 합니다(근로기준법 제74조 제9항, 2021년 5월 18일 신설). 다만, 정상적인 사업 운영에 중대한 지장이 있거나 **야간근로시간(오후 10시부터 다음날 오전 6시) 구간에서 시간변경을 요청할 경우 사업주는 이를 거부**할 수 있습니다.*104 또한 출산전후휴가는 1회에 사용하는 것이 원칙인데 ① 유사산 경험이 있거나 ② 만40세 이상 산모이거나 ③ 의료기관의 진단서가 있는 경우 분할 사용할 수 있습니다.

*102. 단축 3일 전까지 신청해야 한다.

*103. 2025년 2월 23일 시행

*104. 고용보험에서 지원하는 출산전후휴가급여와 4대보험 처리방식은 관련 주제에서 별도로 설명한다.

육아휴직제도

03 사회적으로 육아휴직 사용빈도가 높아지고 있다고 들었습니다. 육아휴직의 사용 요건과 휴직 시 근로조건이 궁금합니다.

육아휴직은 대표적인 모성보호 정책으로서 **고평법 제19조** 에서 규정하고 있습니다.[*105] 동조에 따르면 ① 임신 중인 여성[*106]이나 ② 만 8세 이하 또는 초등학교 2학년 이하의 자녀(입양자녀 포함)를 양육하기 위해 휴직을 신청하는 경우 사업주는 **이를 허용**해야 합니다. 육아휴직 개시 예정일 30일 전까지 근로자는 신청서를 제출해야 하며 **사업주는 이에 대한 시기를 변경 할 수 없습니다.**

해설

다만 ① 임신 중인 여성 근로자에게 유산 또는 사산의 위험이 있는 경우 ② 출산 예정일 이전에 자녀가 출생한 경우 ③ 배우자의 사망 · 부상 · 질병 또는 신체적 · 정신적 장애나 배우자와의 이혼 등으로 해당 영유아를 양육하기 곤란한 경우에는 사안의 긴급성을 고려하여 7일 이전에 신청할 수 있습니다. 이러한 신청에 대하여 그 신청일부터 14일 이내에, 7일 전에 신청할 수 있는 육아휴직의 경우에는 그 신청일부터 3일 이내에 육아휴직을 허용한 사실을 서면 또는 전자적 방식으로 근로자에게 회신[*107]해야 합니다. 또한 근로자에게 육아휴직을 허용한다는 사실을 알리지 않은 경우에는 근로자가 육아휴직을 신청한 대로 육아휴직을 허용한 것으로 봅니다.

상술한 육아휴직을 실무적으로 「**법정 육아휴직**」[*108]**이라고 부릅니다.** 이 육아휴직은 원칙적으로 최대 1년까지 사용할 수 있으며 무급이 원칙입니다. 1년이라는 기간 내

*105. 고용보험에서 지원하는 육아휴직급여와 4대보험 처리방식은 관련 주제에서 별도로 설명한다.

*106. 본래 출산 이후에 사용할 수 있었는데 2021년 5월 18일 고평법 개정으로 임신 중에도 사용할 수 있게 되었다.

*107. 고평법 시행령 제11조 제4항 신설(2024년 12월 24일)

*108. 복리후생 차원에서 회사가 1년을 초과하여 부여하는 육아휴직을 약정육아휴직이라고 지칭한다.

에 **3회**[109] **분할 사용**이 가능하되 임신 중 육아휴직을 사용한 경우 (휴직기간은 차감되지만) 분할 횟수가 차감되지 않습니다. 또한 예외적으로 법정 육아휴직 6개월이 가산[110]될 수 있는 사유는 ①동일한 자녀를 대상으로 부모가 모두 육아휴직을 각각 3개월 이상 사용한 경우 ② 한부모의 경우 ③중증 장애아동의 경우임을 부언합니다. 육아휴직 종료 후 휴직 전 동일한 업무 또는 동일수준의 임금을 지급하는 직무에 복귀시켜야 합니다. 육아휴직기간은 **연차휴가일수 산정 시 출근**으로 간주[111] 되며 **퇴직금 산정**을 위한 근속연수에도 포함[112] 됩니다. 이러한 이유로 육아휴직이 비록 무급이지만 복직 시 연차휴가는 정상적으로 발생하고 퇴직금도 휴직기간에 비례하여 적립됩니다.

(본 주제와 다소 상이하지만) 기간제근로자의 경우 원칙적으로 근로계약기간 2년을 초과하지 못합니다.[113] 특정근로자가 기간제 근로자인데 근로계약기간이 2년이라고 가정합니다. 입사 후 6개월이 지난 후 1년의 육아휴직을 사용한 경우 물리적으로 회사에 재직할 수 있는 기간이 6개월만 남습니다. 이러한 이유로 기간제근로자(파견근로자 포함)의 경우 육아휴직에 대한 접근성이 떨어진다면 근로자에게 불이익한 결과를 초래합니다. 이에 **육아휴직을 뺀 실질 근로기간**(이를 기단법에서 사용기간이라고 함)을 기준으로 **「2년 도달」 여부를 판단**합니다.[114]

육아휴직개시예정일 30일 전까지 신청서를 사업주에게 제출한 경우 사업주는 근로자가 신청한 휴직개시일로 육아휴직을 허용하는 것으로 보아야 합니다. 따라서 사업주가 육아휴직개시일을 **조정할 수 없다고 판단**됩니다. 동일한 영유아에 대하여 육아휴직을 1년 사용한 적이 있는 근로자가 이혼으로 인하여 추가로 육아휴직을 청구할 경우 사업주는 이를 허용하지 않아도 된다고 판단됩니다.

여성고용과-232, 2008-05-20 회시

*109. 2025년 2월 23일 시행으로서 사용횟수는 4회를 의미한다.

*110. 2025년 2월 23일 시행

*111. 근기법 제60조 제6항 제3호에서 규정하고 있으며 법정육아휴직기간에 한정한다.

*112. 고평법 제19조 제4항

*113. 기단법 제4조

*114. 고평법 제19조 제5항

육아기 근로시간 단축제도

04 육아휴직 1년을 사용하고 복직했습니다. 추가적으로 육아기근로시간단축을 청구할 수 있는지요? 관련된 근로조건의 내용도 궁금합니다.

육아기근로시간단축제도는 육아휴직으로 인한 **부모의 경력단절을 예방**하기 위해 2010년대 초반 고평법에서 새로이 규정되었습니다. 명칭에서 유추할 수 있듯이 이 제도는 (일과 가정 양립을 위해) **파트타임 근로자[115]로 일시적으로 전환**함을 의미합니다. 파트타임 근로자(단시간 근로자)는 통상 근로자(예를 들어 1주 40시간을 수행하는 근로자)보다 소정근로시간이 짧은 근로자를 의미합니다. 육아기근로시간단축을 청구할 수 있는 자녀의 연령과 학령 요건은 육아휴직의 경우와 다르게 만 12세이하 또는 초등학교 6학년 이하입니다(2025년 2월 23일부 시행).

다만 본 단축을 사업주가 거부할 수 있는 사유는 육아휴직보다 많습니다. ① 근속기간이 6개월 미만인 경우 ② 사업주가 14일 이상 구인의 노력을 하였으나 대체인력을 구하지 못한 경우 ③ 직무의 분할이 곤란하거나 사업의 정상적인 운영에 중대한 지장을 초래하는 경우에 사업주는 육아기 근로시간단축을 거부할 수 있습니다.

해설

본 근로시간 단축을 할 경우 **소정근로시간이 1주 15시간 이상 35시간 이하**[116]의 구간에서 결정되어야 합니다. 만약 1주 소정근로시간이 15시간에 미달[117]한다면 주휴일과 연차휴가 등이 적용되지 않기 때문에 15시간 이상으로 설정할 것을 규정한 것입니다.

본 근로시간 단축의 기간은 원칙적으로 1년입니다. 관련하여 (2019년 8월 고평법 개정에 이어) 2024년 10월 한 차례 추가 개정이 있었습니다(2025년 2월 23일 시행).

*115. 공식적인 법정 명칭은 「단시간 근로자」이며 관련된 내용은 별도주제에서 설명한다.
*116. 고평법 제19조 제4항
*117. 기단법 제4조

육아휴직을 사용하지 않은 기간을 1년에서 공제한 기간(이를 미사용육아휴직기간이라고 함)의 2배를 가산합니다. 이를 **수식으로 표현하면 다음**과 같습니다.

육아기근로시간단축 사용기간 = 1년 + {2 × (1년 – 육아휴직 사용기간)}

만약 어떤 근로자가 육아휴직을 전혀 사용하지 않았다면 위 식의 **좌변은 3년**으로 산출되며, 반대로 1년의 육아휴직을 모두 사용하였다면 위 식의 좌변은 1년으로 산출됩니다. 따라서 본 근로시간 단축의 (이론적인) 사용기간은 최소 **1년 이상 최대 3년** 이하입니다. 본 근로시간단축도 분할사용이 가능한데 단축횟수에 대한 명문의 제한규정은 없습니다. 그러나 1회 사용기간을 1개월 이상[*118]으로 정하고 있으므로 만약 3년을 사용한다면 **최대 36회 차(35회 분할)까지 사용가능**합니다.

육아기 근로시간 단축제도의 동영상 강의

*118. 고평법 제19조의4 제2항

05 초등학교에 다니는 아이의 체육행사에 참가하기 위해 연차휴가 외 휴가를 신청하려고 합니다. 가족돌봄을 위해 1일 단위로도 휴가신청이 가능한지요?

가졸돌봄휴가는 가족돌봄휴직의 부분집합입니다. 이에 가족돌봄휴직에 대하여 먼저 설명합니다. **고평법 제22조의2** 에서 본 휴직을 규정하고 있습니다. 가족의 범위는 조부모 · 부모 · 배우자 · 배우자의 부모 · 자녀 · 손자녀*[119] 입니다. 이러한 가족이 질병 · 사고 · 노령으로 인하여 돌봄을 위한 휴직이 필요할 때 30일 이전에 사업주에게 신청할 수 있습니다. 하지만 사업주의 경영권도 존중되어야 하기에 ① 일시적 결원으로 인한 대체인력을 채용하기 어렵거나 ② 정상적인 사업운영에 중대한 지장을 초래하거나 ③ 근속기간이 6개월에 미달한 경우 ④ 돌봄이 필요한 가족을 기준으로 돌봄을 수행할 가족이 있는 경우에는 본 휴직을 사업주가 거절할 수 있습니다. 만약 사업주가 이를 거절한다면 해당 근로자의 출퇴근시간을 조정하거나 연장근로를 줄여주는 조치를 취해야 합니다.

해설

가족돌봄휴직의 사용기간은 연간 90일이며 분할 사용이 가능합니다. 다만 1회 사용기간은 30일 이상이 되어야 합니다. 본 휴직은 **당연히 근속기간에 포함**되며 **근기법상 평균임금 산정 시 제외**됩니다. 그런데 휴직의 형태로 사용할 경우 최소 사용기간이 30일이라는 점이 근로자의 접근권을 약화시킨 바 있습니다. 이에 **1일 단위로 사용**할 수 있는 휴가 개념을 새로이 규정하였는데 이를 **가족돌봄 「휴가」**라고 합니다. 가족돌봄휴가 사용기간은 가족돌봄휴직 기간에 포함됩니다.

즉 90일의 가족돌봄휴가 외로 가산하여 사용할 수 없습니다.

*119. 본래 조부모와 손자녀는 가족 범위에 없었는데 2019년에 개정한 바 있다.

본 휴가는 연간 최대 10일(한부모의 경우 25일)까지 사용할 수 있습니다. 코로나19와 같이 감염병이 확산될 경우 고용정책심의위원회를 거쳐 고용노동부장관은 연간 사용일수를 10일 연장할 수 있습니다.

예를 들어 코로나19로 인해 가족이 격리 조치되어 돌봄이 필요하거나 휴교령이 발령된 경우에 이러한 연장조치가 취해질 수 있습니다.[*120]

*120. 고평법 제22조의2 제4항 제3호, 제5항

06 배우자출산휴가를 신청한 근로자가 있습니다. 본 휴가를 주말 포함하여 부여해도 법 위반이 아닌지요?

배우자출산휴가는 **고평법 제18조의2** 에서 규정하고 있습니다. 처음 규정 시에 최대 5일로 규정했지만 최대 10일로 휴가를 늘렸고 2025년 2월 23일부로 최대 20일을 사용할 수 있습니다. **중요한 점은 20일 전체가 유급**이라는 점입니다. 출산일로부터 120일 이내에 청구 사용해야 하며 3회 분할(종전 1회) 사용이 가능합니다. 120일 이내에 근로자가 이직하여 **새로운 직장에서 배우자출산 휴가를 청구**하는 경우에도 본 휴가를 부여받을 수 있습니다. 다만 이전 직장에서 이미 사용하였다면 새로운 사업주는 본 휴가를 거절할 수 있습니다. 또한 배우자출산휴가 사용 중 회사가 **휴업을 하더라도 휴업의 효력은 배우자 출산휴가를 사용 중인 자에게 미치지 않습니다.** 왜냐하면 배우자출산휴가에 대하여는 (연차휴가와 다르게) 사용자의 시기지정권이 없기 때문입니다.

해설

단시간 근로자가 본 휴가를 신청한 경우 (연차휴가와 마찬가지로) **근로시간비례원칙**상 시간단위로 이를 부여합니다. 풀타임 근로자는 20일 동안 1일 소정근로시간을 곱한 160시간을 사용한다고 해석합니다. 만약 단시간 근로자의 1주 소정근로시간이 16시간인 경우 (40시간 대비) 160시간을 비례조정한 64시간을 부여받게 됩니다.

육아휴직 중인 근로자가 그 휴직 중 배우자출산휴가를 신청한 경우 사업주는 부여하지 않아도 위법이 아닙니다. 육아휴직은 이미 근로제공의무가 면제되어 있고 고평법상 배우자출산휴가가 육아휴직의 종료사유로 규정되어 있지 않기 때문입니다.

배우자출산휴가는 말 그대로 휴가이므로 **소정 근로일에 부여**해야 합니다.[*121]

*121. 출산전후휴가는 휴직에 가까운 개념이므로 주말 포함하여 90일을 부여한다.

따라서 소정근로일이 아닌 주말까지 포함하여 20일을 부여할 수 없습니다.[*122] 이를 확대 적용하면 본 휴가 사용을 **연차휴가로 대체하는 것도 위법**입니다.

「남녀고용평등과 일 · 가정 양립 지원에 관한 법률」 제18조의2는 사업주는 근로자가 배우자의 출산을 이유로 휴가를 청구하는 경우에 5일의 범위에서 3일 이상의 휴가[*123]를 주도록 규정하고 있으며, 최초 3일은 유급으로 하도록 규정하고 있습니다.

이는 「근로기준법」 제60조가 규정하고 있는 **연차유급휴가와는 다른 제도**이므로, 근로자가 배우자 출산을 이유로 휴가를 청구하였으나, 사업주가 이에 대하여 연차유급휴가를 사용토록 하였다면 「남녀고용평등과 일 · 가정 양립 지원에 관한 법률」 제18조의2를 위반한 것이 되니(위반시 500만원 이하의 과태료) 이점 유의하시기 바랍니다.

여성고용정책과-982, 2013-06-05 회시

배우자출산휴가를 사용한 경우 **20일의 유급분 100%인 20일분의 재원을 국가에서 지원**합니다(단 우선지원대상기업에 한함). 이를 배우자출산휴가급여라고 하는데 본 휴가가 종료된 날 이전 **피보험단위기간이 180일 이상**이어야 합니다.

*122. 여성고용정책과-843 (2019-06-14 회신) : 모성보호 및 일가정양립 제도 관련 행정해석 변경 시달

*123. 개정 전(前) 기준으로서 그 당시에는 최대 5일이었다.

태아검진휴가(태아검진시간)

07 임신 37주인 근로자가 1일 단위의 태아검진시간을 요청합니다. 하루 단위로 부여하는게 맞는지 또는 정확하게 몇 시간을 부여해야 하는 것인지요?

태아검진시간은 **근기법 제74조의2** 에서 규정하고 있습니다(본래 공식명칭은 태아검진시간이지만 실무적으로 태아검진휴가라고도 부릅니다). 태아 건강 진단시간을 이유로 근로자의 임금을 삭감할 수 없습니다. 즉 태아검진시간을 유급으로 부여해야 합니다.

해설

모자보건법 시행규칙 별표 1에 따르면 임산부 정기건강진단기준은 **임신 28주까지는 4주마다 1회, 29주부터 36주까지는 2주마다 1회, 37주 이후에는 1주마다 1회**입니다. 이 때 임산부가 ① 「장애인복지법」에 따른 장애인인 경우 ② 만 35세 이상인 경우 ③ 다태아를 임신한 경우이거나 의사가 고위험 임신으로 판단한 경우에 건강진단 횟수를 넘어 건강진단을 실시할 수 있습니다.

근기법에 태아검진 시간의 사용방식에 대한 구체적인 규정은 없습니다. 실무적으로 태아검진에 필요한 시간(진료시간 · 이동시간 · 대기시간)을 합리적으로 증빙을 통해 정하면 1일 단위 또는 시간 단위로 부여할 수 있습니다. 다만 태아검진 시간의 허용은 근기법상 **임산부 정기건강진단을 받는데 필요한 시간을 허용하는 것**이므로 근로자가 **건강진단 외(外)의 다른 목적**으로 태아검진 시간을 청구하였고 휴가기간 내 태아 검진이 가능하지 않을 것이라는 사실이 신의칙상 명백한 경우라면 사업주에게 태아검진 시간을 부여할 의무가 없습니다.

08 보상휴가제와 휴일대체는 어떠한 차이가 있는지 궁금합니다. 그리고 보상휴가제에 따른 휴가일수 산정방식을 알고 싶습니다.

보상휴가제는 주40시간 근무제가 도입되면서 신설된 규정으로서 **근기법 제57조**에서 규정하고 있습니다. 주된 내용은 **임금이라는 금전 대신 휴가라는 현물을 제공**할 수 있다는 점입니다. 임금의 대상은 **① 근기법 56조에 따른 연장 · 야간 · 휴일근로**와 **② 선택적 근로시간제**에서 총근로시간을 초과하는 연장근로 **③ 6개월 이내 탄력적 근로시간제**에서 단위기간보다 짧은 근로기간에 대한 연장근로에서 발생하는 수당입니다.

해설

이러한 보상휴가제는 사용자가 **근로자대표와의 서면합의**[*124]**를 그 요건**으로 하는데 연장 · 야간 · 휴일근로에 대하여 임금을 지급하는 것에 갈음하여 다른 소정 근로일에 휴가를 부여할 수 있도록 한 규정입니다. 반면 **휴일대체**는 단체협약이나 취업규칙 등의 규정에 의거 특정한 휴일을 다른 날로 대체하는 것으로서 **통상적으로 연장근로 등을 그 대상으로 하지 않습니다.** 즉 근로기준법상 주휴일은 1주일에 평균 1회 이상 부여하면 되며 반드시 특정일에 부여하여야 할 필요는 없는 것이므로 필요시 노사당사자가 법령에 어긋나지 않는 범위 내에서 단체협약이나 취업규칙 등에 휴일을 다른 날로 변경하는 것이 **휴일대체의 취지**입니다.

(이미 설명하였지만) 노동절은 절대적인 휴일로서 대체가 불가능합니다. 하지만 해당 일의 근무로 인해 발생한 휴일근로수당은 보상휴가제의 대상이 될 수 있습니다.

*124. 본 서면합의 이후 임금청구권이 아닌 휴가청구권이 발생한다.

근로기준법 제57조에서 근로자대표와의 서면 합의에 따라 제56조에 따른 연장근로, 야간근로 및 휴일근로에 대하여 임금을 지급하는 것에 갈음하여 휴가를 줄 수 있도록 규정하고 있고 같은 법 제56조의 규정에 따라 **가산수당을 지급하여야 하는 휴일**근로에는 주휴일 뿐만 아니라 「근로자의 날 제정에 관한 법률」에서 규정하고 있는 근로자의 날도 포함되는 것으로 보아야 하므로 근로자의 날에 근로한 것에 대하여는 **임금(가산수당 포함)을 지급하는 것에 갈음**하여 동등한 가치의 휴가를 부여할 수 있다 할 것임.

임금근로시간정책팀-2363, 2007-07-13 회신

또한 휴가사용기한에 제한을 두는 경우 그 기한만료로 보상휴가가 소멸하되 보상휴가의 원천이 된 연장수당 등이 **환가(換價)된 임금청구권**[*125] 이 발생합니다. 이 임금청구권은 연장근로시간이 형성된 그 당시로 소급하는 것이 아니라 연차휴가가 소멸된 이후 **임금이라는 수당**청구권이 발생하는 것과 같이 해석합니다.[*126]

*125. 근로자 귀책사유로 휴가를 사용하지 않아도 잔여휴가일수에 대한 임금청구권이 발생한다(임금근로시간과-376 (2020-02-20 회신)).

*126. 근로개선정책과-370 (2014-01-24 회신)

09 1년 미만자에 대하여 1월 개근 시 발생하는 휴가는 연차휴가인가요 월차휴가인가요? 다양한 유형의 연차휴가의 내용이 궁금합니다.

연차유급휴가에 대한 사항은 **근기법 제60조** 에서 상세하게 규정하고 있습니다. 월차휴가는 주44시간 근무제 시절 존재하던 휴가로서 2011년 7월 1일부터 상시 근로자수 5인 이상 사업장에 이른바 주5일 근무제가 시행되면서 공식적으로 폐지되었습니다. 예전 월차휴가는 월 개근시 1일의 휴가가 그 당시 연차휴가와 별도로 매년 발생하였습니다.

해설

연차휴가는 원칙적으로 근속기간이 1년 이상인 자에 대하여 발생하며 그 첫 단위는 15일입니다(필자는 이를 ① **일반연차**라고 서술합니다).[127] 월차휴가가 폐지됨에 따라 1년 미만 근속자에 대한 보호휴가가 없어지게 되어 1개월 개근 시 월 1일의 연차휴가를 따로 규정하고 있습니다(필자는 이를 ② **독립연차**라고 서술합니다).[128]

연차휴가는 이른바 출근율이 80% 이상이어야 발생하는데 근로자 귀책사유로 출근율이 80%에 미달할 경우 (2012년 이전에는) 당해연도의 연차휴가가 발생하지 않은 시절이 있었습니다. 이는 근로자에게 많은 불이익을 초래하기에 2012년 2월 근로기준법 개정을 통해 독립연차와 같이 1월 개근 시 1일의 휴가를 부여하고 있습니다(필자는 이를 ③ **예외연차**라고 서술합니다).

이와 같이 연차휴가는 실무적으로 ① **일반연차**[129] ② **독립연차** ③ **예외연차** 3가지로 구분됩니다. 특히 입사 후 2년에 미달하는 근로자에 대하여 위 3가지 연차휴가가 복

*127. 근로기준법 제60조 제1항

*128. 근로기준법 제60조 제2항 전단

*129. 근로기준법 제60조 제4항에서 가산연차휴가를 규정하고 있는데 필자는 이를 통칭하여 일반연차라고 서술한다.

합적으로 발생하여 실무자들이 어려워하는 부분입니다. 독립연차는 본래 1년 근속 후 발생하는 15일의 일반연차를 미리 사용하는 휴가로 출발한 바 있습니다. 이에 (현재의) 독립연차를 사용하면 15일의 휴가에서 이미 사용한 **휴가를 공제한 일수만큼 그 다음해 연차휴가로 사용**할 수 있었습니다.*130 (미리 사용하는 휴가라는 점 때문에) **독립연차의 최대 발생 일수는 11일***131 입니다.

반면 **일반연차**는 근속연수 1년에 대하여 **15일이 발생하며 그 한도는 25일**입니다. **예외연차**는 징계처분으로서 정직(停職)처분을 받은 경우 등 근로자 귀책사유로 인해 80% 출근율에 영향을 미칠 때 말 그대로 **예외적으로 발생**합니다.

휴가

05

*130. 근로기준법 제60조 제3항에서 규정하고 있었으나 2018년에 삭제되었다. 이 당시 필자는 이를 종속연차라고 설명하였다.

*131. 12일이 아닌 이유는 그 당시 12일은 곧 1년을 의미했기 때문이다.

10 근속연수가 10년 6개월인 근로자의 연차휴가일수는 며칠인가요? 이때 6개월에 대하여도 비례적으로 연차휴가를 산정해야 하는 것인가요?

근기법 제60조 제4항 에서 이른바 「가산 연차」를 규정하고 있습니다. 본 조항에서 「사용자는 3년 이상 계속하여 근로한 근로자에게는 제1항에 따른 휴가에 최초 1년을 초과하는 계속 근로 연수 **매 2년에 대하여 1일을 가산한 유급휴가**를 주어야 한다. 이 경우 가산휴가를 포함한 총 휴가 일수는 **25일을 한도**로 한다」고 규정하고 있습니다. 이를 그림으로 나타내면 다음과 같습니다.

해설

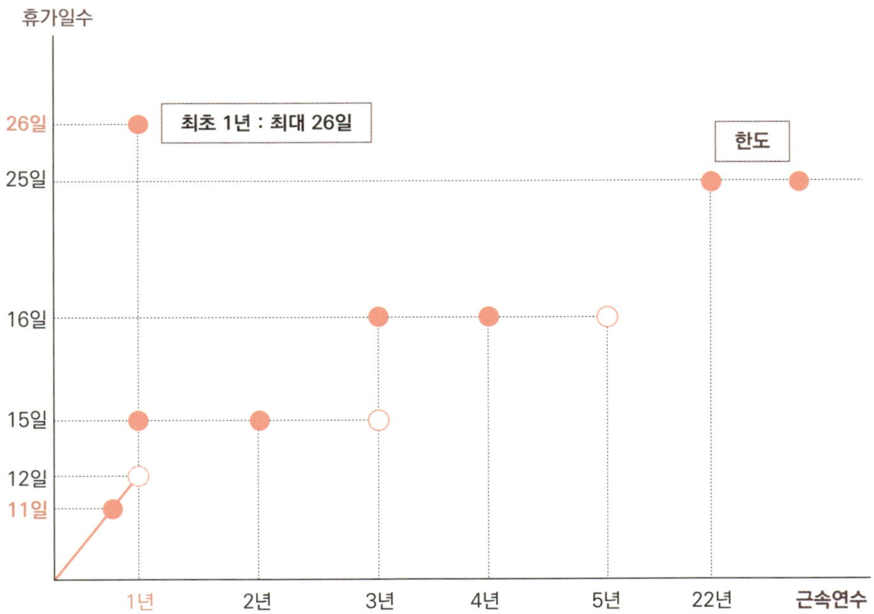

연차휴가일수

근속연수 1년이 완성된 시점에 15일의 연차휴가가 발생하는데 이 시점에 대하여 근속연수 2년이 가산되는 시점은 만 3년이 되는 시점입니다. 따라서 만 3년이 될 때 비로소 (1일이 가산되어) 16일의 연차휴가가 발생합니다. 다시 만 1년 근속시점으로 돌아가서 만 2년 근속시점을 판단하면 아직 2년의 근속연수가 가산되지 않았습니다. 따라서 만 2년 근속시점의 연차휴가일수는 15일입니다. 그런데 근기법에서 **매(每) 2년마다 가산한다고 규정**하고 있으므로 이러한 논리를 확장하면 만 1년 근속 시 15일, 만 2년 근속 시 15일, 만 3년 근속 시 16일, 만 4년 근속 시 16일, 만 5년 근속 시 17일 등의 형태로 연차휴가일수가 산정됩니다. 물론 그 한도는 25일입니다.

실무적으로 「연차휴가일수 산정을 위한」 **근속연수(n)를 계산할 때 정수 값만 인정됨**에 주의하여야 합니다. 즉 1년 1일과 1년 364일 모두 n값은 1년이 됩니다. 이는 「연(年)에 이어서(次)」라는 뜻의 연차(年次)휴가이기 때문입니다. 따라서 근속연수가 **1년을 초과한 경우 근속월수에 비례하여 연차휴가를 산정하지 않습니다.**

근로기준법 제60조제1항에 의거 사용자는 1년간 8할 이상 출근한 근로자에게 15일의 유급휴가를 주어야 합니다. 귀 질의가 구체적이지 않아 명확한 회신이 어려우나, 근로자가 2010년 6월 15일 입사하여 2011년 9월 25일까지 약 1년 3개월 근무한 경우, 1년간 근로에 대한 연차유급휴가 이외 잔여 3개월에 대한 연차유급휴가 부여의무는 사업장의 단체협약, 취업규칙 등에 다른 특별한 정함이 없는 이상 발생하지 않을 것으로 사료됩니다.

근로개선정책과-4641, 2011-11-21 회신

이러한 근속연수 값을 계산한 후 다음 공식을 통해 **특정시점의 연차휴가일수를 바로 산정**할 수 있습니다.

[특정시점의 연차휴가일수]

$A = \frac{n}{2} + 14$ (단 소수점은 반올림한다). (A : 연차휴가일수로서 한도는 25일임)

위 산식 중 $n=22$인 경우 값은 25일로 환산됩니다. 즉 근기법상 연차휴가일수의 한도는 **만 22년 근속시점**입니다.

참고로 연차휴가를 단 1회도 사용하지 않았다고 가정하고 입사일 이후 **「누적」된 연차휴**가일수를 산정하는 수식은 다음과 같습니다.

[누적 연차휴가일수][*132]

1. 근속연수(짝수) = $\frac{n}{2}\left(\frac{n}{2}+1\right)+14n+11$ 2. 근속연수(홀수) = $\frac{n^2+58n-1}{4}+11$

(위 우변의 끝단 11은 독립연차임)

지금까지 설명한 연차휴가일수 산정은 근기법 방식대로 입사일을 기준으로 근속연수(n)를 산정하였습니다. 이를 실무상 「입사일 방식」이라고 하며 입사일 방식이 원칙적인 방법[*133] 입니다.

연차휴가일수 공식화 동영상 강의

*132. 연차휴가일수는 수학적으로 수열이며 수열의 합계공식을 활용하면 위와 같이 도출된다.

*133. 실무상 활용되는 다른 방식인 〈회계연도 방식〉에 대하여는 다른 주제에서 후술하도록 한다.

11 입사한 지 11개월이 조금 넘은 근로자가 있습니다. 지금까지 총 11일의 연차휴가가 있는데 이 휴가의 사용기한은 언제까지인가요?

근기법 제60조 제7항 에서 연차휴가의 사용기한을 정하고 있습니다. 일반연차와 예외연차의 사용기한은 1년입니다. 그러나 독립연차의 사용기한은 (2020년 3월 31일 근로기준법 개정으로) 「입사일로부터 1년」임에 주의하여야 합니다. 따라서 만 11개월 근속 후 발생하는 11번째 독립휴가의 사용기한은 1개월이 채 안됩니다. 근기법에는 명확하게 규정되어 있지 않지만[*134] 다수의 행정해석과 판례에서 연차휴가수당을 인정하고 있습니다. 연차휴가수당도 근로의 대가인 임금이기 때문에 소멸시효는 만 3년입니다.

해설

근로기준법 제48조에 의한 연차유급휴가는 1년간 행사하지 않으면 휴가사용권 자체는 소멸되는 것이나 수당청구권은 동법 제41조에 의거 휴가청구권이 소멸한 때로부터 3년간 행사할 수 있음.

임금 32240-1608, 1991-02-04 회신

그런데 **사용자의 귀책사유**로 근로자가 연차휴가를 사용하지 못했을 경우 상술한 사용기한이 경과하여도 **연차휴가는 소멸하지 않습니다.** 사용자의 귀책사유로 인한 휴업 등이 장기간 지속될 경우 근로자는 휴가 사용 자체가 불가능하기 때문입니다.[*135]

*134. 근로기준법 제61조(사용촉진) 제1항에서 간접적으로 규정하고 있다.

*135. 근로기준법 제60조 제7항 단서

연차유급휴가를 산정하는 경우 근로제공의무가 정지된 기간은 소정근로일수 계산에서 제외하고 나머지 소정근로일수에 대한 출근율에 따라 비례로 산출하여야 함. 따라서 연의 전부를 근로하지 아니한 경우에는 사용자가 연차유급휴가를 부여하지 아니하여도 무방함.

다만 **전년도('98년) 출근율에 의하여 발생된 연차유급휴가**를 사용하여야 할 다음년도('99년)에 **사용자의 귀책사유로 인한 휴업으로 실근로일이 하루도 없게 되어** 사용하지 못하였다면 근로기준법 제59조 제5항 단서규정에 의해 휴가청구권이 **소멸되었다고 볼 수 없으며** 이 경우 소멸시효가 중단되었다고 보아야 할 것임.

근기 68207-186, 2000-01-25 회신

12 회사 사정으로 4개월 간 휴업을 진행했습니다. 휴업을 고려했을 때 만 12년 근속한 직원의 연차휴가일수는 어떻게 산정해야 하는지요?

연차휴가(일반연차)는 1년 이상의 재직 요건에 더하여 **1년간 출근율이 80% 이상**이어야 합니다. 출근율은 **1년 간 소정근로일수에 대하여 출근일수의 비율**로 산정합니다. 이때 소정근로일수는 사전에 근로하기로 약정한 날을 의미하므로 ① 주휴일 ② 휴무일(일반적으로 주5일 사업장의 토요일) ③ 비번일 ④ 노동절 ⑤ 약정휴일 등은 본질적으로 소정 근로일에 포함되지 않습니다.

해설

그런데 ① **사업주 귀책사유로 인해 휴업**한 경우 ② **적법한 쟁의행위** 기간은 「특별한 사유로 **근로제공 의무가 정지되는 날**」로 해석합니다. 근로의무가 정지되므로 소정근로일에서도 제외합니다. 이는 출근율 산정 시 「나머지 소정근로일수」를 기준으로 산정함을 의미합니다. 연차휴가일수 산정은 이른바 「비례계산」 방식에 따릅니다.

연차유급휴가 부여 시 사용자의 귀책사유로 인한 휴업기간, 적법한 쟁의행위기간 등 특별한 사유로 **근로제공의무가 정지**되는 날(기간)은 **소정근로일수 계산에서 제외**되며 근로기준법 제60조제1항에 따른 연차유급휴가(1년간 80% 이상 출근 시 15일)는 사용자의 귀책사유로 인한 휴업기간, 적법한 쟁의행위기간 등을 제외한 나머지 소정근로일수의 출근율에 따라 산출된 일수에 당해 사업장의 연간 총 소정근로일수에 대한 위의 나머지 소정근로일수 비율을 곱하여 산정합니다.

※ 15일 × {(연간 총 소정근로일수 - 특별한 사유로 근로제공의무가 정지된 일수) ÷ 연간 총 소정근로일수}

근로기준정책과-8676, 2018-12-28 회시

사업주의 귀책사유로 인해 휴업이 4개월 동안 지속된 경우 (휴일 등이 0라고 가정) 1년 중 8개월은 정상적으로 출근한 상황입니다. 이때 **8개월이 나머지 소정근로일수의 합계**이며 본래 소정근로일수는 12개월이므로 **비례식에서 사용할 가중치는 0.67**(=(12개월 - 4개월) ÷ 12개월)이 됩니다. 만약 해당근로자의 근속연수가 12년이라면 본래 연차휴가일수 20일(=(12년÷2)+14)에 대하여 **0.67을 곱한 13.33**[*136] **일의 비례연차휴가**가 산정됩니다(단, 0.67과 같은 값이 0.8이상인 경우는 제외).

이와 같이 비례계산하는 사유는 다양합니다. 상술한 2가지 외에 ③ **약정 육아휴직**(고평법상 육아휴직기간을 초과한 육아휴직기간) ④ **업무 외 부상질병**으로 인해 휴직한 기간(이른바 병가기간)[*137]도 근로의무가 정지되는 휴직기간으로 해석합니다. 그러나 근로자 보호를 위해 실제로 근로를 제공하지 않았지만 「출근으로 간주」하는 기간도 있습니다. 근기법 제60조 제6항에서 5가지를 규정하고 있는데 ① 업무상 부상질병으로 휴업한 기간(이른바 산재요양기간) ② 출산전후휴가기간(유사산 휴가기간 포함)

행정해석

연차휴가를 **"일" 단위로 주어야 한다는 명문의 규정이 있는 것이 아니고, 실무상으로도 시간단위 연차사용이 활발**하게 이뤄지고 있는 것이 현실이며, 쟁의행위의 법적 성질 및 효과는 제60조제1항이나 제2항에서 동일하게 평가되어야 하므로, 연차휴가 **비례적 산정 방법**에 대한 대법원 판결(2011다4629, 2015다66052 등) 법리는 제60조제1항 및 제2항 모두 동일하게 적용하는 것이 타당함

※ 연차휴가일수(시간)
= 1일(소정근로시간) × [월 실질 소정근로일수(월 소정근로일수 - 쟁의행위 등의 기간의 소정근로일수)] ÷ 월 소정근로일수

임금근로시간과-1736, 2021-08-04 제정

---

*136. 소수점으로 환산된 일수는 시간단위의 연차(예를 들어 반차)로서 사용가능하다.

*137. 임금근로시간과-1736 (2021-08-04 제정)에서 이 2가지를 비례계산한다고 명확히 하였다.

③ 법정 육아휴직(고평법상 사용하는 육아휴직) ④고평법 상 육아기 근로시간 단축을 사용하여 단축된 근로시간[*138] ⑤근기법 상 임신기 근로시간 단축을 사용하여 단축된 근로시간[*139] 의 경우 해당 기간은 출근으로 간주됩니다.

비례계산과 관련하여 독립연차 산정에 대하여 설명하면, 독립연차는 1일씩 발생하는데 만약 월중 일부를 휴업하거나 적법한 쟁의행위를 한 경우 비례계산의 결과는 소수점으로 산출됩니다. 소수점으로 산정된 값을 1일 소정근로시간에 곱한 시간만큼 시간 단위 형태의 연차휴가를 부여할 수 있습니다.

*138. 2024년 10월 22일부 시행
*139. 2024년 10월 22일부 시행

회계연도 기준 연차휴가 관리

13 당사는 회계연도 기준으로 연차휴가를 관리하고 있습니다. 퇴직 시 근로기준법상 방식보다 연차휴가를 더 사용했을 경우 그만큼 급여에서 공제가 가능한지요?

회계연도 기준의 연차휴가 관리에 대하여 근기법에서는 어떠한 규정도 하고 있지 않습니다. 본 관리 방식은 행정 편의상 **산업계에서 자연스럽게 발생**한 방식입니다. 고용노동부의 유권해석 등에 의해 본 방식이 인정됩니다. 다만 근로기준법 방식(입사일 기준 방식)보다 **불리하지 않아야** 합니다.

해설

회계연도를 기준으로 휴가를 계산할 경우 연도 중 입사자에게 불리하지 않게 휴가를 부여하려면, 입사한 지 1년이 되지 못한 근로자에 대하여도 다음년도에 입사연도의 근속기간에 비례하여 유급휴가를 부여하고 이후 연도부터는 회계년도를 기준으로 연차유급휴가를 부여하면 될 것임. 다만, **퇴직시점에서 총 휴가일수가 근로자의 입사일을 기준으로 산정한 휴가일수에 미달하는 경우에는 그 미달하는 일수에 대하여 연차휴가근로수당으로 정산**해야 한다고 사료됨.

근기 68207-620, 2003-05-23 회신

입사일 방식은 근로기준법에서 정한 방식으로서 근로조건의 최저한의 역할을 합니다. 반대로 회계연도 방식으로 산정한 연차휴가일수가 입사일 방식으로 산정한 일수보다 많은 경우 특약이 없는 한 「**유리조건 우선의 원칙**」[*140]에 따라 더 많은 휴가일수를 보장해줘야 합니다.

*140. 법 규범으로서 상위법 우선의 원칙, 신법 우선의 원칙, 특별법 우선의 원칙 등이 있는데 노동법에서는 (사람관계를 규율하므로) 유리한 조건이 우선하여 적용된다.

회계연도 방식과 관련하여 주의하실 것은 기업마다 **고유한 방식을 사용**한다는 점입니다. 필자가 회계연도 방식에 따른 연차휴가에 대하여 상담할 때 어떤 룰(rule)을 따르는지를 가장 먼저 물어봅니다. 왜냐하면 본 방식은 근기법에서 정한 바가 없고 입사일 방식보다 불리하지만 않으면 되기 때문입니다.

산업계에서 **가장 흔하게 통용되는 방식**은 ① 연중 입사자의 경우 15일의 연차휴가*[141]를 일할(日割)하여 부여하고 ② 이듬해 1년에 대하여 15일의 일반연차를 시작으로 근속연수별로 가산하는 형태입니다. 만약 취업규칙 등에서 **평상시에는 회계연도 기준으로 하되 퇴직 시에는 입사일 방식으로 재산정(再算定)한다는 특약**이 있으면 양 방식을 혼합하여 사용할 수 있습니다.

귀 질의 1과 같이 취업규칙으로 연차유급휴가를 회계연도(1.1~12.31) 기준으로 하고 있는 사업장에서 2006.9.1부터 2007.12.31까지 근무한 근로자라면, 취업규칙에서 퇴직시점에 입사일 기준으로 **재산정한다는 별도의 단서가 없는 이상** 연차유급휴가는 2006.9.1부터 2006.12.31까지의 기간에 대하여 5일을, 2007.1.1부터 2007.12.31까지의 기간에 대하여 15일을 각각 부여하여야 할 것으로 보임.

○귀 질의 2와 같이 연차유급휴가를 회계연도 기준에서 개별 근로자의 입사일 기준으로 하거나 **퇴사시점에 입사일 기준으로 재산정하도록 취업규칙을 변경**하는 것은 회계연도 중에 입사한 일부 근로자에게는 연차유급휴가 일수가 줄어들게 되는 결과를 가져오므로 취업규칙의 변경시 **불이익변경 절차**를 거쳐야 할 것으로 사료됨.

임금근로시간정책팀-489, 2008.02.28 회신

다만 퇴직 시 (평상 시 근로자가 예상한) 연차휴가 일수가 감소할 수 있기 때문에 취업규칙을 변경해야 합니다. 이는 근로조건의 불이익 변경에 해당하므로 근로자 과반수 이상의 동의*[142]를 얻어야 합니다.

회계연도기준 vs 입사일 기준
연차휴가일수 동영상 강의

*141. 독립연차는 회계연도와 관계없이 입사일 기준으로 부여함이 바람직하다.
*142. 취업규칙과 그 불이익 변경에 대하여는 추후 별도 주제에서 후술한다.

14 우리 회사의 근로계약서에 개별합의 형태로 특정 근로일을 연차휴가로 대체할 수 있다고 기재했습니다. 이러한 연차휴가 대체합의가 유효한지요?

2022년 1월 1일 상시 근로자수 (5인 이상) 30인 미만 사업장에 대하여 관공서 휴일 유급화가 적용되기 이전에 관공서 휴일을 연차휴가로 대체하는 합의가 많았던 시절이 있었습니다. **근기법 제62조** 에서 연차휴가일을 갈음하여 특정한 근로일에 휴무시킬 수 있다고 정하고 있습니다. 다만 **「근로자 대표와의 서면합의」**를 그 요건으로 하고 있습니다.

해설

만약 집단합의가 아닌 근로계약서 등을 통한 개별합의로서 이를 도입하는 경우 법적 요건을 충족하지 못한 것으로 봅니다. 따라서 반드시 근로자 대표와 서면 합의를 해야 하며 근로자 대표는 근로자 **과반수를 대표하는 자**를 의미합니다.

여기서 사용자와 서면합의 할 수 있는 근로자대표는 '그 사업 또는 사업장에 근로자 과반수로 조직된 노동조합이 있는 경우에는 그 노동조합, 근로자의 과반수로 조직된 노동조합이 없는 경우에는 근로자의 과반수를 대표하는 자'를 말합니다.

따라서 귀 질의의 경우 구체적인 사실관계를 알 수 없어 명확한 답변은 어려우나, 동 규정만을 볼 때 유급휴가의 대체를 도입하면서 근**로자 대표와의 서면합의가 아닌** 근로자의 **개별적 서면 동의를 받는 경우**에는 법적 요건을 **충족하지 못한 것**으로 보아야 할 것입니다.(근로개선정책과-997, 2012.1.31., 근로기준정책과-2694, 2015.6.23. 등 참조)

임금근로시간과-336, 2019-05-29 회시

실무 상담을 진행하다보면 연차휴가 대체일을 「사용자와 근로자대표 간 합의에 의해서 **수시로 정하는 날**」로 정하는 경우가 종종 있습니다. **근기법 제62조** (유급휴가의 대체)에서 「특정 근로일」에 근로자를 휴무시킬 수 있다고 규정되어 있다는 점에서 사용자가 근로자 대표와의 서면합의에 의하여 연차유급휴가를 대체할 경우에는 원칙적으로 대체할 **근로일을 특정**하여야 한다는 의미로 해석합니다. 따라서 조건부로 합의해서는 안 되며 구체적인 일자를 지정해야 합니다.

연차휴가는 근기법 제61조에 의해 사용촉진의 대상이 됩니다. 일반연차와 독립연차는 사용촉진 절차가 약간 다른데 공통점은 1차 통지와 2차 통지라는 2개의 절차로 구성된다는 점입니다. 일반연차에 국한하여 설명하면 연차소멸일(예를 들어 12월 31일) 기준 6개월이 되는 날(예를 들어 7월 1일)이후 10일 간 사용자가 남아 있는 연차휴가일수를 근로자에게 통지하는 1차 통지절차가 있습니다. 1차 통보 절차 이후에도 남아 있는 연차휴가 있는 경우 연차소멸일(예를 들어 12월 31일) 기준 2개월이 되기 전에(예를 들어 10월 31일 24시까지) 사용시기를 「서면(書面)」으로 알리는 2차 통지를 해야 합니다.

이러한 절차가 완료되고 지정된 기일에 사용하지 않을 경우 연차휴가는 소멸한 것으로 간주되어 미사용 연차수당이 발생하지 않습니다(만약 출근한다면 노무수령을 거부해야 함).

연차휴가의 이월(移越)

15 근로자들의 자발적인 청원에 의해 연차휴가수당을 지급하는 대신 연차휴가를 이월시키는 제도를 운영하고 있습니다. 이러한 이월방식이 위법인지요?

근기법에서 연차휴가일수와 그 수당에 대한 사항을 규정하고 있지만 연차휴가 이월(移越)에 대한 사항은 따로 정하지 않고 있습니다. 회계연도 운영방식처럼 산업계에서 자연스럽게 발생한 제도인데 「근로자 개별 동의」를 얻은 경우 이월 사용이 가능합니다.

해설

다만 사용자의 귀책사유가 아니라면 연차휴가는 발생일로부터 1년 후에 **연차휴가수당으로 환가(換價)되기 때문에** 근로자가 이월 사용에 동의했더라도 ① 수당 지급을 요청하거나 ② 퇴직하는 경우에는 본 이월합의는 중단됩니다.

또한 이월 사용은 노사 간 **대내적으로 합의한 사항**일 뿐 **평균임금을 산정에 영향은 없습니다.** 이월 사용 제도와 관계없이 평균임금에 산입되는 연차휴가수당은 퇴직 전전년도 출근율에 의하여 퇴직 전년도에 발생한 연차유급휴가 중 미사용하고 남은 일수에 대한 연차유급휴가 미사용수당액의 3/12은 포함됨에 주의하여야 합니다.

고용노동부 행정해석

근로기준법 제60조제7항에 따라 **사용자의 귀책사유**로 근로자가 연차유급휴가를 사용하지 못한 경우에는 휴가청구권 발생일로부터 1년이 지나더라도 **휴가청구권은 소멸되지 않고** 이월됨. 다만, 휴가청구권이 소멸된 미사용 휴가에 대해 금전보상 대신 이월하여 사용하도록 **당사자 간 합의는 가능**하다 할 것이나, 근로자의 **의사에 반해 사용자가 일방적**으로 강제할 수는 **없다** 할 것임. 귀 질의 상 "을"설이 타당함.

근로조건지도과-1046, 2009-02-20

16 2020년 1월 1일에 입사, 2022년 12월 31일까지 근로하고 퇴직한 직원이 있습니다. 기업 사정 상 연차휴가를 하루도 사용하지 못했습니다. 이 경우 퇴직 시 지급해야 하는 연차휴가수당은 얼마인가요?

해설

근로기준법 제48조 제2항에 따라 2년 이상 계속 근로한 근로자로서 1년을 초과하는 계속근로연수 1년에 대하여 1일의 유급휴가를 가산 지급받을 수 있는 경우는 동조 제1항에 의한 당해 연도 연간 소정근로일수를 9할 이상 출근한 경우에 한하여 부여받을 수 있는 것이며, **미사용일에 대하여는 지급당시의 통상임금을 기준으로 하여 수당**으로 이를 대체 지급받을 수 있는 것임.

근기 01254-7791, 1986-05-12 회신

근로기준법 제60조 제1항에 따라 사용자는 1년간 80퍼센트 이상 출근한 근로자에게 15일의 유급휴가를 주어야 하고, 동조 제2항에 의거 계속해 근로한 기간이 1년 미만인 근로자에게는 1개월 개근시 1일의 유급휴가를 부여해야 합니다. 또한 사용자는 근로자의 연차유급휴가 청구권이 발생한 때로부터 **1년간 연차유급휴가를 모두 소진하지 아니했을 때**는 연차유급휴가 청구권이 소멸된 날의 **다음날에 연차유급휴가미사용수당을 지급**해야 합니다.

근로개선정책과-3360, 2014-06-13 회신

연차휴가수당에 대한 사항을 근로기준법에서 직접적으로 정하지 않고 있습니다. 그런데 오래 전부터 **판례와 행정해석에 의해 연차휴가 미사용수당을 인정**[*143]하고 있습니다.

독립연차의 경우 입사일로부터 1년이 되면 소멸하고 일반연차의 경우 발생일로부터 1년이 되면 소멸합니다. 소멸된 날의 다음 날에 연차휴가미사용수당에 대한 청구권이 발생하므로 **그 달의 임금지급일에 지급해야 함이 원칙**입니다. 이러한 연차휴가 미사용수당은 연차유급휴가권이 소멸된 날의 다음 날에 발생하지만 그 지급액은 취업규칙 등에서 정한 바에 따라 (통상임금 또는 평균임금으로 지급하되) 별도의 규정이 없으면 통상임금으로 지급하며 **휴가 청구권이 있는 마지막 달의 통상임금(지급 월 기준 전월 기준 통상임금)**으로 지급해야 합니다. 통상임금을 기준으로 지급하는 경우 (이미 설명한 시간급 통상임금을 기준으로) 1일분의 통상임금에 대하여 **잔여 연차휴가일수를 곱하여 연차휴가 미사용 수당**을 산정합니다.

이러한 논리를 확대할 때 근로자의 **「퇴직」라는 예외적인 사항**이 존재합니다. 연차휴가 발생일로부터 1년 후에 수당으로 전환됨에 원칙이지만 근로자가 퇴직하는 경우 (물리적으로 휴가사용이 불가능하기에) 연차휴가수당으로 전환[*144]됩니다. 이와 관련

판례

기간을 정하여 근로계약을 체결한 근로자의 경우 그 기간이 만료됨으로써 근로자로서의 **신분관계는 당연히 종료**되는 것이 원칙이다. 연차휴가를 사용할 권리는 다른 특별한 정함이 없는 한 그 전년도 **1년간의 근로를 마친 다음 날 발생**한다고 보아야 하므로, 그 전에 퇴직 등으로 근로관계가 종료한 경우에는 연차휴가를 사용할 권리에 대한 보상으로서의 연차휴가수당도 청구할 수 없다. 마지막 근로일인 2018.7.31.이 지나면서 원고와의 근로관계가 종료되었고, 그 다음 날인 **2018.8.1.에는 근로자의 지위에 있지 않으므로,** 근로기준법 제60조제1항이 규정한 연차휴가를 사용할 권리에 대한 보상으로서의 연차휴가수당을 청구할 수 없다고 봄이 타당하다.

대법 2021다227100, 2021-10-14 선고

*143. 산업화 초기 장시간근로로 인해 연차휴가사용이 어려운 시대적 배경이 이러한 수당지급을 인정한 것으로 보인다.
*144. 이를 필자는 「퇴직연차수당」이라고 칭한다.

하여 **2021년 10월 14일 대법원에서 매우 유의미한 판결**(대법 2021다227100)이 있었습니다. 본 판결 이전에는 만 1년 근무(365일 근무)하고 퇴사한 기간제 근로자의 경우 11일의 독립연차에 15일의 일반연차를 더하여 26일의 연차휴가가 누적되었다고 보고 (만약 연차휴가를 전혀 사용하지 않은 경우) 26일의 연차휴가수당을 퇴직 시 지급해야 한다고 법원과 고용노동부에서 해석했습니다.

그러나 본 판결에서는 366일까지 근로관계가 존속되어야 365일에 대한 연차휴가수당을 청구할 수 있다고 판시하였습니다. 즉 **정확하게 365일만 근무한 기간제 근로자는 11일**의 연차휴가에 대한 수당 청구권을 가지게 됩니다.

본 판결 이후 고용노동부에서 「연차유급휴가청구권 · 수당 · 근로수당과 관련된 지침」을 개정하였습니다.*145 대법원에서는 1년 근속자에 대한 연차휴가수당청구권만을 그 대상으로 했는데 고용노동부에서는 ***n*년 근속자(일반연차)와 *n*월 근속자(독립연차) 까지 확대**해석하였습니다. 만2년을 근무한 경우 마지막 연도(만 2년이 되는 해)에 365일만을 근무할 경우 (마지막 연도)의 연차휴가수당은 발생하지 않습니다. **2020년 1월 1일에 입사하여 2022년 12월 31일에 퇴사한 경우 연차휴가는 독립연차 11일, 제1회차 일반연차 15일(2020년 12월 31일), 제2회차 일반연차 15일(2021년 12월 31일), 제 제3회차 일반연차 16일(2022년 12월 31일)이 발생합니다. 다만 마지막 *n*년(3년)차에 발생한 연차휴가는 2023년 1월 1일에 근로관계가 없으면** (결과적으로 사용이 불가능하므로) **연차휴가수당으로 전환되지 않습니다.**

독립연차의 경우에도 마찬가지로서 (만약 1개월의 소정근로를 개근하였다면) **해당 월과 그 다음 날까지 근무해야 수당청구권**을 가집니다. 만약 2023년 1월 1일에 입사하고 2023년 1월 31일까지 근무한 경우 독립연차수당은 발생하지 않고 2023년 2월 1일까지 근무한 경우 독립연차수당 1일분이 발생합니다.

휴가

05

*145. 연차유급휴가 해석 변경 보도자료(2021년 12월 16일, 고용노동부)

격일근로자의 연차휴가

17 일부 사업장에서 근로자가 24시간 격일 맞교대로 근무하고 있습니다. 이 근로자가 근무일에 연차휴가를 사용한 경우 며칠의 사용으로 봐야 하는지요?

연차휴가는 본래 소정근로일에 청구하고 소정근로일 1일[*146]을 연차휴가로 사용한 것으로 해석합니다. 이른바 잔여 연차일수를 구할 때 연차휴가일수를 차감하는데 「24시간 격일 근로자의 경우 며칠을 차감해야하는지」에 대하여 많이 문의합니다.

해설

24시간 격일근로자[*147]의 경우 근무일에 24시간을 근무하고 1일 이라는 비번일이 보장되는데 이 비번일은 사실상 휴무일입니다. 즉 근무일과 비번일이 한 묶음으로 해석되는 특징이 있습니다. 만약 근무일의 시업시각과 종업시각의 구간이 24시간이고 휴게시간이 8시간이라고 가정하면, 실 근로시간은 16시간이 됩니다.

이는 1일차 8시간과 2일차 8시간 등 수평적으로 배열되는 통상적인 근무배치를 하나의 날 (근로일)에 집중시킨다는 배경이 있는 것으로 보입니다. 이러한 배경에 따르면 1일차(근로일)에 2일분의 근로를 한꺼번에 제공하고 2일차(비번일)에 2일분의 휴식을 가진다고 해석할 수 있습니다. 따라서 근로일에 휴가를 사용할 경우 (2일분의 근로를 면제하므로) 2일의 연차휴가를 사용한다는 결론에 도달합니다.

*146. 단시간근로자의 경우 소정근로일 1일로 대응되지 않는다. 이에 대해서는 관련 주제에서 후술하도록 한다.
*147. 대부분이 감단근로자이다.

「근로기준법」 제60조 규정에 따라 사용자는 1년간 80퍼센트 이상 출근한 근로자에게 15일의 유급휴가를 부여하고, 계속근로한 기간이 1년 미만인 근로자 또는 1년간 80퍼센트 미만 출근한 근로자에게는 1개월 개근 시 1일의 유급휴가를 주어야 합니다.

연차유급휴가는 근로자가 청구한 시기에 부여해야 하므로 근로자가 휴가사용을 청구한 날에 한하여 휴가를 사용한 것으로 보아야 할 것이지만, 통상적인 격일제 근로형태(통상 2개조로 나누어 1개조가 **24시간 연속근무를 2역일에 걸쳐 반복하여 근무**하고 전일의 근무를 **전제로 다음날에 휴무일이 주어지는 형태**)에 종사하는 근로자라면, 근로일의 근무를 전제로 다음날(비번일)에 휴무하는 것이므로 연차유급휴가를 사용하여 근무일과 다음날을 함께 휴무하였다면 **2일의 휴가를 사용한 것**으로 볼 수 있습니다(같은 취지 근기68207-313, 1999.2.5., 근로개선정책과-4504, 2012.9.7. 등 다수).

근로기준정책과-561, 2018-01-23 회신

격일근로자의 연차휴가일수 동영상 강의

18 만 2년을 근무하고 퇴사하는 직원이 있습니다. 퇴직금 계산을 위한 평균임금 산정 시 산입해야 하는 연차수당과 경영성과급을 포함해야 하는지요?

평균임금 산정 시 포함되는 연차휴가수당은 발생시점에 따라 다릅니다(자세한 내용은 임금실무 Q13. 연차수당 · 상여금과 평균임금 참고). 퇴직연차수당의 임금성에 대해서는 여러 가지 견해가 있습니다. 이는 기타금품이 아니며 정확하게는 「임금성이 인정되나 평균임금 산정에는 포함되지 않는다」는 점입니다. 그러나 이와 같이 해석하는 연차수당과 평균임금의 관계는 기존 법정퇴직금과 확정급여형(DB형)*148 에 적용되는 원칙입니다. 확정급여형 퇴직연금은 기존 법정퇴직금제도와 계산방식이 동일하지만 사외(社外)에 그 금액을 적립한다는 점이 다릅니다. 이와 다르게 확정기여형(DC형)은 해당 연도 임금총액의 1/12 이상을 적립하며 수익에 대한 결과가 근로자에게 귀속되는 퇴직연금입니다. 따라서 임금성이 인정되는 퇴직연차수당도 임금총액에 포함되며 이 금액의 1/12 이상을 적립해야 합니다.

해설

실무적으로 퇴직연차수당과 함께 많은 질문을 하는 사례가 집단경영성과급입니다. 성과급은 그 지급의 기준이 ① **개별 근로자의 실적에 연동**되는지 ② 또는 **경영 성과 그 자체에 연동** 되어 **지급여부가 확실하지 않고 우발적인지 여부**에 따라 평균임금 산정 시 포함 여부가 달라집니다. 일반적으로 「개별 근로자의 실적에 연동되는 성과급」은 업적급 성격의 금품으로서 (근로의 대가인) 임금성이 인정되며 평균임금 산정 시 이를 산입합*149 니다.

*148. 퇴직연금제도에 대한 설명은 별도 주제(퇴직금 제도)에서 후술한다.

*149. 근로조건지도과-3859, 2008.9.18.

「근로자퇴직급여 보장법」 제20조 제1항에 따라 사용자는 가입자의 연간 **임금총액의 12분의 1 이상에 해당하는 부담금**을 현금으로 가입자의 확정기여형 퇴직연금제도 계정에 납입하여야 하며 근로자가 연차유급휴가를 사용하지 못하게 됨에 따라 사용자에게 청구 할 수 있는 연차수당은 임금(대법 2013.12.26.선고 2011다4629 판결 참조)이라고 할 것이므로 근로자의 **퇴직으로 인해 비로소 지급사유가 발생**한 연차유급휴가미사용수당도*150 확정기여형퇴직연금 부담금 산정 시 **산입하여야** 합니다(관련 행정해석: 퇴직연금복지과-3396, 2017.8.11.).

귀 질의의 경우, 확정기여형퇴직연금제도 가입자가 2019년 근무에 따라 2020년 연차가 발생하였고, 이때 미사용한 연차에 대한 연차유급휴가미사용수당은 **2021년에 청구할 수 있는 임금이라고 할 것**이므로 이는 2021년 확정기여형퇴직연금 부담금 산정 시 연간 임금총액에 **포함하여 계산해야 함**을 알려드립니다.

퇴직연금복지과-3174, 2021-07-09 회신

근로기준법 제2조제1항제5호의 규정에 의거 임금이라 함은 사용자가 근로의 대가로 근로자에게 임금, 봉급, 그 밖에 어떠한 명칭으로든지 지급하는 일체의 금품을 말하는 것으로 매년 **기업이윤에 따라 일시적 · 불확정적으로 지급**되는 경영성과금은 근로기준법상 임금으로 보기 어렵습니다(임금 68207-134, 2002.2.28, 임금근로시간정책팀-432, 2005.11.11 등 다수) 따라서 기존 연도 말에 일시적·불확정적으로 지급하던 경영성과금을 익년도에 매월 **분할하여 지급하는 등 지급방식을 달리 하더라도** 동 금품은 근로기준법상 임금으로 볼 수 없다고 사료됩니다.

근로기준과-1539, 2010-06-28 회신

*150. 퇴직연차수당을 의미한다.

다만 「경영평가 성과급」이 경영 실적에 따라 지급 여부가 불투명 하고 지급 기준도 사용자의 재량에 맡겨져 있다면 사용자에게 그 지급에 관한 의무가 없이 일시적 · 우발적으로 지급되는 금품으로서 평균임금의 산정을 위한 임금의 총액에 산입되지 않습니다.[*151] 고용노동부의 행정해석도 매년 **기업이윤에 따라 일시적 · 불확정적으로 지급**되는 경영성과금은 근기법상 임금에 해당하지 않는다는 입장을 취하고 있습니다.

다만 2018년 대법원에서 **공공기관 등의 경영평가성과급**의 경우 본 성과급을 지급받지 못하는 경우가 있다고 하더라도 성과급이 전체 급여에서 차지하는 비중과 그 지급 실태 등에 감안하여 근로의 대가로 지급된 **임금으로 인정**한 바 있습니다.[*152] [*153]

*151. 서울행법 2007구합1972, 2008.6.25.

*152. 대법 2018다231536 (2018-12-13선고)

*153. 이와 같이 공공부분에 대하여 임금성을 인정했지만 민간부분까지 대법원에서 인정한 것은 아니다. 다만 최근 하급심 판례(서울중앙지법 2021나35652 (2022-06-23선고))이지만 민간부분의 집단성과급도 임금성을 인정한 바 있다.

Chapter

06

근로형태의 다양화

01 언론에서 정규직근로자라고 하는 근로자는 어떤 조건을 갖추어야 하는 것인지요?

정규직 근로자라는 용어는 법률에서 정의되어 있지 않습니다. 2000년대 이후 기존 정통 근로형태와 다른 근로자 그룹(이를 비정규직 근로자라고 합니다)이 등장하고 간접고용이 확대된 바 있습니다. 2020년대에 (통일된 공통용어는 아니지만) 플랫폼 노동자라는 용어까지 등장하고 있습니다.

해설

정규직 근로자는 다음 3가지 요건을 갖춘 근로자를 의미합니다.

근로계약기간의 정함이 없을 것

근기법 제16조 에서 근로계약기간에 대하여 규정하고 있습니다. 본 조문은 기단법이 2007년 7월 1일에 시행되면서 실무적으로 큰 의미는 없는 조문입니다. 다만「근로계약 기간을 정하지 않았다」는 표현이 등장하는 조문이기에 그 의미는 꼭 알아야 합니다. 근로계약 기간을 정하지 않았다는 것은 근로자가 근로하고 싶을 때까지 근로할 수 있음을 의미합니다. 물론 현실적으로「정년제도」가 있기 때문에 무제한으로 근무할 수는 없습니다. 그러나 사업주가 임의로 해고할 수 없기 때문에 **신분을 가장 강력하게 보장**받는 근로형태입니다.

풀타임(full time) 근무를 할 것

전통적인 근로형태는 **1일 8시간, 1주 40시간**을 근무하는 형태입니다. 전일제 형태로 근무하면서 많은 연장근로와 휴일근로를 발생시키기도 합니다. 최근 들어서 워라밸 등 일자리 문화가 달라지고 있지만 정규직 근로자는 풀타임 근로라는 요건이 있습니다.

사업주가 1인일 것

사업주가 1인이라는 요건은 **근로계약서상 당사자와 지휘명령을 하는 당사자가 일**

치함을 의미합니다. (후술하겠지만) 파견근로자의 경우 사업주가 2인입니다. 파견사업주와 사용사업주가 병존하는데 채용과정과 임금지급 관계에서는 파견사업주가 그 주된 의무를 부담합니다. 반면 실제로 근로를 제공할 때는 사용사업주가 업무에 대한 지휘명령을 하는 구조입니다.

물론 이러한 파견관계를 구성하려면 파견법상 절차를 모두 준수해야 하고 파견사업주와 사용사업주가 근로자 파견 계약을 체결해야 함을 부언합니다.

비정규직 근로자의 3가지 유형

02 비정규직 근로자의 정확한 의미와 그 유형을 알고 싶습니다. 또한 간접고용은 어떤 측면에서 논의가 되는지요?

앞선 주제에서 정규직 근로자의 3가지 요건을 설명했습니다. 정규직 근로자를 정의하는 3가지 요건 중 어느 하나라도 충족되지 않을 경우 비정규직 근로자라고 합니다.

해설

기간제 근로자

정규직 근로자의 첫 번째 요건인 「근로계약기간의 정함이 없다」라는 요건이 불충족될 경우 기간제 근로자라고 합니다. 현실세계에서는 계약직 근로자라고도 통용됩니다. 2007년 7월 1일 **기단법** 이 시행된 바 있습니다. 본 법 시행 이전에는 정규직 근로자를 (판례 등에서) 상용직이라고 표현하였는데 「과연 몇 년의 근속을 초과해야 상용직으로 전환되는가?」에 대한 논란이 있었습니다. 입법으로 이를 해결하였는데 **기단법 제4조** 에서 기준 사용연수를 **원칙적으로 2년**으로 정했습니다.*154 실무적으로 주의해야 할 점은 본 규정은 상시근로자수 5인 이상 사업장에 대하여 적용된다는 점입니다. 즉 상시근로자수 5인 미만 사업장의 경우 기간의 제한 없이 근로자를 채용할 수 있습니다.

단시간 근로자

단시간 근로자라 함은 말 그대로 근로시간이 짧은(短) 근로자입니다. [연장근로와 초과근로] 주제에서 설명한 바와 같이 **통상 근로자를 기준으로 근로시간이 짧은 근로자**를 의미합니다. 이와 관련하여 3가지를 주의해야 합니다. 첫째, 1주 소정근로시간(정확하게는 4주 단위 평균)이 15시간에 미달하는 근로자를 초단시간 근로자라고 하며 주

*154. 물론 2년을 초과하여 정할 수 있는 예외가 존재한다. 이에 대해서는 별도 주제에서 후술하도록 한다.

휴일 · 연차휴가 · 퇴직금 · 무기계약 전환 규정*155이 적용되지 않습니다. 둘째, 단시간 근로자에 해당하지만 근로계약기간의 정함이 없는 근로형태도 존재*155합니다. 정년제도의 적용을 받지만 근로시간이 짧을 뿐입니다. 셋째, 단시간 근로자의 근로조건은 근로시간비례 원칙이 적용됩니다.

파견근로자

파견근로자라 함은 **파견법상 근로자**를 의미합니다. 파견법 제2조 제5호에서 「파견사업주가 고용한 근로자로서 근로자 파견의 대상이 되는 사람을 말한다」라고 규정하고 있습니다. 우리가 현실 용어에서 **장소적 이동을 뜻하는 파견이라는 용어와 다름**을 알 수 있습니다. 2000년대 들어 노동시장의 유연화 정책으로 등장한 이 근로형태는 채용 · 임금지급 · 근로관계 종료 등의 영역은 파견사업주가, 구체적인 업무지휘명령(근로시간 · 휴게 · 휴일 · 휴가사용) 등은 사용사업주가 담당*157하게 됩니다.

표준직업분류 상 **32개 업종에서만 원칙적으로 파견관계를 구성**할 수 있습니다. 이 외의 업종을 대상으로 파견할 경우 불법파견을 구성합니다.

*155. 별도 〈초단시간 근로자〉 주제에서 후술한다.
*156. 이를 비정규직근로자로 분류하는 것이 중론이지만 정규직으로 보는 견해도 있다.
*157. 별도 〈파견의 3면 관계〉 주제에서 상세히 설명한다.

03 학교종사자는 기간제 근로자와 무기계약근로자로 구성되어 있습니다. 양자의 차이가 무엇이며 어떤 요건에 따라 기간제 근로자가 정규직 근로자로 전환되는지요?

기간제 근로자는 근로계약 기간이 설정된 근로자를 의미합니다. 앞선 주제에서 설명한 바와 같이 원칙적으로 **근로계약 기간이 2년을 초과할 수 없습니다**(상시근로자수 5인 이상 사업장에 한함). 이때 2년을 판단함에 있어 **근속기간의 단절 없이 반복 · 갱신된 근속기간을 포함**합니다. 따라서 기간제 근로자와 근로계약을 체결할 때 「근로계약기간」은 당연히 **필수기재사항**이 되며 근로계약을 반복 · 갱신할 때마다 근로계약을 새로이 체결해야 합니다.

해설

만약 (예외 사유에 해당하지 않지만 사후적으로) 기간제 근로자의 근속기간이 2년을 **「초과」**하는 경우 **기단법 제4조 제2항** 에 따라 기간의 정함이 없는 근로계약을 체결한 근로자로 **「간주」**합니다. 이는 매우 강력한 조항입니다. 왜냐하면 노사 당사자의 의사와 관계없이 바로 간주되기 때문입니다. 다만 (이미 육아휴직 주제에서 설명한 바와 같이) 고평법에 따른 **육아휴직 기간**은 기단법상 무기계약 전환 **판단을 위한 근속기간에서 제외**됨에 주의하여야 합니다.*158

「근로계약 기간의 정함이 없다」를 한자어로 표기하면 **기간 기(期)와 없을 무(無)**를 합성하여 **「무기(無期) 계약직」**이라고 합니다. 근로계약 기간의 정함 없다는 것은 정년 제도의 적용을 받음을 의미하며 이는 노동법적 관점에서 **사실상 정규직 근로자에 해당**합니다. 하지만 현실에서 이러한 용어를 사용하는 이유는 본래 계약직 근로자(기간제 근로자)로 입사하였지만 기단법상 간주규정 또는 공공부문 무기계약 정책 등에 의해 기

*158. 고평법 제19조 제5항

간의 정함이 없는 근로자로 전환되었기 때문입니다. 그렇다면 무기계약직 근로자의 임금 · 근로시간 · 각종 근로조건 설정이 (공채 등을 통해 입사한) 일반 정규직 근로자와 차등이 있을 경우 **차별에 해당하는가**도 실무적으로 종종 제기되는 문제입니다. 이 차별이 해당근로자가 기간제근로자일 때 발생했다면 **기단법 제8조** 에 따른 차별이라고 주장할 수 있고 **차별시정위원회에 차별시정 신청**[*159]을 할 수 있습니다. 다만 차별적 처우가 있은 날로부터 6개월 이내(제척기간)에 신청해야 함에 주의하여야 합니다. 이때 차별적 처우가 없다는 **입증책임은 사용자가 부담**[*160]합니다. 그런데 이미 무기계약직으로 전환된 근로자는 (더 이상 기간제 근로자가 아니므로) 노동위원회에 차별시정신청을 할 수 없습니다. 이러한 이유로 **학교종사자와 같이 무기계약으로 전환**된 근로자 집단의 경우 **노동조합을 결성**하여 단체교섭 · 단체행동의 형태로 근로조건 개선을 도모하고 있습니다(근참법상 노사협의회를 통해 개선하기도 합니다).

귀 교육청은 "학교 회계직원"의 채용절차를 사실상 학교장이 진행하여 근로조건 결정, 업무·작업방법을 **학교장이 지휘 · 감독한다고 주장하나** 각급 학교는 지방자치단체가 설치하여 운영하는 영조물에 불과하므로 **학교장**은 노동관계법상 권리 · 의무의 주체가 될 수 있는 **권리능력이 없으며**, 「초·중등교육법」, 「교육기본법」, **「학교급식법」** 등 **교육관계 법령**에 따라 시도 교육감은 학교 설립 · 운영과 관련하여 지방자치단체를 대표하여 학교장 등에 대한 지도 · 감독 및 시정명령권, **학교회계 · 학교급식 등에 대한 재원마련 · 운영 등 포괄적인 권한**을 가지고 있음.

따라서 "교육 등에 관한 사무" 등과 관련된 근로자(공무원 제외)의 근로조건 결정에 대한 교섭단위는 "시·도 교육감"을 대표자로 하는 **"시·도 교육청" 단위**라고 할 것이므로, "학교 회계직원"이 가입한 **노동조합의 경우에도 시 · 도 교육청을 교섭단위**로 노조법 제29조의2에 따라 교섭창구를 단일화하여야 할 것임.

노사관계법제과-349, 2012-02-07 회신

*159. 기간제근로자뿐만 아니라 단시간근로자와 파견근로자도 신청가능하다.

*160. 기단법 제9조 제4항

지난 2017년 5월과 2018년 5월에 「공공부문 비정규직의 정규직 전환 가이드라인」에 따라 기단법의 「무기계약 전환 간주」와 별도로 정규직 근로자로 전환하는 조치*[161]가 있었습니다. 본 지침에 따르면 ① 상시 · 지속적인 업무로서 연중 계속(연중 9개월 이상 계속되는 업무로서 일선 학교의 방학기간처럼 근로의무가 면제되더라도 계속 업무로 봄)되고 향후 2년 이상 지속되는 업무 ② 생명 · 안전과 밀접한 관련이 있는 업무에 해당되면 정규직 근로자로 전환하게 됩니다. 다만 실업 · 결원에 대한 대체인력이거나 ③ 실업 · 복지대책 차원의 경과적 일자리인 경우에는 제외*[162] 되었습니다.

상술한 공공부문 외 민간부분에 대하여 인정되는 무기계약 법리의 **대표적인 예외사항***[163] 은 다음과 같습니다. 즉 아래에 해당하는 경우 근로계약기간이 2년을 초과하더라도 정규직 근로자로 전환되지 않습니다. 열거된 예외적인 사유 중 6번(복지 · 실업대책)의 예외사유가 포괄적으로 규정*[164] 되어 있기 때문에 이 영역에서 **「기단법상 예외에 해당하는지」**에 대한 논란*[165] 이 많습니다.

연번	관련사항	내용
1	사업의 프로젝트성	사업의 완료 또는 업무의 완성에 필요한 기간을 정한 경우
2	휴직 · 파견 결원	해당 근로자의 복귀 시까지 기간을 정한 경우
3	학업 · 직업훈련	학업 등 이수에 필요한 기간을 정한 경우
4	고령자	만 55세 이상 근로자와 근로계약을 체결하는 경우
5	초단시간 근로자	1주 소정근로시간이 15시간 미만인 근로자
6	복지 · 실업대책	고용정책기본법 · 고용보험법 · 제대군인지원법 · 국가보훈기본법 등 실업대책을 위해 일자리를 제공하는 경우
7	박사 학위자	박사 학위 소지자가 해당분야에서 근로하는 경우
8	전문자격사	시행령 별표2에서 상세 규정
9	강사 · 조교 등	고등교육법에 따른 강사 · 조교 · 명예교수 · 겸임교원 · 초빙교원

*161. 이는 정부의 지침일 뿐 (기단법과 같은) 법은 아니어서 민간기업에 효력을 미치지 않는다. 다만 정규직 전환의 기준을 제시하고 있어 추후 정책과 판례에 영향을 미치기 때문에 중요한 지침이다.

*162. 고도의 전문적인 직무나 기간제 교사(교육공무원임용령), 영어회화전문강사(초중등교육법)와 같이 다른 법령에서 기간을 따로 정하는 경우도 제외되었다.

*163. 이외에도 기단법 시행령에서 8가지 등을 더 규정하고 있다.

*164. 현실적으로 너무도 많고 변화무쌍한 복지실업대책을 구체적인 개별사안을 법에 반영할 수 없다는 특징 때문이다.

*165. 이에 대하여는 고용노동부 행정해석과 법원 판결을 통해 개별적 확인이 가능하다. 다만 동일한 사안에 대해서도 시대적 배경에 따라 해설이 달라질 수 있다.

판례

기간제법 제4조제1항 단서는 해당 근로자가 종사하는 업무의 성격을 고려하여 2년 초과 근무의 예외를 인정한 것으로서, 그에 준하는 합리적인 사유가 있는 경우에는 같이 처우하려는 것이 제6호의 취지이며, 기간제법 시행령 제3조 제3항 제7호는 그 경우에 해당할 수 있는 업무를 정한 것이다. 따라서 해당 근로자가 **학교 · 직장 · 지역사회 또는 체육단체 등**에서 **체육을 지도하는 업무에 종사하는 경우**에는 기간제법 시행령 제3조 제3항 제7호[*166]에 해당하여 같은 법 제4조제1항 단서 제6호가 적용될 수 있다고 해석함이 타당하다.

그런데도 원심은 이와 다른 전제에서 원고가 **체육지도자 자격을 취득한 바 없다**는 이유만으로 기간제근로자 사용기간 제한의 예외사유에 해당하지 않는다고 판단하였으니, 거기에는 기간제근로자 사용기간 제한의 예외에 관한 **법리를 오해하여 판결에 영향**을 미친 잘못이 있다.

대법 2017두56179, 2017-11-23 선고

위 사례는 기단법 예외항목인 체육지도자에 해당하는가가 쟁점인 판례입니다. 체육지도자라는 용어가 자격 취득을 요건으로 하는지에 대하여 대법원에서는 자격 취득 여부와 관계없이 「실질적으로」 체육지도자 업무에 종사하는 것으로도 기단법 예외사유에 해당한다고 판시하였습니다. 이와 같이 예외항목에 대한 판단기준은 절대적인 것이 아니라 상대적이라고 할 수 있습니다.

*166. 국민체육진흥법상 선수와 체육지도자 업무에 종사하는 경우

04 기간제 근로자와 근로계약기간이 종료됨에 따라 해당 근로자에게 이를 통보하였습니다. 이 근로자가 계약거절이 부당하다며 노동위원회에 부당해고 구제신청을 하였습니다. 기간제 근로자도 이러한 신청을 할 수 있는지요?

근로계약기간의 만료는 근로관계가 종료되는 유형 중 하나로 기간의 정함이 있는 기간제 근로자에게 적용됩니다. 근로계약기간이 만료되면 원칙적으로 「근로관계는 당연 종료」됩니다. 따라서 근로계약기간 만료 시 사용자의 재계약 거부가 있더라도 원칙적으로 해고에 해당하지 않습니다. 즉 계약기간 만료는 해고가 아니기 때문에 해고예고와 해고에 대한 서면통지도 적용되지 않습니다.

해설

그러나 근로계약기간이 반복 · 갱신되면서 **기간의 정함이 형식에 불과**하게 된 경우 근로계약이 계속 갱신되리라는 기대가 형성될 수 있습니다. 예를 들어 100명의 근로자 모두 계약갱신의 결격사유가 없음에도 특정인 1명만 계약갱신이 거절된 경우 이에 대한 **합리적인 이유**(근태불량, 인사평가 저조 등)가 있어야 합니다. 이를 이른바 **「갱신기대권 법리」**라고 합니다. 갱신기대권이 존재하는 상황에서 재계약을 거부하는 것은 근로기준법상 「해고」에 해당합니다.

이와 같이 기간제 근로계약을 체결한 경우 특별한 사정이 없는 한 **근로계약기간은 존속기간**이므로 그 기간이 만료함에 따라 사용자의 해고 등 별도의 조치 없이 근로관계는 당연 종료되는 것이 원칙입니다. 이 경우 사용자의 근로계약 갱신거절은 해고가 아니므로 근기법 제23조의 정당한 이유를 필요로 하지 않습니다. 그러나 근로계약이 여러 차례 반복 · 갱신되어 사실상 기간을 정하지 않은 계약으로 볼 여지가 있거나, 근로계약 · 취업규칙 · 단체협약 등에서 기간 만료에도 불구하고 **일정한 요건이 충족되면**

당해 근로계약이 갱신된다는 취지의 규정을 두고 있는 등의 사유로 근로자에게 근로계약이 갱신될 수 있으리라는 정당한 기대권이 인정되는 경우도 실무에서 다수 존재합니다.

관련하여 법원은 기간제 근로자의 고용안정을 위해 두 가지의 보호 법리를 마련하였습니다.

① 기간제 근로계약을 체결하였더라도 사실상 기간의 정함이 없는 근로계약으로 볼 수 있는 경우에는 사용자의 계약갱신 거절에 **근기법 제23조** 의 「정당한 이유」가 있어야 하고

② 기간제 근로계약임이 인정된다 하더라도 근로자에게 계약갱신에 대한 정당한 기대권(갱신기대권)이 인정된다면 사용자의 계약갱신 거절에 「합리적 이유」가 있어야 합니다.

판례

1. 근로계약, 취업규칙, 단체협약 등에서 기간제 근로자의 계약기간이 만료될 무렵 인사평가 등을 거쳐 **일정한 요건이 충족**되면 **기간의 정함이 없는 근로자로 전환**된다는 취지의 규정을 두고 있거나, 그러한 규정이 없더라도 근로계약의 내용과 근로계약이 이루어지게 된 동기와 경위, 기간의 정함이 없는 근로자로의 전환에 관한 기준 등 그에 관한 요건이나 절차의 설정 여부 및 그 실태, 근로자가 수행하는 업무의 내용 등 당해 근로관계를 둘러싼 여러 사정을 종합하여 볼 때, 근로계약 당사자 사이에 일정한 요건이 충족되면 기간의 정함이 없는 근로자로 전환된다는 **신뢰관계가 형성**되어 있어 근로자에게 기간의 정함이 없는 근로자로 전환될 수 있으리라는 정당한 기대권이 인정되는 경우에는 사용자가 이를 위반하여 합리적 이유 없이 기간의 정함이 없는 근로자로의 전환을 거절하며 근로계약의 종료를 통보하더라도 **부당해고와 마찬가지로 효력이 없고,** 그 이후의 근로관계는 기간의 정함이 없는 근로자로 전환된 것과 동일하다고 보아야 한다.
2. 참가인에게 정당한 인사평가를 거쳐 정규직으로 전환될 수 있으리라는 **기대권이 인정**되고, 원고가 합리적이고 **공정한 평가를 거쳐 근로계약 기간 종료통보를 하였다고 볼 수 없어** 이 사건 근로계약 기간 종료통보는 정당한 이유가 없어 **아무런 효력이 없다.**

대법 2014두45765, 2016-11-10 선고

기단법에 따르면 근로계약기간이 2년을 초과하는 경우 무기계약근로자로 간주합니다. 따라서 갱신기대권이 2년 만료 시점에서 인정된다면 결국은 「2년을 초과하는 근로계약기간을 형성」하여 정규직으로 전환됩니다. 이에 갱신 기대권을 넘어서 「정규직 전환 기대권」이 도출됩니다.

05 5인 미만 사업장입니다. 근속기간이 3년인 기간제 근로자에 대하여 계약기간만료로 고용보험 상실처리를 하면 실업급여 수급이 가능한지요?

기간제 근로자의 근로계약기간이 만료된 경우 고용보험 상실처리와 함께 이직확인서를 제출합니다. 이때 퇴사사유 코드를 기재하게 되어 있는데 **계약기간만료의 상실코드는 32번**[*167] 입니다. 실업급여와 관련하여 근로계약기간만료를 비자발적 퇴사로 해석하여 실업급여를 지급합니다. 다만 사업주가 계약갱신을 요청했음에도 근로자가 이를 거절한 경우에는 자발적 퇴사로 해석하여 실업급여를 수급할 수 없습니다. 그러나 사업주의 계약갱신 요구가 형식에 불과하고 근로조건이 저하된 경우라면 비자발적 퇴사로 해석함에 주의하여야 합니다.

해설

이미 설명한 바와 같이 상시근로자수 5인 이상 사업장에서 기간제 근로자의 근로계약기간이 2년을 초과한 경우 무기계약직으로 전환되기 때문에 계약기간만료 상실코드는 원칙적으로 근로계약기간이 2년 이하인 경우에 대하여 적용됩니다. 그러나 기간제법상 무기계약 전환의 ① 예외가 되는 사유에 해당하거나 ② 5인 미만 사업장이라면 2년의 근로계약기간을 초과해도 무방합니다. 물론 회사와 근로자 둘 다 근로계약서를 통해 이를 입증해야 합니다.

*167. 상실사유에 대한 설명은 94번(상실사유 개괄)에서 상세히 설명하였다.

06 1주일에 25시간, 1일에 각각 5시간을 근무하는 아르바이트생이 있습니다. 해당 근로자와 협의 후 시급제가 아닌 월급제로 정하려고 합니다. 이와 관련하여 월 최저임금은 얼마인지요?

앞 선 주제(월 통상임금 근로시간수)에서 설명한 **209시간의 산정원리를 단시간 근로자에게도 활용**할 수 있습니다. 209시간 산정 수식을 다시 살펴보면 다음과 같습니다.

해설

209시간

= (40시간 + 0시간[*168] + 8시간)/주 × 4.34주

= (40시간 + 0시간 + 8시간)/주 × (365일 ÷ 7일)/년 ÷ 12월/년

≒ 208.57시간/월 (반올림)

월요일부터 금요일까지 각각 5시간, 1주 25시간을 근무하는 경우 주휴시간은 5시간[*169] 입니다. 이를 감안하여 단시간근로자의 「**월 통상임금 근로시간수**」[*170] 를 산정하면 다음과 같습니다.

---

*168. 토요일(제6요일)이 무급임을 의미한다.

*169. 단시간근로자의 주휴시간 산정은 다음 주제에서 바로 후술한다.

*170. 월급제로 운영할 경우 기본급 등의 근간이 되는 시간수이다.

130.3
={(5+5+5+5+5+0+5)시간/주×(365일÷7일)/년÷12월/년
≒ 130.3시간/월*171

위 산식에서 130.3시간에 대하여 2026년 시간급 최저임금 10,320원을 곱하면 해당 근로자에게 지급해야 하는 월 최저임금은 1,344,696원이 됩니다. 참고로 130.3시간은 최저임금법 상 월 최저임금 적용기준 시간수이기도 합니다. 2024년부터 최저임금 산입범위와 관련하여 복리후생적 현금급여의 경계비율은 0%라고 설명한 바 있습니다.

이때 모수가 되는 금액은 (꼭 209시간이 아니며) 단시간근로자의 경우 103.3시간입니다. 즉 이 사례에서는 1,344,696원의 0%인 0원을 초과하는 식대 · 교통보조비 등 복리후생 현금급여(물론 매월 1회 이상 지급하여야 함)는 최저임금 산입범위에 포함됩니다.

근로형태의 다양화 06

*171. 소수점 처리에 대한 답은 명확하지 않다. 올림처리하면 기본시간은 높아지지만 통상시급이 낮아지며, 버림처리하면 기본시간은 낮아지지만 통상시급은 높아지는 장단점이 각각 있다. 이에 필자는 실무에서 소수점 한자리까지 처리하곤 한다.

07 주별로 근로시간이 제각각인 시급제 아르바이트생이 있습니다. 1주차에는 15시간, 2주차에는 20시간, 3주차에는 25시간, 4주차에는 30시간을 근무하는데 주휴수당은 어떤 기준에 의해 산정되는지 궁금합니다.

단시간근로자는 주로 아르바이트 노동시장에 많이 있습니다. 아르바이트생의 경우 대부분 시급제 임금체계를 기반으로 합니다. 실 근로시간 대비 시간급을 적용하기만 하면 계산은 매우 간편하지만 **근기법 제55조 제1항** 에 따른 **주휴수당을 지급**[*172] **해야 하기 때문**에 간단한 문제는 아닙니다.

해설

단시간근로자의 주휴수당은 주휴시간에 (사전에 상호 정한) 시간급을 곱하여 산정됩니다. 따라서 실무적으로 이 **주휴시간**을 정확하게 산정해야 합니다. 단시간 근로자의 근로조건 결정은 「**근로시간 비례 원칙**」이 지배합니다. (생산성 등이 동일한 근로자들 중) 1주일에 40시간 근로하는 자가 주급 40만원을 받는다면 1주일에 20시간 근로하는 자는 20만원을 받아야 함을 의미합니다.

이러한 근로시간 비례 원칙은 **근기법 시행령 별표2** [*173] 에서 상세하게 규정하고 있습니다. **동 별표2 2호 나목** 에서 「단시간근로자의 1일 소정근로시간 수는 4주 동안의 소정근로시간을 그 기간의 통상 근로자의 총 소정근로일 수로 나눈 시간 수로 한다」라고 규정하고 있습니다. 또한 **동 별표 4호 가목** 에서 「사용자는 단시간근로자에게 법 제55조에 따른 유급휴일을 주어야 한다」 규정하고 있습니다. 이는 **〈휴게와 휴일 Q13. 주휴**

*172. 물론 1주 소정근로시간이 15시간에 미달하는 경우 주휴수당은 발생하지 않는다.

*173. 단시간근로자의 근로조건 결정기준에 등에 관한 사항

소정근로시간이 당해 사업장의 동종 업무에 종사하는 **통상근로자보다 짧은 단시간**으로 근로계약을 체결한 근로자라면 규칙적으로 매일 **2시간의 연장근로를 하였다 하더라도** 주휴수당 및 연차유급휴가수당 계산에 관하여는 단시간 근로자로 보아 계산하여야 하므로 귀 질의서의 "갑설" [단시간근로자의 주휴의 경우 연장근로를 **제외한 소정근로시간으로** 주휴 및 연차휴가를 계산해야 함]의 계산방법이 타당하다고 사료됨.

근로기준과-6465, 2004-11-30 회신

시간과 주휴수당〉에서 설명한 내용입니다. 주휴시간 산정을 위한 1주 시간은 실 근로시간이 아니라 **소정근로시간임**을 다시 한번 강조합니다. 그런데 주별로 근로시간의 변동폭이 매우 큰 경우에는 **「4주 평균」**원칙을 이용하여 주휴시간을 산정합니다.

「근로기준법」 제55조 및 같은 법 시행령 제30조의 규정에 따라 사용자는 근로자에게 1주 동안의 소정 근로일을 개근한 자에게 **평균 1회 이상의 유급휴일**을 주어야 합니다. 다만 같은 법 제18조제3항에 의거 **4주간**(4주간 미만으로 근로한 경우는 그 주간) **동안을 평균**하여 **1주간 소정근로시간이 15시간 미만**인 경우에는 같은 법 제55조가 적용되지 않습니다.

귀 질의는 **소정근로시간이 불규칙적**이어서 주 소정근로시간이 변동되는 근로자에게 유급 주휴일을 부여해야 하는지에 대한 것으로 보이는 바 주휴일이 적용되지 않는 주 15시간 미만인 근로자에 해당하는지 여부는 '그 산정사유가 발생한 날' 이전 **4주간**(4주간 미만으로 근로한 경우는 그 기간)**을 평균하여 결정**되므로, 단시간근로자의 고용관계가 지속되는 한 각 주별 근로시간이 어떻게 배분되는지와 관계없이 **산정사유가 발생한 날을 기준**으로 위 원칙에 따라 판단하면 될 것입니다.

근로기준정책과-2430, 2017-04-07 회신

만약 1주차 15시간, 2주차 20시간, 3주차 25시간, 4주차 30시간을 소정근로시간*[174] 으로 정했다면 주휴수당을 산정해야 할 사유가 발생한 날(이 사례에서는 4주차의 끝날) 이전 4주간의 기간을 대상으로 **평균값을 구해야** 합니다.

4주 평균

= (15 + 20 + 25 + 30)시간/4주 = 22.5시간/주 ≥ 15시간/주

※ 초단시간근로자 아님

위 사례에서는 4주 기간을 대상으로 구한 1주 평균 값이 22.5시간이며 15시간 이상이므로 초단시간근로자가 아닙니다. 따라서 주휴수당은 발생합니다. 이때 22.5시간을 통상 근로자(풀타임 근로자)의 **소정근로일수 5일로 나누면 1일 소정근로시간**이 계산됩니다. 이를 수식으로 나타내면 다음과 같습니다.

4.5시간/일

$$= \frac{22.5\text{시간}}{5\text{일}} = 4.5\text{시간/일 (① 식)}$$

즉 4.5시간분의 주휴수당을 지급해야 한다는 결론에 이릅니다.(결론은 동일하겠지만) 위 ① 식을 세분화하면 다음 ② 식과 같습니다.

4.5시간/일

$$= 8\text{시간} \times = \frac{22.5\text{시간}}{40\text{시간}} = 4.5\text{시간/일 (② 식)}$$

결론이 동일함에도 ② 식처럼 전개한 이유는 위 ② 식 중 ($\frac{22.5}{40}$)가 **근로시간비례원칙을 명확**하게 보여주기 때문입니다.

주휴수당 동영상 강의

*174. 논의의 단순화를 위해 일별 근로시간은 주5일로 안분되고 1일별 연장근로시간은 없다고 가정한다.

단시간근로자의 연차휴가

08 2023년 7월 1일부로 1주 40시간 근로방식에서 1주 30시간으로 소정근로시간을 변경한 바 있습니다. 월·화·목·금 각각 7시간·7시간·8시간·8시간을 근무하기로 하였을 때 2023년 말 기준으로 연차휴가는 며칠이 산정되는지요?

단시간근로자에 대한 연차휴가 부여 방법은 (상술한) **근기법 시행령 별표2 4호 나목**에서 규정하고 있습니다. 특이하게 수식으로 규정하고 있는데 그 수식은 다음과 같습니다.

해설

$$\text{통상 근로자의 연차휴가일수} \times \frac{\text{단시간근로자의 1주 소정근로시간}}{\text{통상 근로자의 1주 소정근로시간}} \times \text{8시간 (①식)}$$

위 ① 식에서 주목해야 하는 점은 연차휴가에 대한 환산단위가 일수가 아니라 **시간 수라는 점**입니다(이때 소수점 이하는 올림함). ① 식 중간에 있는 단시간근로자의 소정근로시간과 통상근로자의 소정근로시간은 실무적으로 **1주 (평균) 단위로 해석**[*175]합니다. 월 · 화 · 목 · 금 각각 7시간 · 7시간 · 8시간 · 8시간으로서 1주 30시간을 근무하는 단시간 근로자의 연차휴가시간은 다음과 같이 산정됩니다.

$$\text{15일}^{*176}\text{/연} \times \frac{(7+7+0+8+8)\text{시간}}{\text{40시간}} \times \text{8시간/일 (②식)}$$

*175. 단시간근로자의 1일별 근로시간이 획일화되지 않는 경우가 많기 때문이다.

*176. 설명을 위해 15일로 가정한 것이며 정확하게는 단시간근로자가 통상근로자라고 가정했을 때 근속연수별로 산정한 연차휴가일수를 의미한다. 단시간근로자가 만 4년 근속했다면 이 일수는 16일이 된다.

위 ② 식과 같이 해당 단시간 근로자는 연간 단위로 90시간의 연차휴가시간을 보유합니다. 이를 연차휴가일수로 환산할 때는 연차휴가를 실제로 사용하는 날의 소정근로시간을 기준으로 합니다. 만약 해당근로자가 목요일(8시간 근로)만 대상으로 연차휴가를 사용한다면 12일(=90시간÷8시간)을 사용할 수 있고 월요일(7시간 근로)만 대상으로 연차휴가를 사용한다면 13일(=90시간÷7시간)을 사용할 수 있습니다.

최근 들어 근로시간단축청구권(임신기단축 · 육아기근로시간단축 · 임금피크제 등)을 행사하는 경우가 있습니다. 연중에 근로시간단축이 발생한 경우 월할하여 가중 평균하는 방식이 가장 합리적입니다. 위와 같이 90시간으로 조정된 시간이 (2023년 7월 1일에 시작되었으므로) 6개월이고 풀타임 근로로 120시간(=15일×8시간)의 연차휴가시간을 내포한 기간이 6개월(2023년 1월 1일~2023년 6월 30일)인 경우 2023년 말에 환산한 연차휴가시간(이를 2024년에 사용할 것이다)은 105시간이 됩니다.

$$(120\text{시간} \times \frac{6\text{개월}}{12\text{개월}}) + (90\text{시간} \times \frac{6\text{개월}}{12\text{개월}}) = 105\text{시간}$$

이와 관련하여 의미있는 근기법 개정이 있었습니다(2024년 10월 22일 개정, 즉시 시행). **근기법 제60조 제6항**에서 이른바 연차휴가 산정과 관련하여 출근으로 간주하는 사항들을 규정하고 있습니다. 2024년 10월 22일 이후부터 상술한 (모성보호와 저출산 해소와 관련된 제도인) 임신기 근로시간 단축과 육아기 근로시간단축의 경우 「단축된 근로시간」이 출근한 것으로 간주됩니다. 즉 상술한 가중평균 방식 대신 (해당 근로자가 풀타임 근로자였다면) 풀타임 근로시간을 기준으로 산정해야 함을 의미[*177]합니다.

임신기 근로시간 단축을 시행하는 경우 실(實)근로시간은 1일 6시간으로 단축되는데 이는 소정근로시간의 단축이 아닙니다.[*178] 만 1년을 근무한 근로자의 연차휴가시간은 120시간임은 주지의 사실입니다. 만약 실근로시간을 차감한다면 임신기 근로시간 단축 대상자는 20일(=120시간÷6시간)을 사용하게 됩니다. 이는 통상 근로자와 형평

*177. 두 제도가 출근간주됨에 따라 연차휴가시간은 기존보다 더 많이 확보된다. 그런데 연차휴가 사용 시 여전히 (예를 들어) 육아기 근로시간 단축을 시행하고 있다면 연차휴가시간 전부를 다 소진하지 못할 것이다. 이는 미사용연차수당이 증가함을 의미한다.

*178. 여성고용정책과-003(회신일자 2025.09.30.)

에 어긋나게 됩니다. 고용노동부 유권해석도 ① 임신기 근로시간 단축 시 새롭게 근로계약서를 작성할 의무가 없다는 점 ② 1일 6시간을 초과하여도 가산임금이 적용되지 않는 점 ③ 법 위반 시 임신기 근로시간 단축 미부여에 대한 처벌을 규정 **근기법 제74조 제5항** 한 점을 이유로 통상근로자처럼 1일의 연차휴가 사용 시 8시간을 사용한 것으로 해석하고 있습니다.

이에 임신기 근로시간 단축 근로자가 시간 단위로 연차휴가를 사용하더라도 6시간을 8시간으로 비례적으로 해석하여 통상근로자의 연차휴가일수(또는 시간)을 한도로 보장받음을 의미합니다.

고용노동부 행정해석

변경 근거

1) 임신기 근로시간 단축 근로자는 1일 2시간까지 근로시간이 면제되어 실근로시간이 단축되나, 소정근로시간이 변경된 것은 아님*(법적 성격은 통상 근로자에 해당함)

* 소정근로시간이 변경된 것이 아닌 것으로 보는 근거

- 단축 후 근로조건(근로시간 포함)에 대한 근로계약서 등 서면 미작성
- 단축 후 근로시간을 초과하여 근로하게 한 경우, 「근로기준법」 제74조제5항(임신 근로자 시간외근로 금지) 위반이 아니라, 같은 법 제74조제7항(임신기 근로시간 단축 허용) 위반으로 조치, 초과 근로에 대해 가산수당 미발생 (중략)

〈소정근로시간이 변경된 것이 아닌 것으로 보는 근거〉

- 임신기 근로시간 단축 기간에 1일 단위의 연차 유급휴가를 부여한 경우 1일 즉 8시간(단축 전 근로시간)을 사용한 것으로 산정하고, 시간 단위로 연차 유급휴가를 부여한 경우에는 해당 휴가 사용 후 남는 휴가가 통상 근로자와 동일하도록 휴가를 사용한 것으로 산정하는 등 통상 근로자에 비해 불리하지 않게 산정(단, 임금은 단축 전 근로시간에 해당하는 금액을 지급)

09 재직기간 15개월 중 처음 4개월을 1주 소정근로시간 12시간으로 근무했고 나머지 11개월은 1주 30시간을 근무했습니다. 이 근로자의 퇴직금은 어떤 기준으로 산정해야 하는지요?

근기법 제18조 제3항에서 단시간근로자 중 1주 소정근로시간 15시간 미만 근로자에 대하여 **주휴일과 연차휴가를 적용하지 않는다고** 규정하고 있습니다. 실무적으로 소정근로시간이 1주 15시간에 미달하는 근로자를「초단시간 근로자」라고 지칭합니다. 주휴일와 연차휴가규정 외에 **근퇴법 제4조 제1항** 단서에서 **퇴직금 지급 의무도 적용하지 않고** 있습니다. 또한 **기단법 시행령**에서 근로계약기간을 2년 초과하더라도 **무기계약직으로 전환되지 않는다고** 규정하고 있습니다.

해설

이와 같이 대부분의 주요 노동법 규정이 적용되지 않는데 실무적으로 특정기간에는 초단시간근로자로서 근무하고 다른 특정기간에는 일반 단시간근로자 또는 풀타임 근로자로 근무하는 등 **근로형태가 혼재하고 있는 경우**가 종종 있습니다.

퇴직금 산정과 관련하여 총근속연수가 1년이더라도 이 기간 중 초단시간근로자로서 재직한 기간은 제외합니다. 즉 소정근로시간이 **1주 15시간 이상인 근속연수가 1년 이상**이어야 비로소 퇴직금이 발생합니다. 연차휴가의 경우에는 특이하게 접근합니다. **1년의 기간**을 평균하여 **1주 15시간** 이상인 경우 연차휴가가 발생합니다. 다만 1주 15시간 이상에 해당하는 기간이 **1년 중 차지하는 비율이 8할에 미달**하는 경우 이른바 **비례계산 방식**을 적용합니다.[*179]

*179. 다만 1주 15시간 이상 근로한 월에 대하여 독립연차는 발생할 수 있다.

근로기준법 제18조제3항에 따라 4주 동안을 평균해 1주 동안의 소정 근로 시간이 15시간 미만인 근로자에 대해서는 연차 유급 휴가, 퇴직금 규정 등이 적용되지 않음. 이때 소정근로시간이라 함은 법정근로 시간의 범위에서 근로자와 사용자 사이에 정한 근로 시간을 말하므로, 귀 질의처럼 실제 근로 시간이 이에 미달되거나 연장 근로가 발생한다 하더라도 달리 볼 수는 없을 것으로 사료됨.

단시간 근로자의 퇴직금과 관련해서는 퇴직금 지급을 위한 계속근로 연수에 1주 동안의 소정 근로 시간(4주간 평균)이 **15시간 이상인 기간 전체가 포함**되고, 연차 유급 휴가와 관련해서는 계속근로 연수 **1년간 전체**에 대해 1주 동안의 소정 근로 시간(4주간 평균)이 15시간 이상인 근로자에게 적용된다 할 것임.

근로조건지도과-4378, 2008-10-09 회시

또한 **고보법 제40조 제2항 제2호 가목** 에 따르면 초단시간근로자 중 1**주 소정근로일수가 2일 이하**인 자의 경우 실업급여 수급과 관련된 기준기간을 (18개월이 아닌) **24개월**로 합니다. 다만 피보험단위기간 중 90일 이상을 1주 소정근로일수 2일 이하의 초단시간근로자로 근무했어야 함에 주의하여야 합니다.

10 당사는 사무보조 업무에 파견근로자를 사용하고 있습니다. 이미 파견근로자로서 근무한 이력이 2년을 넘은 상황입니다. 이런 경우 직접 고용해야 하는 의무가 있는지요?

파견법 제2조에 따르면 근로자파견을 「① **파견사업주가 근로자를 고용**한 후 그 고용관계를 유지하면서 ② **근로자파견계약의 내용**에 따라 ③ **사용사업주의 지휘·명령**을 받아 사용사업주를 위한 ④ **근로에 종사**하게 하는 것」이라고 규정하고 있습니다. 이를 파견의 **「3면 관계」**라고 합니다. 이른바 직접 고용형태에서는 사업주와 근로자라는 2면만 구성되는데 근로자 파견관계에서는 파견사업주, 사용사업주, 파견근로자라는 3면 관계가 구성됩니다. 파견사업주는 근로자를 고용하는 사업주로서 (근로관계 종료까지 책임지며) 임금 「지급」에 대한 책임이 있습니다. 사용사업주는 실제로 파견근로자에게 지휘명령을 할 수 있는 사용자를 의미합니다.

해설

즉 현업의 **근태관리 · 근로시간관리 · 휴가관리는 사용사업주**가 수행하지만 근로에 대한 대가인 **임금 지급과 4대보험 관리 등은 파견사업주**가 수행합니다. 임금의 재원은 사용사업주가 파견사업주에게 파견대가로서 지급하는데 양 사업주 간 **「근로자 파견 계약」**을 체결합니다.

파견법 제5조에서 파견대상업무를 규정하고 있는데 건설공사현장 업무 · 공급자공급사업허가 업무 · 선원의 업무 · 유해위험한 업무(산안법 제58조에 따름)는 **절대적으로 파견이 금지**됩니다. 파견허용업종은 파견법 시행령 별표1에서 규정하고 있는데 **32개 업종만 허용업종**[*180]이며 그 상세내용은 다음 표와 같습니다.

*180. 2022년 12월 현재 제7차 개정까지 되었으나 파견법에서 정하는 표준직업분류는 2000년 제2호에 따른 표준직업분류이다.

한국표준직업분류 (통계청고시 제2000-2호)	대 상 업 무	비 고
120	컴퓨터관련 전문가의 업무	
16	행정, 경영 및 재정 전문가의 업무	행정 전문가(161)의 업무는 제외한다.
17131	특허 전문가의 업무	
181	기록 보관원, 사서 및 관련 전문가의 업무	사서(18120)의 업무는 제외한다.
1822	번역가 및 통역가의 업무	
183	창작 및 공연예술가의 업무	
184	영화, 연극 및 방송관련 전문가의 업무	
220	컴퓨터관련 준전문가의 업무	
23219	기타 전기공학 기술공의 업무	
23221	통신 기술공의 업무	
234	제도 기술 종사자, 캐드 포함의 업무	
235	광학 및 전자장비 기술 종사자의 업무	보조업무에 한정한다. 임상병리사(23531), 방사선사(23532), 기타 의료장비 기사(23539)의 업무는 제외한다.
252	정규교육이외 교육 준전문가의 업무	
253	기타 교육 준전문가의 업무	
28	예술, 연예 및 경기 준전문가의 업무	
291	관리 준전문가의 업무	
317	사무 지원 종사자의 업무	
318	도서, 우편 및 관련 사무 종사자의 업무	
3213	수금 및 관련 사무 종사자의 업무	
3222	전화교환 및 번호안내 사무 종사자의 업무	전화교환 및 번호안내 사무 종사자의 업무가 해당 사업의 핵심 업무인 경우는 제외한다.
323	고객 관련 사무 종사자의 업무	
411	개인보호 및 관련 종사자의 업무	
421	음식 조리 종사자의 업무	「관광진흥법」 제3조에 따른 관광 숙박업에서의 조리사 업무는 제외한다.
432	여행안내 종사자의 업무	
51206	주유원의 업무	
51209	기타 소매업체 판매원의 업무	
521	전화통신 판매 종사자의 업무	
842	자동차 운전 종사자의 업무	
9112	건물 청소 종사자의 업무	
91221	수위 및 경비원의 업무	「경비업법」 제2조제1호에 따른 경비업무는 제외한다.
91225	주차장 관리원의 업무	
913	배달, 운반 및 검침 관련 종사자의 업무	

표준직업분류는 대분류 · 중분류 · 소분류 · 세분류 · 세세분류라는 **5자리 코드로 구성**됩니다. 위 표에서 421(음식조리 종사자의 업무)은 소분류까지 기재된 것으로서 이하 세분류 코드 모두 파견허용업종이 될 수 있습니다. 다만 출산 · 질병 · 결원이 발생하거나 일시적 · 간헐적으로 인력을 확보해야 할 경우에는 위 업종과 무관하게 근로자 파견사업이 가능합니다.

파견기간과 관련하여 **파견법 제6조 제1항** 에서 **원칙적으로 「1년 이내」**라고 규정하고 있습니다. 다만 파견사업주 · 사용사업주 · 파견근로자의 **3자 합의가 있는 경우 최대 1년을 연장**할 수 있습니다. 즉 파견기간은 (기단법과 마찬가지로) **최대 2년**임이 원칙입니다. 그러나 예외적으로 출산 · 질병 · 부상 등으로 결원이 발생한 경우에는 2년을 초과할 수 있습니다.*181

파견근로자는 대표적인 간접고용 근로형태로서 **차별이라는 법적 논의가 종종 제기**됩니다. 파견법 제2조 제7호에 차별적 처우를 정의하고 있는데 ① 임금 ② 정기상여금, 명절상여금 등 정기적으로 지급되는 상여금 ③ 경영성과에 따른 성과금 ④ 기타 근로조건 및 복리후생까지 상당히 **넓은 영역에서 차별을 금지**하고 있습니다.*182 **파견법 제6조의2 제3항** 에서 사용사업주의 동종 또는 유사업무 수행자가 있는 경우 사용사업주의 취업규칙을 적용해야 한다고 규정하고 있습니다.

파견근로자는 일정 요건이 충족되면 사용사업주가 **직접 고용해야 하는 의무***183 가 발생합니다. 직접 고용의무가 발생하는 5가지 사유는 다음 표와 같습니다.

연번	사유	비고
1	파견허용 업종 외(外) 파견	출산 등 결원 사유는 제외
2	절대금지 업종 파견	
3	파견계약기간 위반 (1)	2년 초과 시
4	파견계약기간 위반 (2)	일시 · 간헐적으로서 6월 초과 시
5	무허가 파견	

*181. 일시적 · 간헐적인 사유로 파견사업을 할 경우 원칙적으로 3개월을 초과할 수 없고, 3자 합의 시 추가적으로 3개월까지 연장할 수 있다.

*182. 차별이 발생한 경우 기간제근로자 주제에서 설명한 차별시정신청을 할 수 있다.

*183. 파견법 제6조의2

따라서 파견계약기간을 통산하여 2년을 초과하는 경우 사용사업주는 파견근로자를 직접 고용해야 합니다. 다만 (현실적으로 확률은 매우 낮지만) 직접 고용을 파견근로자가 명시적으로 반대하거나 회사의 파산선고 · 회생개시절차 결정이 있는 경우 직접 고용의무가 발생하지 않습니다.

파견사업을 수행하려는 자는 고용노동부에 파견업 「허가」를 받아야 하는데 허가 시 그 유효기간은 3년(갱신 가능)입니다. 허가를 받으려면 ① 상시 5명 이상의 근로자(파견근로자는 제외)를 채용하고 4대보험에 모두 가입해야 하고 ② 1억원 이상의 자본금(개인인 경우에는 자산평가액)을 보유하고 ③ 전용면적 20제곱미터(20평 아님) 이상의 사무실을 갖추어야 합니다.

11 일용직 근로자의 정확한 정의와 4대보험 적용 기준이 궁금합니다. 특히 8일 요건이라는 것이 무엇인지요?

일용직의 사전(事典)적 의미는 무엇일까요? 일용(日傭)은 「날 日(일)자와 날품팔이(또는 임금) 傭(용)」이라는 글자로 구성됩니다. 일용직의 반대말은 상용(常傭)직인데 항상 날품팔이(또는 임금)를 한다는 의미입니다. 즉 **일용직의 경우 (상용직과 다르게) 단기간에만 근무**한다는 느낌이 강합니다.

소득세법에서는 일용직을 3개월 미만을 근로하는 자로 정의하고 있습니다. 이는 법 제정 당시 지급조서 제출주기 때문에 마련된 것으로 보이는데 2022년 현재 제출주기는 1월로 단축된 상황입니다. 또한 단기간 동안만 근무하고 해당 사업장을 영원히 퇴사하는 경우가 많으므로 세무행정상 분리과세를 적용하고 있습니다.

반면 **4대보험 영역에서는 일용직을 1개월 미만**의 기간동안 근로하는 자로 정의하고 있습니다. 특히 가입요건과 관련하여 건강보험과 국민연금은 동일한 기준을 적용하고 있습니다. 다만 고용보험과 산재보험에서는 일용직이라 하더라도 적용 자체를 제외하지 않음에 주의하여야 합니다.

특이한 점은 노동법의 핵심인 **근기법에서는 일용직에 대한 명시적인 정의가 없다**는 점입니다. 아마도 기간제 근로자와 단시간 근로자를 독립적으로 정의하고 이 범주 안에서 분류가능하기 때문에 별도로 일용직에 대한 정의를 하지 않는 것으로 보입니다.

해설

실무에서 필자가 상담을 하다보면 내담자들이 **일용직 근로자와 단시간 근로자를 혼동**하는 경우를 많이 봅니다. 단시간 근로자는 상용 근로자 범주에 들어가지만 단지 근로시간이 통상근로자에 비해 짧은 근로자일 뿐입니다. 따라서 고용보험에서도 상용직으로 분류하고 상용직에 대한 실업급여 요건을 적용합니다. 참고로 근기법에서 1월 소정근로시간이 60시간 미만이거나 1주 소정근로시간이 15시간 미만인 근로자를 초(超)단시간 근로자라고 정의합니다.

국민연금과 건강보험 적용 원칙과 관련하여, 일용직이 입사한 경우 첫 번째로 검증해야 하는 것은 **1개월 이상을 근무**했는가 여부입니다. 예를 들어 2023년 1월 17일에 입사한 경우 1개월은 2023년 2월 16일까지의 기간이며 이 기간 내에 28일을 근무했다고 하더라도 근속 그 자체가 1개월 미만(예를 들어 2월 11일까지만 근로하고 퇴사)이라면 국민연금과 건강보험의 직장가입 대상이 아닙니다.

그런데 2월 16일 이후에 근로제공내역이 있는 경우(실무적으로 고용보험법상 근로내용확인신고서 내용에 따름) 1개월 이상 근로로 봅니다. 1개월 이상 근무가 확인된 후에 두 번째 기준인 **이른바 8일 요건을 적용**하는 것입니다. 2018년 이전에는 (8일 요건이 아닌) 20일 요건이었는데 가입 대상을 늘리기 위해 8일 요건으로 변경하였습니다.

2022년 이후 **국민연금 가입요건**과 관련하여 시행령 개정을 통해 2022년 1월 귀속분부터 이른바 소득요건이 추가되었음에 주의하여야 합니다. 과세급여 기준 220만원(月) 이상인 경우 8일 요건에 해당하지 않더라도(예를 들어 월 6일 근무) 소득 그 자체가 **220만원 이상**의 금액이라면 가입의무가 발생합니다.

12 일용직 근로자의 근로소득세는 어떻게 계산하는지요? 관련하여 소액부징수라는 용어가 궁금합니다.

일용직근로자는 그 명칭에서 매우 단기간(短期間)을 근무하는 근로자라는 것을 쉽게 유추할 수 있습니다. 우리가 알고 있는 근로소득은 직사각형의 면적 도출과 유사한 구조입니다. 세로축을 일당으로, 가로축을 근무기간으로 생각할 수 있습니다. 일용직 근로자는 일당 그 자체가 높은 경우가 있습니다(건설 일용직의 경우 일반 일용직보다 임금수준이 높은데 이는 기술에 대한 보상과 위험에 대한 수당이 내재되어있기 때문이다). 하지만 근무기간은 길지 않은 경우가 많습니다. 이러한 이유로 상용직 근로자와 다른 방식으로 소득세를 계산하는데 실무에서 이를 **소액(少額) 부징수(不徵收)**라고 부릅니다.

소액부징수라 함은「적은 금액(1천원 미만)에 대해서는 과세하여 징수하지 않는다」는 의미입니다. 우리나라의 소득세법상 종합소득세율의 최저세율은 6%인데 일용직 근로자에게는 이 세율을 적용합니다.

해설

구체적으로 일용직 **근로자의 소득세 산정방식에 대해 설명**하겠습니다.

① 먼저 15만원이라는 금액을 소득공제합니다. 예를 들어 187,000원의 일당을 수령하는 일용직 근로자의 경우 일당 187,000원에서 150,000만원을 공제합니다.

② 두번 째로 최저세율 6%를 곱하여 세액을 산출합니다. (187,000원 - 150,000원)×6% = 2,220원이 됩니다.

③ 마지막으로 세액공제를 적용하는데 그 공제율은 55%입니다. 이에 2,220원×(1 - 0.55) = 999원이 산출됩니다.[*184]

*184. 이러한 방식에 따를 경우 일당 금액에 0.027을 곱하여 소득세를 바로 산출할 수 있다. 0.027은 6%의 세율과 0.45(=1-0.55)의 곱을 의미한다.

위에서 사례로 제시한 187,000원은 소액부징수와 관련하여 의미있는 소득수준입니다. 999원의 세금이 도출되는데 만약 이 일당을 매일 지급하는 경우라면 1,000원 미만의 세금이기 때문에 일용직 근로자에게 세액을 징수하지 않습니다. 그러나 이와 다르게 비록 일당은 187,000원이지만 이를 모아서 1개월에 1회 특정일자(예를 들어 말일 또는 익월 5일 등)에 지급하는 경우라면 999원의 세액에 근로일수를 곱한 세금을 징수합니다.

물론 이러한 방식으로 계산했을 때 합산세액이 1,000원 미만이라면 세액을 징수하지 않습니다. 즉 일용직 근로자의 소액부징수 여부를 판단할 때는 임금지급시기가 **근로일 당일인가 또는 매월 지급**인가 여부를 고려해야 합니다.

일용근로자의 일급여에 대한 소득세법 제127조 규정에 따른 원천징수세액이 1천원 미만인 때에는 소득세법 제86조 제1호의 소액부징수 규정을 적용하여 원천징수하지 않는 것이나, 동 규정은 원천징수시기에 원천징수할 세액의 소득자별 합계액을 기준으로 적용하는 것이므로 일용근로자의 일급여를 **일정기간 단위로 일괄 지급하는 때**에는 일별 소득세가 1천원 미만인 경우에도 일괄 지급액에 대한 일별 **징수세액의 합계액을 기준**으로 소액부징수 여부를 판단하는 것임.

법인46013-343, 1997-02-01 회신

이러한 이유로 일용직 근로자의 **일당이 15만원 이하** 라면 소득공제로 인해 사실상 원천징수할 **세액이 발생하지 않습니다.** 또한 일당이 187,000원 이하의 경우에는 소액부징수 적용여부에 따라 세액이 발생하지 않을 수 있습니다.

블로그 관련 글과 동영상 강의

13 건설 일용직근로자와 일반 일용직 근로자를 구분하는 이유가 무엇인지 궁금합니다. 소득세나 4대보험료의 차이가 있는 것인지요?

일용직근로자는 실무적으로 **건설 일용근로자와 비(非)건설일용 근로자**로 구분하며 비(非)건설 일용근로자를 일반 일용근로자라고 지칭합니다. **소득세와 4대보험료가 부과되는 기준은 둘 다 동일**합니다. 다만 건설 일용근로자의 경우 보상적 임금격차가 반영되어 임금수준이 높고 근로하는 방식과 근로일수가 일반 일용직 근로자와 차이가 있습니다. 이러한 이유로 4대보험 영역에서 구분하여 규정하고 있습니다.

해설

건보법 제6조에서 고용기간이 1개월 미만인 일용근로자를 직장가입자에서 제외한다고 규정하고 있습니다. 즉 **건강보험 영역**에서는 일반 일용직근로자와 건설 일용직근로자를 **따로 구분하고 있지 않습니다.** 그러나 국민연금 영역에서는 두 가지 일용근로자를 비교적 정밀하게 구분하고 있습니다. **연금법 시행령 제2조 제1호 가목** 에서 건설일용근로자의 경우 1월 8일 이상 근로(이를 **일수 요건**이라고 한다)하거나 월 과세급여가 220만원(2022년 귀속 기준)*185 이상(이를 소득 요건이라고 한다)인 경우 사업장가입자 *185 로 국민연금의 적용을 받는다고 규정하고 있습니다.

또한 **동조 제1호 나목** 에서 일반 일용직 근로자의 경우 일수 요건과 소득 요건 외에 「1월 간 근로시간이 60시간 이상」인 경우(이를 **근로시간 요건**이라고 한다)에도 국민연금의 적용을 받는다고 규정하고 있습니다. 즉 일반 일용직의 경우에는 1월 근로일수가 8일 미만이더라도 근로시간이 60시간 이상인 경우 국민연금에 가입해야 합니다.

---

*185. 2022년 1월부로 첫 시행되어 220만원이나 2023년 이후 물가상승률을 감안하여 상승할 가능성이 있다. 이 부분은 매년 독자들이 점검해보기를 권한다.

*186. 건강보험은 직장가입자, 국민연금은 사업장가입자라는 용어를 사용하는데 실무 영역에서는 직장가입자로 통칭한다.

고용보험 영역에서는 실업급여 수급요건(비자발적 이직 여부)에서 두 집단을 구분합니다. 일반 일용직 근로자로서 실업급여 수급요건을 판단할 때 수급자격 인정 신청일이 속한 월의 **「직전 월 초일부터 수급자격 인정 신청일까지의 기간(일수로 환산함)」** 대비 동 기간 내 근로일수의 합이 1/3 미만인 경우*187 에 비자발적 퇴사로 해석합니다. 그러나 건설 일용직근로자의 경우 이른바 1/3 요건에 해당되지 않더라도 **「14일 연속 근로내 용이 없는 경우」** 비자발적 퇴사로 해석합니다.

*187. 고보법 제40조 제1항 제5호 가목(2023년 7월 1일부 시행)

14 당사는 업무상 필요에 의해 종종 정년퇴직자와 촉탁근로계약을 체결합니다. 촉탁근로자의 노동법적 신분과 근로조건 설정이 어떻게 되는지 궁금합니다.

촉탁근로계약이라는 용어는 법률 용어는 아닙니다. 촉탁(囑託)이라는 단어의 사전적 의미는 「부탁하여 일을 맡긴다」라는 뜻입니다. 산업 현장에서 정년퇴직을 하려는 자에게 계속 근무해줄 것을 부탁한데서 유래한 용어입니다. 이미 정년퇴직을 한 신분이고 통상적으로 근로계약기간을 설정하면서 촉탁직 근로계약을 체결하기 때문에 노동법상 신분은 「기간제 근로자」입니다.

해설

〈기간제 근로자〉 주제에서 설명한 바와 같이 **만 55세 이상인 자(고령자)와 근로계약**을 체결할 경우 **무기계약 간주의 예외**에 해당합니다. 따라서 근로계약기간을 설정하기만 하면 되고 그 상한은 없습니다.

또한 고령자법 제21조 제2항에서 「재고용할 때 **당사자 간의 합의**에 의하여 「근로기준법」 제34조에 따른 퇴직금과 동법 제60조에 따른 연차유급 휴가일수 계산을 위한 계속근로기간을 산정할 때 종전의 근로기간을 제외할 수 있으며 임금의 결정을 종전과 달리할 수 있다」고 규정하고 있습니다. 이는 매우 강력한 규정인데 **퇴직금과 연차휴가일수 산정을 위한 근속연수**를 리셋(reset)할 수 있다는 의미입니다. 다만 **당사자 간의 합의**가 반드시 있어야[*188] 합니다. 예를 들어 30년의 근속을 마치고 정년퇴직하고 촉탁근로계약을 체결하였는데 11개월을 근무 후 퇴사하였다면 근속기간이 30년 11개월로 통산되지 않고 11개월만 퇴직금 산정을 위한 근속기간으로 인정[*189] 됩니다.

---

*188. 별도의 합의서를 작성하지 않더라도 이러한 내용을 촉탁근로계약서에 명시하는 형태로 합의한다.
*189. 이 경우 해당자에 대한 퇴직금은 발생하지 않는다.

연차휴가도 마찬가지로 재고용 기간을 (신규 입사한 기간으로 간주하여) 대상으로 **근기법 제60조** 에 따라 연차휴가일수를 산정합니다.

촉탁직과 관련된 지원금으로서 고령자 계속고용 장려금이 있습니다. 정년 연장 · 정년 폐지 또는 1년 이상 재고용 등 계속고용제도를 도입한 우선지원대상기업 · 중견기업 · 사회적기업에 대하여 계속고용 근로자 1인당 월 30만원씩 최대 3년간 총 1,080만원을 지원합니다.

2026년부터 비수도권(서울시 · 인천시 · 경기도 외 지역) 소재 기업의 경우 예외적으로 계속고용 근로자 1인당 월 40만원씩 최대 3년간 총 1,440만원을 지원합니다.

촉탁직 근로자에게 근로기준법상 연차유급휴가가 적용되는지와 관련한 귀하의 질의에 관한 회신입니다.근로기준법 제60조에 따라 연차유급휴가는 1년간 80퍼센트 이상 출근한 근로자에게 부여되고, 계속하여 근로한 기간이 1년 미만인 경우에는 **1개월 개근 시 1일의 연차유급휴가가 부여**[*190] 되며 고용형태에 따라 **달리 적용되는 것은 아니므로** 귀 질의와 같이 촉탁직 근로자라 하더라도 법상 요건에 부합된다면 **연차유급휴가청구권을 행사**할 수 있습니다.

근로개선정책과-2711, 2012-5-21 회신

촉탁직근로자의 근로조건 동영상 강의

*190. 독립연차를 의미한다.

특수형태근로종사자(특고)

15 골프장을 운영하는 업체입니다. 캐디 업무를 수행하는 자에 대하여 산재보험을 별도로 가입을 해야 한다고 하는데 매월 소득이 불규칙한 상황입니다. 월보수액과 보험료율이 어떻게 결정되는지요?

특수형태근로자종사자라 함은 이른바 특고라고 지칭하는 종사자인데 2024년부터 (고용보험 용어와 통일하여) **노무제공자라**는 공식명칭으로 변경[*191] 되었습니다. **산재법 제91조의15에서 규정하고** 있는데 근로기준법 상 근로자가 아님에도 ① 근로자와 유사하게 노무를 제공하면서(주로[*192] 하나의 사업에 노무를 상시적으로 제공) ② 노무를 제공할 때 타인을 사용하지 않는 자를 의미합니다(실무상 이른바 「특고」라고 칭함). **동법 시행령 제83조의5** 에서 그 직종을 열거하고 있는데 (세밀하게 분류할 때) 2026년 1월 현재 26개 직종이 있습니다. 구체적인 직종은 다음 페이지 표와 같습니다.

해설

2023년 상반기까지 기준보수는 고용노동부에서 직종별로 고시한 바 있습니다. 2024년부터 원칙적으로 (기준보수 방식을 폐지하고) 실보수 방식으로 보험료를 부과 · 납부합니다. 실보수라 함은 경비율을 고려하여 산출한 소득금액 개념입니다. 다만 건설기계조종사와 건설현장 화물차주의 경우 여전히 기준보수를 통해 산재보험료를 산출하며 원수급인에 대한 산재보험료율을 적용합니다. 참고로 골프장 캐디의 경우 산재보험은 실소득으로, 고용보험은 기준보수(2026년 상반기 기준 월 2,699,994원(기초일액 89,999원))를 적용합니다.

---

*191. 2024년부터 산재법과 고보법 둘다 노무제공자라는 용어로 통일하였다. 하지만 실무영역에서는 여전히 특고라는 명칭이 더 많이 사용된다. 이에 본서에서 산재영역은 특고라는 용어로 서술하도록 한다.

*192. 2022년 7월 1일부로 전속성 요건을 삭제하였다.

연번		산재법 시행령 제83조의 5
1	제1호	보험설계사(보험업법)
2		전업 공제 모집인 (새마을금고법 · 신협법) (24년 1월 시행)
3		전업 모집인(우체국 보험)
4	제2호	건설기계 직접 운전원 (건설기계관리법 등록)
5	제3호	학습지 교사, 교육교구 방문강사
6	제4호	골프장 캐디
7	제5호	택배원(생물법)
8		택배원(생물법 외)
9	제6호	퀵서비스 기사 (제5호,제14호 제외)
10	제7호	대출모집인 (대부업법)
11	제8호	신용카드 모집인 (여신전문금융법)
12	제9호	대리운전자
13		탁송업자
14		대리주차업자
15	제10호	방문판매원(후원 포함) (자가소비 제외) (제3호,제11호 제외)
16	제11호	대여제품 방문점검원

연번		산재법 시행령 제83조의 5
17	제12호	가전제품 설치수리원
18	제13호	화물자동차 제1유형 건설현장 화물차주 ① 특수용도형 화물자동차중 살수차류 ② 특수용도형 화물자동차중 굴절식 및 직진식 카고크레인류 ③ 특수작업형 특수자동차중 고소작업 자동차류
19	제14호	화물자동차 제2유형, 화물자동차주 (전속성 없음) (자동차관리법 제3조 제1항 제3호)
20		화물자동차 제2유형 특수자동차 중 견인형 자동차 또는 특수작업형 사다리차 (자동차관리법 제3조 제1항 제4호) (제5호,제12호,제13호 제외)
21	제15호	소프트웨어기술자
22	제16호	학교의 방과 후 강사 (24년 1월 시행)
23		유치원 방과 후 강사 (24년 1월 시행)
24		보육기관의 특별강사 (24년 1월 시행)
25	제17호	관광안내사
26	제18호	어린이통학버스기사

보험료율과 관련하여 종전에는 사업장에 적용되는 산재보험료율을 적용하였지만 2024년부터 직종별 요율*193을 적용하여 산재보험료를 적용합니다. 이 산재보험료를 사업주와 특고종사자가 50%씩 보험료를 부담합니다. 당연히 이에 대한 원천징수 의무는 사업주에게 있습니다.

*193. 직종별 보험료율은 후술할 고보법 상 〈노무제공자〉 주제에서 통합하여 서술하였다.

또한 종전에는 입직신고와 이직신고라는 절차를 통해 신고했습니다. 2024년부터 입직신고 등을 폐지하고 소득신고방식으로서 소득 발생일 다음 달 말일까지 성명과 주민번호, 직종, 소득금액 등을 신고합니다(다만 임금채권부담금과 석면피해분담금은 제외합니다).

2021년 7월부터 특고 종사자에 대한 **적용제외신청 사유가 매우 제한**[*194] 되면서 사실상 강제 적용되었습니다. ① 특고 종사자의 부상 · 질병 · 임신 · 출산 · 육아 ② 사업주의 귀책사유로 인하여 경영악화 · 특정계절의 휴장 · 휴업 · 정부의 행정명령에 의한 활동 제한의 경우에만 적용제외신청을 할 수 있습니다. 또한 실제 휴업이 **1개월 이상인 경우에 한하여 신청** 가능합니다. 적용제외 신청을 하면 그 다음날부터 효력이 발생하며 적용제외 사유가 소멸한 달부터 당연 적용됩니다.

참고로 특고 종사자 중 하루 단위로 노무를 제공하는 경우 **단기 특고** 종사자는 **일용직 근로내용확인신고와 유사**하게 근로일수와 해당일별 평균임 금을 기준으로 **입직신고**를 합니다(단 기준보수를 적용받은 특고는 월 기준보수를 30일로 나눈 금액을 1일의 임금으로 정함).

특고종사자의 보수 동영상 강의

*194. 2021년 7월 이전에는 종사자 본인이 희망할 경우 입직일로부터 70일 이내에 적용제외를 신청할 수 있었고 입직일로 소급하여 미가입으로 처리할 수 있었다.

16 사업소득을 원천징수하는 보험설계사가 있습니다. 실적 대비 보수를 수령하기 때문에 매월 소득의 변동성이 큽니다. 고용보험에 어떤 소득을 기준으로 가입해야 하는지요? 또한 월 100만원의 세전 사업소득을 수령하는 자도 가입대상인가요?

앞선 주제에서 설명한 특수형태근로종사자가 산재보험 버전이라면 노무제공자(또는 노무제공인)는 고용보험 버전의 특고 종사자입니다. 고보법 제77조의6에서 노무제공자인 피보험자를 「근로자가 아니면서 자신이 아닌 다른 사람의 사업을 위하여 자신이 직접 노무를 제공하고 해당 사업주 또는 노무수령자로부터 일정한 대가를 지급받기로 하는 계약(노무제공계약)을 체결한 사람」으로 정의하고 있습니다. 동법 시행령 제104조의11*195 에서 21개의 직종을 정하고 있습니다.

해설

노무제공인도 (특고 종사자와 마찬가지로) (일반)**노무제공인과 단기 노무제공인**으로 구분됩니다. (일반)노무제공인은 **1개월 이상의 기간**에 대하여 노무제공 계약을 체결한 자를 의미합니다. 다만 노무제공계약 당시 만65세 이상인자 또는 월 보수액이 80만원 미만인 자는 적용제외합니다. 노무제공인이 노무제공을 **개시한 날에 취득**신고를 하고 실제로 **퇴사한 날의 다음 날에 상실신고**를 합니다.

다만 월 80만원 미만의 보수를 받던 노무제공인이 월 80만원 이상의 보수를 지급받게 되면 당월 초에 취득 신고합니다.

*195. 시행령에서 제17호까지 규정하고 있는데 (특고와 마찬가지로) 세분화하면 21개 직종이다.

또한 월 80만원 이상의 보수를 지급받던 노무제공인이 월 80만원에 미달하는 보수를 받은 경우 당월 초에 상실 신고*196 합니다(신고기한은 근로소득자와 마찬가지로 다음 달 15일까지 임). 월 보수가 변경된 경우에는 기준경비율을 고려하여 다음 달 말일까지 변경 신고할 수 있습니다.

만약 보험설계사의 세전 사업소득이 100만원인 경우 (보험설계사 직종에 대해 적용하는) 기준경비율 26.5%(2025년 7월 1일부터 2026년 6월 30일까지 적용)를 적용하면 소득금액은 73만 5천원이 됩니다. 이 경우 월보수 80만원에 미달하므로 가입 대상이 되지 않습니다. 반대로 80만원 이상이 된 경우 가입 대상인데 **최소 가입 월보수는 133만원임에 주의**하여야 합니다.*197 또한 여러 사업장에서 노무제공을 제공하면서 특정 사업장에서 월 80만원 요건을 충족하지 못하더라도 합산소득이 80만원 이상인 경우 그 합산소득을 기준*198 으로 신고할 수 있습니다.

참고로 단기 노무제공인의 경우 (특고 종사와 마찬가지로) 근로내용확인신고와 같이 근로일수와 근로일 별 보수를 기준으로 신고합니다(단기 노무제공인에게는 80만원이라는 소득요건이 적용되지 않음). 단기 노무제공인 기준으로 여러 사업장에서 발생한 **합산소득이 월 80만원 이상**인 경우 본인의 청구에 의해서 가입할 수 있습니다.

보험료율은 1.6%*199 로서 사업주가 원천징수하며 **노무제공자와 50%씩 부담**합니다. 플랫폼 노무제공자의 경우 **플랫폼 사업주에게 원천징수 의무***200 가 있습니다.

*196. 이때 상실사유는 43번이다.

*197. 2022년 7월부로 인상되었다.

*198. 합산소득신청자, 단기노무제공인, 기준보수 적용을 받는 자(예를 들어 화물차주)는 최소 월보수 133만원을 적용하지 않는다.

*199. 2022년 7월부로 인상되었다.

*200. 원천징수 그 자체에 대한 의무가 있을 뿐 부담은 플랫폼을 이용하는 노무제공인과 그 노무제공인이 소속된 사업주가 해야 한다.

연번	산재법 시행령 제83조의 5		고보법 시행령 제104조의 11		경비율 (26년 6월한)	직종별 요율(2026년) (출퇴근 0.06% 별도)
1		보험설계사 (보험업법)		좌동		
2	제1호	전업 공제 모집인 (새마을금고법 · 신협법) **(24년 1월 시행)**	제1호		26.5%	0.5%
3		전업 모집인 (우체국 보험)		좌동		
4	제2호	**건설기계 직접 운전원** (건설기계관리법 등록)	제10호	좌동	기준보수 2,813,000원	3.4% (부과고지) **자진신고 시 원수급인 요율**
5	제3호	학습지 교사, **교육교구** 방문강사	제2호	좌동	31.5%	0.7%
6	제4호	골프장 캐디	제17호	좌동	16%(산재) 기준보수(고용) 2,699,994원	0.5%
7	제5호	택배원 (생물법)	제3호	좌동	34.6%	1.7%
8		택배원 (생물법 외)		좌동		
9	제6호	퀵서비스 기사 **(제5호, 제14호 제외)**	제12호	좌동	19.8%	1.7%
10	제7호	대출모집인 (대부업법)	제4호	좌동	24.8%	0.5%
11	제8호	신용카드 모집인 (여신전문금융법)	제5호	좌동	29.2%	0.5%
12		대리운전자	제13호	좌동		
13	제9호	탁송업자			31.6%	1.8%
14		대리주차업자				
15	제10호	방문판매원 (후원 포함) **(자가소비 제외)** **(제3호, 제11호 제외)**	제6호	좌동	17.6%	0.8%
16	제11호	대여제품 방문점검원	제7호	좌동	29.9%	0.7%
17	제12호	가전제품 설치수리원	제8호	좌동	24.2%	0.7%
18	제13호	화물자동차 **제1유형** **건설현장** 화물차주 **① 특수용도형 화물자동차 중 살수차류** **② 특수용도형 화물자동차 중 굴절식 및 직진식 카고크레인류** **③ 특수작업형 특수자동차 중 고소작업자동차류**	제11호	개별 정의	기준보수 4,310,000원	1.7% (부과고지) **자진신고 시 원수급인 요율**

<table>
<tr><th rowspan="2">연번</th><th rowspan="2" colspan="2">산재법 시행령 제83조의 5</th><th rowspan="2" colspan="2">고보법 시행령
제104조의 11</th><th>경비율</th><th>직종별 요율
(2026년)</th></tr>
<tr><th>(25년
6월한)</th><th>(출퇴근
0.06% 별도)</th></tr>
<tr><td rowspan="9">19</td><td rowspan="10">제14호</td><td rowspan="9">화물자동차 제2유형
화물자동차주
(전속성 없음)
(자동차관리법
제3조 제1항 제3호)</td><td rowspan="10">제11호</td><td>가. 수출입컨테이너, 시멘트</td><td rowspan="10">49.9%</td><td rowspan="10">1.7%</td></tr>
<tr><td>나. 피견인자동차, 철강운송</td></tr>
<tr><td>다. 위험물질 운송</td></tr>
<tr><td>라. 물류센터 간 화물운송
(기준보수 3,150,000원)</td></tr>
<tr><td>마. 자동차 운송
(기준보수 4,830,000원)</td></tr>
<tr><td>바. 곡물 · 사료 운송
(기준보수 4,830,000원)</td></tr>
<tr><td>사. 점포 · 소비자 물류 운송</td></tr>
<tr><td>아. 무점포판매업 운송</td></tr>
<tr><td>자. 식자재 · 식품 운송
(음식 · 주점업)</td></tr>
<tr><td>20</td><td>화물자동차 제2유형
특수자동차 중 견인형
자동차 또는
특수작업형 사다리차
(자동차관리법
제3조 제1항 제4호)
(제5호, 제12호,
제13호 제외)</td><td>차. 식자재 · 식품 운송
(구내식당)</td></tr>
<tr><td>21</td><td>제15호</td><td>소프트웨어기술자</td><td>제14호</td><td>좌동</td><td>20.9%</td><td>0.5%</td></tr>
<tr><td>22</td><td rowspan="3">제16호</td><td>학교의 방과 후 강사
(24년 1월 시행)</td><td>제9호</td><td>좌동</td><td rowspan="3">14.9%</td><td rowspan="3">0.6%</td></tr>
<tr><td>23</td><td>유치원 방과 후 강사
(24년 1월 시행)</td><td></td><td></td></tr>
<tr><td>24</td><td>보육기관의 특별강사
(24년 1월 시행)</td><td></td><td></td></tr>
<tr><td>25</td><td>제17호</td><td>관광안내사</td><td>제15호</td><td>좌동</td><td>19.4%</td><td>0.6%</td></tr>
<tr><td>26</td><td>제18호</td><td>어린이통학버스기사</td><td>제16호</td><td>좌동</td><td>24.5%</td><td>1.8%</td></tr>
</table>

17 학원 강사로 근무하면서 사업소득자로서 소득 신고하는 분들이 꽤 있습니다. 해당자들이 4대보험에 가입하지 않았음에도 퇴직 시 퇴직금을 청구하였는데 회사가 퇴직금을 지급해야 할 의무가 있는지요?

프리랜서(freelancer)라고 호칭되는 종사자들이 최근에 꽤 많이 늘었습니다. 자의반 타의반으로 본업과 부업이라는 2가지 직업을 선택하다보니 본 직장에서는 근로소득으로 신고하고, 부 직장에서는 사업소득으로 신고하는 경우가 종종 있습니다.

사실 소득세 신고 유형 그 자체는 근로자 판단 여부와 무관합니다. 소득세 신고 유형은 사업주가 임의대로 선택할 수 있기 때문입니다. 근로자성(勤勞者性)이 인정된다면 근로기준법이 적용된다는 것을 의미하며 (실무적으로) 연차휴가와 퇴직금 등이 모두 적용된다는 의미입니다.

해설

근기법 제2조 제1항 제2호 에서 근로자를 ① 직업의 종류와 관계없이 ② 임금을 목적으로 사업이나 ③ 사업장에 근로를 제공하는 사람이라고 정의하고 있습니다. 추상적으로 정의하고 있어서 현실적으로 판단하기는 쉽지 않습니다.

이와 관련하여 **유명한 대법원 판례와**[*201] **판단기준**이 있습니다. 대법원은 2006년도 근기법상 근로자에 해당하는 기준을 일목요연하게 정립하여 판결을 내린 바 있습니다. 근기법상 근로자에 해당하는지 여부를 판단하기 위해서는 사용종속관계에 있는지를 검토하여야 하는데 이를 구체적으로 살펴보면 다음과 같습니다.

*201. 대법 2004다29736 (2006.12.7. 선고)

① 어떠한 업무를 담당하게 되는지 사용자가 정하고 사용자의 **취업규칙**이 있으면 해당 규정을 적용받아 징계 또는 각종 기타 인사처분이 있었는지 여부와 업무 수행 과정에서 업무 보고, 업무 일지 작성 등 **상당한 지휘 · 감독을 하는지 여부**

② 근로자의 **출퇴근 시간** 및 근무를 해야 하는 **장소가 지정**되어 있고 이를 어길 시 사용자 측에서 **제재가 있었는지** 여부

③ 근로자가 스스로 작업도구 등을 소유하거나 **제3자를 대체자로 고용하여 업무**를 대행하게 한 사실이 있는지 등의 사실관계를 파악하여 근로자 본인의 계산으로 사업을 영위하는지 여부

④ 업무를 제공하면서 **이윤과 손실의 발생을 근로자 본인이 모두 취득**하고 부담하는지 여부

⑤ 업무를 제공하면서 지급받는 **보수의 성격이 근로의 대가**인지 여부

⑥ 기본급이나 고정급이 정해져있는지 또는 **비율급이나 인센티브 형식의 체계**를 가지고 있는지

⑦ **근로소득세를 원천징수**했는지 또는 사업소득세를 원천징수했는지 등

⑧ 업무를 제공하면서 계속성이 있는지 또는 다른 회사에도 동일한 업무를 제공할 수 있는 등 **전속성이 있는지** 여부

⑨ 4대보험에 가입되어 있는지를 판단해야 한다. 그러나 이 중 기본급이나 고정급이 정하여져 있는지, 근로소득세를 원천징수 했는지, 4대보험에 가입했는지 여부는 사용자가 근로자보다 우월한 지위에 있어 임의로 정할 여지가 크기 때문에 이러한 점들이 인정되지 않는다고 하더라도 근로자성을 부정하기는 어렵다는 것이 일반적인 판단기준입니다.

Chapter

07

4대 보험

[산재보험]

[고용보험]

[국민연금]

[건강보험]

산재보험의 업종별 적용

01 산재보험료는 어떤 기준에 의해서 부과가 되는지요? 업종별로 다르다고 하던데 이 분류는 표준산업분류에 따르는 것인지요?

산재보험료는 근로자의 업무상 재해라는 리스크에 대비하기 위해 마련된 보험입니다. 다만 4대보험 중 **유일하게 사업주가 전액(全額) 부담한다는 특징**이 있음에 주의하여야 합니다. 즉 근로자에게 원천공제하지 않습니다. 그리고 사업이라는 추상적 개념보다는 **사업장(事業場)이라는 구체적인 물리적 공간에 대하여 가입**한다는 특징이 있습니다. 이러한 이유로 건설회사의 경우 본사와 공사현장의 보험료율은 크게 차이가 납니다.

해설

노동관계법령상 업종의 구분은 대부분 한국표준산업분류를 따릅니다. 근기법상 선택적 근로시간제 · 재량근로시간제, 고용보험법 업종분류는 모두 한국표준산업분류에서 정한 5가지 코드[*202] 입니다. 한국표준산업분류는 2017년 7월 1일 10차 개정까지 진행되었습니다. 그런데 산재보험료 부과를 위한 **업종코드**[*203] **는 고용노동부에서 별도로 관리**하고 있습니다. 매년 12월말 즈음 다음 연도에 적용할 산재보험료율을 고시하는데 최근 3년 간 업종별 사고확률과 보상이력을 토대로 업종별 보험료가 가감됩니다.

고용노동부 산재보험관련 **업종은 10가지로 크게 분류**되는데 업종별로 천분율로 보험료율을 고시합니다. 석탄광업 및 채석업의 보험료율이 약 185/1,000내외로서 가장 높고 금융 및 보험업의 보험료율이 6/1,000로서 가장 낮습니다. 업종코드별로 고시되는 보험료율은 **이른바 본(本) 보험료율**이고 사업장 규모에 따라 임금채권부담금과 석면피해분담금이 부가보험료로서 부과되며 별도 보험료로서 출퇴근 재해 보험료도 부과됩니다.

*202. 한국표준직업분류와 마찬가지로 5가지 코드로 분류된다.
*203. 본 코드는 3자리로 구성된다. 참고로 국세청에서 분류하는 업종코드는 조세부과를 위한 코드로서 6자리로 구성된다.

02 당사는 건설업 면허를 소지한 A 건설회사입니다. 이와 별도 독립법인으로서 B 프로그램 개발회사를 대표이사가 운영 중입니다. B 프로그램 회사는 산재보험료를 매월 납부하는데 A건설회사는 1년에 4회 정도 납부합니다. 왜 납부방식의 차이가 발생하는 것인지요?

2011년 이전에 고용산재보험료 납부 방식은 개산보험료 납부, 확정보험료 정산과 추가납부 방식이었습니다. 이를 「자진신고」 방식으로 합니다. 말 그대로 스스로 특정 귀속연도의 인건비를 추정하여 미리 고용산재보험료를 신고납부하고 익년도 3월말에 전년도 귀속 확정 인건비와 확정보험료를 정산하는 방식입니다. 그 당시에는 모든 사업장에 대하여 이러한 자진신고 방식이 통용되었으며 3월 · 5월 · 8월 · 11월 총 4회에 걸쳐서 분납[*204] 하였습니다.

해설

2011년 **4대 보험료 통합징수**(건강보험공단으로 징수 일원화) 방식으로 전환됨에 따라 (건설업과 벌목업을 제외한 업종에 대하여) 이른바 **「부과고지」** 방식으로 변경되었습니다. 부과고지 방식이라 함은 **매월 보험료**를 (통상적으로 매월 18일 경에) 고지하고 그 익월 10일에 보험료를 **고지 · 납부하는 방식**을 의미합니다. 그 당시 이미 국민연금보험료와 건강보험료는 부과고지 방식이었으나 고용산재보험료는 자진신고 방식으로서 이원화되어 있었습니다.

또한 고용산재보험료의 부과 근거가 「근로기준법상 임금」이었는데 2011년부터 (국민연금보험료와 건강보험료의 부과 근거였던) **「소득세법상 보수」로 일원화**된 바 있습

*204. 물론 일시납도 가능하며 일시납을 선택할 경우 보험료를 할인받을 수 있다.

니다. 이에 현재는 일반사업장의 경우 매월 보험료를 비과세를 제외한 **보수에 대하여 납부하는 방식**이 적용됩니다.

다만 근로자에게 지급하는 임금(또는 보수)이 직접 인건비 외에 다른 회계계정에 함께 섞일 수 밖에 없는 **건설업과 벌목업의 경우 아직도 자진신고 방식**으로 고용산재보험료를 징수합니다. 공사현장의 인건비는 공사원가명세서에 반영되고 특정 원재료와 외주비 내에 인건비 요소가 상당하기 때문에 **인건비 취합 방식이 일반 사업장과 다르기** 때문입니다.

산재보험료의 부과고지의 동영상 강의

03 회사에서 업무를 수행하던 중 추락사고가 발생하여 3개월 이상의 치료를 요하는 상황입니다. 산재신청 후 쉬는 중인데 보상받을 수 있는 금액수준이 궁금합니다.

산재법은 근로자의 업무상 재해라는 리스크에 대비하기 위한 보험으로서 보상영역은 ① 일반 산업재해보상 ② 출퇴근 재해보상 ③ 재활 지원 ④ 근로자 융자사업으로 구분됩니다. 산업재해라 함은 업무상 질병 · 부상 · 장해 · 사망이 발생한 것을 의미합니다.

산업재해를 입은 근로자는 근로복지공단에서 업무상 재해 인정 신청(이를 통상적으로 산재신청이라고 한다)을 할 수 있습니다. 산재 신청은 원칙적으로 본인 스스로 해야 하며 공인노무사에게 대리권을 부여할 수도 있습니다.

해설

일반 산업재해*205 는 **업무상 사고(또는 부상)와 업무상 질병**으로 구분됩니다. **산재법 제37조 제1항** 에 따르면 **업무상 사고**는 ① 근로계약에 따른 업무나 그에 따르는 행위를 하던 중 발생한 사고 ② 사업주가 제공한 시설물 등을 이용하던 중 그 시설물 등의 결함이나 관리소홀로 발생한 사고 ③ 사업주가 주관하거나 사업주의 지시에 따라 참여한 행사나 행사준비 중에 발생한 사고 ④ 휴게시간 중 사업주의 지배 · 관리하에 있다고 볼 수 있는 행위로 발생한 사고를 의미합니다.

업무상 질병은 ① 업무수행 과정에서 물리적 인자(因子) · 화학물질 · 분진 · 병원체 · 신체에 부담을 주는 업무 등 근로자의 건강에 장해를 일으킬 수 있는 요인을 취급하거나 그에 노출되어 발생한 질병 ② 업무상 부상이 원인이 되어 발생한 질병 ③ **근기**

*205. 일반 산업재해라고 서술한 이유는 후술할 출퇴근 산업재해와 구분하기 위함이다.

법 제76조의2 에 따른 직장 내 괴롭힘 · 고객의 폭언 등으로 인한 업무상 정신적 스트레스가 원인이 되어 발생한 질병 등을 의미합니다.

이러한 산업재해가 발생한 경우 근로자에게

① **요양급여**

② **휴업급여**

③ **장해급여**

④ **간병급여**

⑤ **유족급여**

⑥ **상병보상연금**

⑦ **장의비**

⑧ **직업재활급여** 중 여러 가지 급여를 지급합니다.

이러한 보험급여는 근기법상 평균임금을 기준으로 산정됩니다. 만약 산업재해가 발생한 경우 치료비 성격의 **요양급여가 먼저 지급**되며 치료 종결 후 일정기간 후 **장해등급 심사**를 합니다. 장해등급은 총 14개 등급으로 구성되는데 8급 이하는 일시금 형태로 지급되며 7급 이상은 연금 지급이 원칙입니다. 산업재해로 인해 근로를 제공할 수 없게 된 「휴업」기간에 대하여 **휴업급여를 지급**하는데 1일 휴업급여 액수는 **평균임금의 70%**[*206] 입니다.

저소득근로자의 휴업급여 동영상 강의

*206. 이러한 휴업급여를 일반휴업급여라고 하는데 이외에도 부분휴업급여, 저소득근로자의 휴업급여, 재요양 기간 중의 휴업급여, 고령자 휴업급여가 있다.

출퇴근 중 산업재해와 개별실적요율

04 직원이 출근 중 아이를 어린이집에 데려다주다가 얼음길에 넘어져서 부상을 당했습니다. 사업주의 과실은 없는 상황인데 산재 보상이 가능한가요?

출퇴근 중 산업재해는 2016년 9월 29일에 사업주가 제공한 교통수단에 대한 부분적 출퇴근재해 인정이 **헌법불합치결정**을 받으면서 산재법상 별도로 조문이 신설되었습니다. 본래 공무원이 아닌 자에 대하여는 출퇴근 중 사고는 원칙적으로 산업재해로 인정하지 않았습니다. **2017년 12월 26일 산재법 개정**을 통해 ① 제공한 교통수단이나 그에 준하는 교통수단을 이용하는 등 사업주의 지배 · 관리하에 출퇴근하는 중 발생하는 사고 ② 그 밖에 **통상적인 경로와 방법으로 출퇴근하는 중 발생한 사고**를 출퇴근 산업재해로서 인정하고 있습니다.

이와 관련하여 회사 고유의 업종별 보험료율(개별실적요율 포함)과 별개로 **출퇴근 재해 보험료율을 따로 부과**하고 있습니다(2026년 현재 0.6/1,000으로서 2025년과 동일함).*207 그리고 출퇴근 재해는 사업주 지배 하에 있는 상황이 아니므로 (고용노동지청 산재예방지도과에 제출하는) 재해발생보고를 하지 않아도 됩니다.

해설

산재법 제37조 제1항 제3호 에서 출퇴근 재해를 업무상 재해로 인정한다고 규정하고 있고 그 구체적인 내용은 시행령에 위임하고 있습니다. **산재법 시행령 제35조 제1항** 에서 출퇴근 중에 발생한 사고로서 ① 사업주가 제공한 교통수단을 이용한 경우 또는 ② 출퇴근용으로 이용하던 교통수단의 (비록 사업주의 소유나 제공은 아니지만) 관리 또는 이용권이 근로자에게 전속되지 않을 경우에 해당하면 업무상 재해로 인정합니다.

*207. 매년 고시되는 보험료율이므로 수시로 체크해야 한다.

또한 **동조 제2항**에서 **일상생활에 필요한 행위로서 다음 7가지**를 규정하고 있습니다.

① 일상생활에 필요한 용품을 구입하는 행위

② 직업교육훈련기관에서 직업능력개발향상에 기여할 수 있는 교육훈련을 받는 행위 (단 고등교육법에 따른 학교, 직업교육훈련촉진법에 따른 교육훈련기관이어야 한다)

③ 선거권이나 국민투표권의 행사

④ 근로자가 사실상 보호하고 있는 **아동 또는 장애인을 보육기관 또는 교육기관**에 데려다주거나 데려오는 행위

⑤ 의료기관 또는 보건소에서 질병의 치료나 예방을 목적으로 진료받는 행위

⑥ 근로자들의 돌봄이 필요한 가족 중 의료기관 등에서 요양 중인 가족을 돌보는 행위

⑦ 기타 이에 준하는 행위로서 고용노동부장관이 일상생활에 필요한 행위로서 인정하는 행위

이러한 출퇴근 산업재해는 사업주의 지배와 관리를 벗어난 상황에서 발생한다는 특징이 있습니다. 따라서 이른바 「개별실적요율」이 적용되지 않습니다. 개별실적요율이라 함은 「사고가 많이 발생한 사업장에 보험료를 할증」하는 보험료 징수방식을 의미합니다(물론 사고가 적게 발생한 경우 할인한다). 이러한 사고의 범위에 출퇴근 산업재해는 제외됩니다. 최근 3년 간 사업주가 납부한 보험료 대비 근로복지공단에서 지급한 보험급여의 비율(이를 보험수지율이라고 한다)에 따라 업종별 산재보험료율 대비 20%를 할증하거나 할인합니다.[*208] 참고로 보험수지율이 75%에서 85% 사이인 경우 업종별 보험료율을 그대로 적용합니다.

출퇴근 중 산업재해 동영상 강의

*208. 매년 고지되는 산재보험료율은 이러한 개별실적요율이 반영된 보험료이다.

05 우리 회사는 식사를 현물로 제공하지 않고 식대 20만원을 비과세로 설정하여 지급하고 있습니다. 비과세 식대 20만원을 포함한 월급여가 250만원인 경우 원천 공제하는 고용보험료는 어떻게 산출하는지요?

부과고지 사업장의 경우 소득세법상 보수(비과세 소득을 제외)에 대하여 4대보험료를 부과합니다. 고용산재보험과 건강보험법상 직장가입자, 국민연금법상 사업장 가입자는 소득세법상 근로소득을 받는다는 공통점이 있습니다. 근로소득 중 비과세하는 항목은 굉장히 많습니다. 그 중 대표적인 것을 열거하면 아래 표와 같습니다.

해설

연번	비과세 항목	내 용
1	산재보험법에 따른 각종 급여	요양급여, 휴업급여, 장해급여 외
2	고용보험법 따른 각종 급여	실업급여, 육아휴직급여 외
3	국민연금법에 따른 반환일시금	
4	학자금	업무관련성, 취업규칙 규정, 반환조건
5	자가운전보조금	월 20만원 한도
6	식대	월 20만원 한도(2023년 한도 인상)
7	연구보조비 또는 연구활동비	월 20만원 한도
8	보육교사 처우개선비	
9	보훈급여비, 학습보조비	
10	북한지역에서 받는 보수	월 100만원 한도
11	원양어업 선박, 국외항해 선박 수당	월 300만원 한도
12	생산직근로자의 연장 · 야간 · 휴일수당	월 20만원 한도
13	보육수당	월 20만원 한도(부부 둘다 가능)
14	산학협력단 보상금	연 500만원 한도

만약 월급여가 250만원인데 이 중 20만원의 식대항목이 있는 경우 비과세를 제외한 보수는 **230만원**이 됩니다. 이 금액에 고용보험료율 1.8% 중 근로자 부담분인 **0.9%를 곱한** 20,700원을 원천 공제해야 합니다.

다만 **건강보험료 부과와 관련**하여 ① 주식매수선택권(스톡옵션)을 재직 시 실현하면 근로소득으로서 부과합니다. ②「법인세법」 제67조 및 같은 법 시행령 제106조 제1항 제1호에 의한 법인대표자의 인정상여의 경우 근로소득세는 과세되지만 건강보 험료는 부과되지 않습니다.*209 ③ 소득세법상 임원 퇴직소득세 부과 소득을 초과하는 퇴직금원(통상적으로 퇴직위로금)은 근로소득으로 과세되지만 건강보험료는 부과되지 않습니다. 마지막으로 ④ 해고예고수당에 대해서도 건강보험료가 부과되지 않습니다.

*209. 대판2015두37525

06 우리 회사에 특고 종사자로서 택배기사가 있습니다. 매월 지급하는 공급가액이 평균 300만원 수준입니다. 해당자에게 원천 공제하는 고용보험료와 산재보험료의 계산방식이 궁금합니다.

이미 특고종사자와 노무제공자 주제에서 설명한 바와 같이 택배기사는 산재법상 특고와 고보법상 노무제공자에 해당합니다. 특고종사자에 대한 산재보험료 산정[*210]시 2가지 요소를 고려해야 합니다. 이 직종에 대한 ① 실보수와 ② 해당 직종에 적용되는 보험료율이 그것입니다. 2026년 현재 택배기사에 대한 산재보험료율이 1.7%(2025년과 동일함)이므로 실보수에 이 요율을 곱한 산재보험료 중 50%를 특고종사자에게 원천 공제합니다. 근기법상 근로자의 경우 사업주가 산재보험료를 모두 부담하지만 비(非)근로자인 특고종사자는 50%를 부담해야 합니다.

해설

노무제공자에 대한 고용보험료율은 2026년 현재 1.6%(사업주와 노무제공인 합산분)이며 이 중 50%에 해당하는 **0.8%를 노무제공자가 부담**하며 이를 사업주는 원천 공제해야 합니다. 다만 직종별로 고시된 경비율을 적용한 소득금액에 대하여 고용보험료를 계산해야 합니다.

이때 2026년 현재 월 보험료의 상한액은 649,160원이며 연간 보험료의 상한액은 7,789,920원입니다.[*211]

*210. 문화예술인은 산재보험이 적용되지 않는다.

*211. 이미 해당 주제에서 설명한 바와 같이 이러한 소득요건은 단기 노무제공자에게 적용되지 않는다.

07 실업급여사업 외에 고용보험법에 따른 사업이 많다고 들었습니다. 고용보험법에서 운영하는 각종 사업의 내용이 궁금합니다.

1995년 출범한 우리나라의 고용보험은 외국의 **실업보험과 다르게 실업급여 사업뿐만 아니라 고용안정사업과 직업능력개발사업까지 포괄**한 훌륭한 제도입니다. 실업급여는 (우리가 알고 있는 실업급여인) 구직급여와 취업촉진수당으로 구성됩니다. 취업촉진수당은 **광역구직활동비, 이주비, 조기재취업수당, 직업능력개발수당**으로 구성됩니다.

해설

고용안정사업은 우리가 알고 있는 **고용지원금 사업**입니다. **고보법 제3장** 에서 규정하고 있는데 대부분의 내용은 시행령과 고용노동부 고시*212 에 반영되어 있습니다. 고용안정사업은 고용창출에 대한 지원과 고용조정에 대한 지원으로 구분됩니다. 고용지원금 사업에서 우선지원대상기업은 말 그대로 우대조치를 받습니다. 직업능력개발사업은 사업주에 대한 훈련비 지원과 피보험자(근로자)에 대한 훈련비 지원으로 구성됩니다. 이 사업이 시작되면서 **고용보험 환급과정**이 활발해졌습니다.

① 실업급여사업 ② 고용안정사업 ③ 직업능력개발사업을 고용보험의 3대 사업이라고 하는데 2000년대 들어 ④ **모성보호사업**이 추가(**고보법 제5장** 에서 규정)되었습니다. 모성보호사업은 **출산전후휴가급여 지급과 육아휴직급여**를 고용보험기금에서 지원하는 사업을 의미합니다.

2004년 들어 일용직 근로자인 피보험자를 사업에 추가하면서 **일용직 근로자에게도 실업급여**를 지급하게 되었습니다. 일용직 근로자는 상용직 근로자와 다르게 **근로내**

*212. 경제상황과 노동시장 상황을 반영하여 수시로 고시가 개정된다.

용확인신고라는 절차를 통해 피보험자격관리가 수행됩니다. 상술한 사업 중 고용안정사업과 모성보호사업은 일용직 피보험자에게 적용되진 않습니다.

고용보험사업은 전(全)국민 고용보험의 일환으로 2020년 말부터 점점 더 확대되고 있습니다. 문화예술인 고용보험이 2020년 12월부터 시행되었고 2021년 7월부터 순차적으로 노무제공자(특고종사자)에 대한 고용보험도 시행되고 있습니다. 다만 **문화예술인과 노무제공자**의 경우 (제도시행의 초창기임을 감안하여) **실업급여 사업**과 모성보호사업 중 **출산전후급여만** 적용하고 있습니다

또한 사회적인 고용안전망 차원에서 자영업자 고용보험도 시행 중입니다. 자영업자 고용보험은 **임의가입이며 실업급여사업과 직업능력개발사업의 일부**가 적용됩니다.

구분	실업급여	직업능력 개발	고용안정 사업	출산급여	육아휴직 급여	비고
사용직 (정규직, 비정규직)	○	○	○	○	○	초단기간 기준기간
일용직	○	○	X	X	X	근로내용 확인신고
노무제공자 (특고)	○	X	X	○	X	
문화예술인	○	X	X	○	X	
자영업자	○	○	X	X	X	

4대 보험(고용보험) 07

08 고용보험법상 상실신고를 할 때 여러 가지 상실코드가 있다고 합니다. 대분류의 정확한 의미를 알고 싶습니다.

고용보험은 앞 선 주제에서 설명한 바와 같이 여러 가지 사업을 수행하고 있습니다. 대표적이고 정체성을 지니는 사업은 「실업급여 사업」입니다. 실업급여는 근로자로 하여금 퇴직 후 실업이라는 보험 리스크에 대비하기 위한 사회적 안전장치입니다. 원칙적으로 **「비(非)자발적 이직」에 대하여 실업급여를 지급**합니다. 비자발적 이직을 입증하기 위해 **「이직확인서」**라는 서류를 제출하는데 이에 앞서 상실사유에 매칭되는 상실코드를 선택하여 제출해야 합니다.

해설

구체적인 상실코드의 대분류는 아래 표와 같습니다.

대분류(4개)	중분류(11개)	실업급여
1 자진사퇴	11. 개인사정으로 인한 자진퇴사	원칙 : 불가 **일부 사유 : 예외적 가능**
	12. 사업장 이전, 근로조건 변동, 임금체불 등으로 인한 자진퇴사	원칙 : 불가 **예외 : 가능**
2 회사사정과 근로자 귀책사유로 의한 이직	22. 폐업, 도산	가능
	23. 경영상 필요 및 회사불황으로 인한 인원감축 등에 의한 퇴사 (해고,권고사직,명예퇴직 포함)	
	26. 근로자 귀책사유에 의한 징계해고, 권고사직	원칙 : 가능 **예외 : 불가능**
3 정년 등에 기간 만료에 의한 이직	31. 정년	가능
	32. 계약기간만료, 공사종료	가능
4 기타	41. 고용보험 비적용	무관 (자격변동)
	42. 이중 고용	
	43. 노무제공인(상실 : 소득요건)	
	45. 노무제공플랫폼을 이용한 노무제공 종료에 따른 이직	

전통적으로 **대분류 1번은 근로자의 사정이고 대분류 2번은 회사의 사정**에 의한 분류입니다. 대분류 3번은 정년퇴직과 근로계약기간 만료로서 해고도 사직도 아닌 상황을 의미합니다. 대분류 4번은 행정착오 정정이나 고용보험 비적용 사업장으로 전환될 때 자격변동을 위한 내용입니다.

이 중 실업급여사유가 되는 코드는 대분류 3번과 대분류 2번입니다. 대분류 1번은 원칙적으로 실업급여 사유(비자발적 퇴사)가 아니지만 **중분류 11번과 12번의 일부에 해당할 경우 고용센터의 행정적 심사를 통해 제한적으로 수급**할 수 있습니다.

고용보험 상실코드 동영상 강의

상용근로자의 실업급여의 수급 요건

09 실업급여와 관련하여 상용근로자의 의미와 수급 자격 그리고 실업급여 금액에 대하여 알고 싶습니다.

고용보험법의 실업급여와 관련된 근로형태는 매우 다양합니다. 가장 대표적인 근로형태는 상용직 근로자입니다. 또한 일용직 근로자, 노무제공인(특고), 자영업자, 문화예술인 등이 있습니다. 여기서 설명하는 상용직 근로자는 근기법상 근로자 중 일용직 근로자를 제외한 근로자를 의미합니다. 따라서 **정규직 근로자와는 그 개념이 다릅니다.** 기간제 근로자 · 파견 근로자 · 단시간 근로자는 이른바 비정규직 근로자에 해당하지만 고용보험 영역에서는 상용직 근로자로 분류됩니다.

해설

피보험 단위기간이 180일 이상

실업급여를 수급하려면 **이직 전 18개월간 피보험 단위기간이 통산하여 180일 이상**이어야 합니다. 최근에는 직장이동이 많기 때문에 최종 이직일을 기준으로 과거 18개월에 대한 이력을 검토할 때 2개 이상의 재직 이력이 확인되는 경우가 많습니다. 이에 최종 이직일을 기준으로 이전 18개월 간 「통산(通算)」하여 피보험 단위기간이 180일 이상 되어야 합니다. 이때 피보험단위기간은 재직기간이 아님에 주의하여야 합니다. 피보험 단위기간은 「보수 지급의 기초가 된 날의 합계」로서 **임금을 받은 날을 의미**합니다. 따라서 **무급휴무일과 같은 토요일은 제외**됩니다.

비자발적 사유로 이직

〈고용보험 상실코드〉 주제에서 설명한 바와 같이 퇴직사유가 비자발적 사유(또는 준하여 해석할 수 있는 사유)이어야 합니다. **계약기간만료와 정년퇴직**은 100% 비자발적 사유는 아닐 수 있지만 실업급여 수급 사유에 해당합니다.

실업급여 금액

실업급여 금액은 ① 소정급여일수와 ② 재직시 임금수준에 따라 결정됩니다. 고보법에서 재직기간(이를 「피보험기간」이라고 합니다)에 따른 **소정급여일수**를 규정하고 있는데 그 내용은 다음 표와 같습니다.

구분		피보험기간				
		1년 미만	1년 이상 3년 미만	3년 이상 5년 미만	5년 이상 10년 미만	10년 이상
이직일 현재 연령	50세 미만	120일	150일	180일	210일	240일
	50세 이상 및 장애인	120일	180일	210일	240일	270일

50세를 기준으로 약간 다르지만 최소 120일부터 최대 270일의 기간을 정하고 있습니다. 실업급여 금액은 이러한 소정급여일수에 **1일분 구직급여일액을 곱하여 산정**됩니다. 1일분 구직급여일액은 원칙적으로 근기법상 평균임금(이를 고보법에서 임금일액이라고 합니다)의 60%입니다. 만약 평균임금이 일급통상임금보다 저액일 경우 그 통상임금을 평균임금으로 간주합니다. 다만 사회보험법의 특징상 상한액이 있는데 그 금액은(2026년 현재) 1일 68,100원입니다. 이는 임금일액(평균임금)의 상한이 113,500원임을 의미합니다.

실실업급여의 **하한액은 일급으로 환산한 최저임금의 80%**입니다. 일급으로 최저임 금을 환산할 때는 당해연도 고시된 최저 시간급(2025년 10,030원, 2026년 10,320원)에 1일 소정근로시간을 곱하여 계산합니다. **고보법 시행규칙 제91조** 에서 이에 대한 계산방식을 정하고 있는데 1주 단위로 소정근로시간을 정한 경우 유급휴일(주휴일)에 반영된 시간까지 합산하여 그 일수로 나누어 산정합니다.

실업급여의 소정급여일수 동영상 강의

예를 들어 1일 8시간, 1주 40시간을 근로하는 근로자의 경우 주휴시간까지 합산하면 1주 48시간이 산정되는데 이를 유급휴일 일수까지 포함한 6일로 나누면 1일 8시간이

도출됩니다. 이와 같은 방식으로 산정된 **1일 소정근로시간**[*213] **에 당해 연도 최저시급과 소득대체율 80%를 곱한 값이 실업급여의 하한액**입니다. 만약 해당근로자가 파트타임 근로자라면 (주휴수당 계산과 같이) 비례 계산함을 부언합니다.

실업급여의 하한액 상향조정 동영상 강의

*213. 고용보험법 시행규칙에서 소정근로시간이라는 용어로 규정하고 있어서 그대로 기재하였다. 하지만 고보법상 소정근로시간은 근로기준법상 소정근로시간과는 상이한 개념이다. 고보법은 주휴수당에 포함되는 시간까지 포함하여 사용하고 있다.

10 일용직 근로자의 경우 실업급여 요건이 상용직 근로자와 약간 다르다고 합니다. 어떠한 점에서 차이가 있는지요?

실업급여는 **비자발적 이직에 대하여 지급**하는 것이 불변의 원칙입니다. 상용직 근로자는 상실코드를 통해 이를 입증하는데 일용직 근로자는 취득신고와 상실신고 절차 대신 「근로내용확인신고」라는 절차를 통해 진행된다는 특징이 있습니다. 근로내용확인신고는 일용직 근로자의 근로일수 · 근로일별 평균근로시간 · 임금총액 · 보수총액 등이 기재됩니다. 여기서 근로일수로 체크된 일수는 **피보험 단위기간을 구성하는 일수**입니다.

해설

고보법 제40조 제1항 제5호와 제6호에서 일용직 근로자인 피보험자에게만 해당하는 구직급여 수급 요건이 규정되어 있습니다. 비자발적 이직을 입증하는 근로일수 요건으로서 ① 급자격 인정 신청일이 속한 월의 「직전 월 초일부터 수급자격 인정 신청일까지의 기간(일수로 환산함)」 대비 동 기간 내 근로일수의 합이 1/3 미만이거나 ② 건설일용직으로서 수급자격인정 신청일 이전 14일간 연속하여 근로내역이 없어야 합니다. 그리고 피보험 단위기간 중 90일 이상을 일용직 근로자로 근로해야 합니다.

일용직근로자의 실업급여 동영상 강의

11 1주 소정근로시간이 불규칙한 경우 실업급여(구직급여) 하한액 계산방식이 복잡하다고 들었습니다. 구체적으로 어떻게 계산하는 것인지요?

이미 설명한 바와 같이 실업급여의 공식명칭은 구직급여이며 구직급여는 고용보험 사업영역에서 가장 대표적인 급여로서 실업이라는 사회적 리스크를 대비하기 위해 지급됩니다.

해설

실업급여 상한액에 대하여 다시 한번 설명하면, 구직급여 지급 시 재직기간(피보험기간)과 연령별로 **120일에서 270일의 소정급여일수**가 결정됩니다. 이 소정급여일수에 구직급여일액을 곱하여 총 구직급여 액수가 결정되는 구조입니다. 구직급여일액은 (고용보험법상) 임금일액에 60%의 소득대체율을 곱하여 결정되며 **임금일액은 근로기준법상 평균임금**입니다. 평균임금은 산정사유(비자발적 퇴직) 발생일 이전 3개월 동안 받은 임금을 그 기간의 (역법상) 총 일수로 나누어 산정합니다. 다만 사회보험법이라는 고용보험법의 정체성을 감안하여 임금일액의 상한을 **11만원**으로 정하고 있습니다. 따라서 구직급여일액의 상한은 (60%를 적용한) **6.6만원**입니다.

위와 같이 상한액이 있듯이 구직급여는 필연적으로 하한액도 규정하고 있습니다. 일부 사업주가 최저임금에 미달하는 임금을 지급하는 경우(이에 대한 최저임금법 위반 등은 고용노동지청에서 따로 다툰다) 단순히 60%의 소득대체율을 적용할 때 구직자는 터무니없는 수준의 구직급여를 수령할 가능성이 있습니다. 이에 **고보법 제45조와 제46조, 동법 시행규칙 제91조의2** 에서 「최저기초일액」과 관련된 내용을 규정하고 있는데 이 일액은 1일 소정근로시간에 (퇴직일 당시) 최저시간급(2026년의 경우 10,320원)을 곱한 금액 대비 80%의 소득대체율을 적용합니다. 2026년 최저시급은 이미 10,320원으로 결정되었고 80%의 소득대체율도 법에서 규정한 상수 값입니다. 그렇다면 최저기초일액을 결정하는 변수는 「**1일 소정근로시간**」이 됩니다.

근로기준법상 소정근로시간이라 함은 법정근로시간을 한도로 **노사 간 상호 약정**한 시간을 의미합니다. 따라서 **주휴시간은 근기법상 소정근로시간과 무관합니다.** 실제로 1주 40시간을 근무할 때 근로기준법상 소정근로시간은 1주 40시간입니다. 그러나 **고용보험법에서는 유급주휴시간을 더하여** 그 기간(여기에서는 1주)의 일수인 7일로 나누어 산정하도록 규정하고 있습니다. 예를 들어 총량적으로 1주 40시간을 근무하는데 월요일부터 금요일까지 7시간, 토요일에 5시간 근무하는 형태로 1주 소정근로시간이 구성된 경우 「2022년 현재」 고용보험법상 1일 소정근로시간은 유급주휴시간인 8시간을 더한 48시간을 7로 나눈 7시간(본래는 6.86이지만 올림 처리한다)으로 환산됩니다.

반면 소정근로시간 총량은 1주 40시간으로 동일한데 주5일 근무로 1일 소정근로시간이 8시간으로 균일한 경우에는 8시간으로 환산됩니다. 따라서 1주 소정근로시간의 대내적 구성이 균일한지 여부에 따라 고용보험법상 1일 소정근로시간이 달라질 수 있습니다. 당연히 균일하지 않은 근로자가 1일 소정근로시간 산정 시 손해를 보는 구조입니다.

이를 개선하기 위해 2022년 10월 고보법 **시행규칙이 개정**되었습니다. 2023년부터는 1주 소정근로시간이 **총량적으로 40시간**인 경우(유급주휴시간까지 포함하면 48시간) 「**근로시간비례원칙**」을 적용하여 1일 소정근로시간을 8시간으로 환산합니다. 만약 1주 소정근로시간이 20시간이라면 유급주휴시간을 더한 시간은 24시간이 환산되는데 1주 최대 48시간과 1일 최대 8시간에 대하여 **비례 계산한 4시간으로 1일 소정근로시간이 환산**됩니다. 또한 이직 전 4주 동안 주(週)마다 소정근로시간이 다른 경우 즉 1주 소정근로시간의 변동폭이 큰 경우에는 **이직 전 4주 동안의 소정근로시간과 유급근로시간(주휴시간)을 더한 시간**을 **최대 28일**로 나누어 산정합니다.

12 문화예술인으로서 월 100만원의 용역계약을 체결했습니다. 이때 납부해야 하는 보험료와 추후 실업급여 수급요건이 어떻게 되는지요?

고용보험법 제5장의2 에서 문화예술인 피보험자 고용보험의 특례에 대하여 규정하고 있습니다. 고용보험법상 예술인은 「예술인 복지법」에 따라 문화예술 용역계약을 체결하고 창작 · 실연 · 기술지원 등의 활동을 하되 **제3자를 사용하지 않고 자신이 직접 노무를 제공**하는 자를 의미합니다. 가입 시 피보험의 자격은 ① 일반 예술인과 ② 단기 예술인으로 구분되는데 그 기준은 용역계약 기간의 1개월 이상 여부입니다. 예술인의 보험관리는 원칙적으로 용역계약을 체결한 사업주에게 귀속됩니다. 그러나 국가 · 지자체 · 공공기관의 발주로 인한 문화예술용역 계약의 경우 발주자 또는 원수급인이 보험관리를 해야 합니다.

해설

예술인은 근로자가 아니기 때문에 근로자로서 고용보험가입(상용 또는 일용)과 중복되어도 무방합니다(즉 **이중취득이 가능**합니다). 다만 65세 이후에 용역계약을 체결했거나 월 평균 보수가 **50만원에 미달**하는 자[*214]는 적용 제외됩니다. 예술인의 보수는 사업소득과 기타소득의 합계액에서 비과세소득과 경비를 공제한 소득금액인데 (제도 시행이 오래되지 않아) 단일 경비율 25%[*215]를 적용하고 있습니다. 예를 들어 예술인의 세전소득이 100만원일 경우 경비율을 적용하면 월 보수는 75만원이 됩니다. 이 금액이 50만원 이상이므로 가입 대상이 되는데 (하한 보수인 월 80만원에 미달하므로) 가입 시 **월 보수는 80만원**이 됩니다. 여기에 사용자와 예술인 합산 보험료 1.6%[*216]를 고용보험료로 부과합니다.

---

*214. 단기예술인의 경우 50만원에 미달하더라도 적용한다. 또한 여러 사업장의 합산소득이 50만원 이상일 경우 당사자의 신고로서 가입가능하다.

*215. 제도 첫 시행시기였던 2021년은 20%였는데 2022년부터 25%로 경비율을 인상하였다.

*216. 2022년 7월 1일 부로 1.6%로 인상되었으며 2026년 현재 기준 고용보험료의 한도는 월 499,190원이다.

예술인이 고용보험에 가입한 후 이직 **직전 3개월 평균소득 대비 20% 이상 감소**하면 이를 비자발적 실업으로 해석하여 실업급여를 지급받을 수 있습니다. **피보험단위기간은 기준기간 24개월 중 9개월 이상**이어야 합니다. 다만 근로자로서 이중취득이 가능하기에 적어도 피보험단위기간 중 **3개월 이상은 예술인으로서 가입**이 되어야 합니다. 실업급여에 대한 소득 대체율은 60%이며 1일 실업급여의 한도는 68,100원원입니다(소정급여일수는 120일에서 270일입니다).

실업급여 외에 **출산전후급여도 지원**하는 **제도**입니다. 피보험단위기간이 3개월 이상이고 출산기간 중 노무제공이 없을 경우 1년간 월평균 보수의 100%를 출산전후급여로 지급합니다. 다만 **30일 단위 기준 상한은 220만원, 하한은 60만원**입니다. 2026년 최저시급이 10,320원으로 인상됨에 따라 월 단위(정확하게는 30일) 최저임금이 약 216만원으로 연쇄 인상됨에 따라 **2026년부터 상한액을 (기존 210만원에서) 220만원**으로 **인상**하였습니다.

문화예술인 고용보험 동영상 강의

13 노무제공자로서 고용보험에 가입한 경우 실업급여를 수급할 수 있다고 합니다. 실업급여 수급을 위한 요건의 구체적인 내용이 궁금합니다.

고보법상 노무제공자*[217] 가 일정 요건을 충족할 경우 실업급여를 받을 수 있습니다. **피보험단위기간은 12개월 이상이며 기준기간은 24개월**입니다. 피보험단위기간은 연속할 필요는 없으며 통산하여 산정합니다. 기준기간 24개월 중 **3개월 이상은 노무제공자**로서 피보험자격을 유지해야 합니다.

근로자 고용보험과 문화예술인 · 노무제공자 간 이중취득이 가능하기 때문에 기준기간 24개월 이내에 노무제공자 외 다른 신분으로 고용보험에 가입한 기간도 **「노무제공자로서 구직급여」**를 받기 위한 피보험단위기간 요건을 충족한 것으로 봅니다. 다만 **고보법 시행령 제104조의15 제2항** 에 따라 다음 수식을 충족해야 합니다.

해설

단기 노무제공자의 경우 **월 11일 이상이면 1개월로 간주**하며 11일 미만이면 해당 월의 노무제공일수를 합산한 후 22일로 나누어 월 단위로 환산합니다.

> 1-노무제공자로서의 피보험단위기간(월 단위)÷12 ≤
> 근로자로서 피보험단위기간÷180일+예술인으로서의 피보험단위기간(월 단위)÷9
> **※ 단 근로자 · 노무제공자 · 예술인 피보험자격 기간 중복 시 노무제공자 기간만 산입**

단기 노무제공자의 경우 **월 11일 이상이면 1개월로 간주**하며 11일 미만이면 해당 월의 노무제공일수를 합산한 후 22일로 나누어 월 단위로 환산합니다.

비자발적 이직에 대한 판단은 일반 노무제공자와 단기제공자가 상이합니다. 일반 노무제공자의 경우 **고보법 제58조** 에 따른 중대한 귀책사유 또는 자기사정에 의한 이직

---

*217. 노무제공자의 유형과 고용보험 가입요건(소득 등)에 대한 사항은 앞서 설명한 내용으로 갈음한다.

이 아니어야 함은 당연합니다. 여기에 더하여 **고보법 시행령 제104조의15 제1항**에 따라 「**소득감소 요건**」이 추가되는데 ① 이직일이 속한 달의 직전 3개월 동안 이직 당시의 노무제공계약(최종 계약)으로부터 발생한 소득이 **전년 동일 기간**에 최종 계약으로부터 발생한 소득보다 **30% 이상 감소**한 경우 또는 ② ㉠이직일이 속한 달의 직전 3개월 동안 최종계약으로부터 월평균소득이 이직일이 속한 전년도에 최종계약으로부터 발생한 월평균소득보다 적으면서 ㉡이직일이 속한 달의 직전 12개월 동안에 최종 계약으로부터 발생한 월별 보수액이 **전년도 월평균소득보다 30% 이상** 적은 달이 **5개월 이상인 경우**에 해당되어야 합니다.*218 그러나 도덕적 해이를 방지하기 위해 노무제공자가 의도적으로 계약금액을 낮추도록 요구했다는 사업주의 진술이 있거나 이직 직전 3개월동안 노무제공소득이 0원인 경우에는 수급자격을 인정하지 않습니다.

단기 노무제공자의 경우 「일수 요건」을 통해 비자발적 이직을 판단합니다. **고보법 제77조의8 제1항 제6호**에서 ① 수급자격의 인정신청일 이전 1개월 동안의 노무제공일수가 10일 미만이거나 수급자격 인정신청일 이전 **14일간 연속하여 노무제공내역이 없고** ② 최종 이직일 이전 24개월 동안의 피보험 단위기간 중 **90일 이상을 단기노무제공자로 종사**해야 비자발적 이직에 해당합니다. 65세 이전에 고용보험에 가입된 노무제공자가 「**단절 없이**」 노무제공을 하고 이직하는 경우 실업급여를 수급할 수 있습니다. 1일분 실업급여는 **기초일액 대비 60%**이며 기초일액은 직전 1년간 보수총액을 그 기간의 총일수로 나눈 금액을 의미합니다. 다만 (실소득이 아닌) 간주소득(기준보수)으로 가입하는 건설기계조종사 · 화물차주는 **고시된 평균임금(일액)에 대하여 60%**를 적용합니다. 또한 1일 실업급여의 상한액은 일반 근로자와 마찬가지로 **68,100원**입니다.

노무제공자의 실업급여 소정급여일수는 근로자의 소정급여일수와 동일(120일~270일)하지만 노무제공자의 최소 피보험단위기간이 12개월 이므로 **사실상 150일부터 270일 사이**에서 결정됩니다. 노무제공자의 실업급여 대기기간은 원칙적으로 7일이지만 ① **소득감소 비율이 30%** 이상인 경우 **4주의 대기기간**이 ② 소득감소 비율이 **50% 이상인 경우 2주의 대기기간**이 적용됩니다.

*218. 코로나19와 같이 장기적인 감염병이 있는 경우 소득감소 시점을 (더 이전 시점으로) 탄력적으로 조정할 수 있게 고용노동부장관이 고시할 수 있다(2022년 12월 11일 고보법 시행령 개정).

14 기본급이 250만원인 기혼여성 근로자가 출산전후휴가를 개시하려고 합니다. 사업주가 보장해줘야 하는 임금수준이 궁금합니다. 또한 배우자의 출산으로 휴가를 20일 이상 요청하는데 의무적으로 부여해야 하는 것인가요?

출산전후휴가와 배우자출산휴가의 상세한 내용은 이미 설명한 바 있습니다. 이번 주제에서는 모성보호사업의 일환으로 고용보험에서 사업주와 근로자에게 지원하는 출산전후휴가급여와 사업주에게 지원하는 배우자출산휴가급여에 대하여 설명합니다.

해설

출산전후휴가급여 : 사업주와 근로자에게 지원

사업주가 고용보험으로부터 출산전후휴가급여를 지원받으려면 출산전후휴가를 근로기준법에 맞게 부여해야 합니다. 특히 「**출산 후 45일 이상**」을 반드시 부여해야 합니다(다태아의 경우 60일 이상을 부여). 또한 출산휴가가 끝나는 날 이전에 피보험단위기간이 180일 이상이어야 합니다. 출산전후휴가 90일 중 30일(다태아의 경우 120일 중 45일, 미숙아의 경우 100일 중 40일)은 **무급이 원칙이므로 무급기간은 피보험단위기간에 산입되지 않음**에 주의하여야 합니다. 사업주가 고용센터에 출산전후휴가확인서를 제출하면 기업규모와 관계없이 무급처리된 기간에 대해 30일 기준 220만원(2026년 기준)을 한도로 근로자에게 출산전후휴가급여를 지원합니다.

만약 **우선지원대상기업**에 해당하면서 30일의 통상임금이 250만원이라면 근로자는 **고용보험으로부터 220만원**을, 사업주로부터 30만원을 지급받게 됩니다.[*219] 대기업 소속 근로자라면 90일(미숙아의 경우 10일 가산) 중 **마지막 30일에 대하여 고용보험으로부터 지원**받습니다. 그런데 사업주가 출산휴가 기간 중 **(무급임에도 은혜적으로)** 임금을 지급한 경우 출산전후휴가급여는 감액됩니다. 출산전후휴가급여 지원금(30일 기준 220만원 한도)과 사업주가 지급한 임금의 합계액이 해당 근로자의 **월 통상임금을 초과**하는 경우 그 초과액을 고용보험에서 **지원하는 급여에서 차감**합니다. 다만 이 기간에 지급한 임금이 은혜적인 임금이 아니라 인상된 통상임금의 차액을 소급해서 지급하는 경우 차감대상에 해당하지 않습니다. 또한 본 급여의 하한액은 최저일급으로 환산하여 산정합니다.

2026년 현재에도 출산전후급여 지급기간*220은 원칙적으로 90일(다태아의 경우 120일)로 하되 30일 기준 상한액은 220만원이고 하한액은 60만원입니다. 상하한액의 범위 안에서 출산 일 직전 1년간 월평균 보수 100%를 30일에 대하여 지급합니다. 미숙아 출산으로 인하여 10일이 가산된 경우에도 10일분*221을 지원합니다.

다만 우선지원 대상기업이 아닌 경우에는 휴가 기간 중 60일(한 번에 둘 이상의 자녀를 임신한 경우에는 75일)을 초과한 일수(30일을 한도로 하되, 미숙아를 출산한 경우에는 40일을 한도로 하고, 한 번에 둘 이상의 자녀를 임신한 경우에는 45일을 한도로 한다)로 한정합니다. 즉 근기법에서 규정하는 유급분을 지원하지 않고 무급분에 대해서만 지원함을 의미합니다.

고보법 제75조 제2호 에서 신청기한에 대하여 규정하고 있습니다. 출산전후휴가 **시작일로부터 1개월부터 종료일로부터 12개월 이내**에 신청해야 합니다. 다만 ① 천재지변 ② 본인이나 배우자의 질병 · 부상 ③ 본인이나 배우자의 직계존속 및 직계비속의 질병 · 부상 ④ 병역법에 따른 의무복무 ⑤ 범죄혐의로 인한 구속이나 형의 집행이 있는 경우에는 본 사유가 종료된 후 30일 이내에 신청할 수 있습니다.

배우자출산휴가급여 : 사업주에게 지원 (우선지원대상기업)

배우자 출산휴가기간은 20일이며 모든 휴가기간은 유급 처리됩니다. 이때 ① 해당 근로자가 **우선지원대상 기업**에 소속되어 근로하는 경우 해당 사업주는 ② **20일 전체에**

*219. 유급의 범위는 60일이므로 이와 같이 근로자는 2회 지급받고, 3회차(90일 중 마지막 30일)는 고용보험으로부터 200만원을 지급받게 된다.

*220. 예술인의 유사산휴가는 임신주수에 따라 5일에서 90일 사이에서 결정된다(고보법 시행령 제104조의9 제2항 제2호)

*221. 고보법 제76조 제1항 제1호 단서

대한 임금을 고용보험에서 지원받을 수 있습니다.*222 2026년 현재 **20일 단위 인건비 지원 한도**는 1,684,210원입니다(20일 미만의 경우 일할계산)

문화예술인에 대한 출산전후급여

문화예술인에 대하여도 출산전후급여*223 사업이 적용됨은 이미 설명하였습니다. 따라서 (후술할) 노무제공자의 출산전후급여와 (앞에서 설명한) 근로자의 **출산전후(휴가)급여라는 3가지 출산급여**가 **중복될 가능성도 존재**합니다. 이러한 출산전후휴가급여가 중복될 경우 각 피보험자 유형별로 이미 고용보험으로부터 지급받은 출산전후휴가급여는 당연히 공제하고 지급*224 합니다.

문화예술인인 피보험자가 출산전후급여를 지원받으려면 출산일*225 이전「문화예술인으로서」기준기간 18개월 동안*226 **피보험단위기간이 3개월 이상**이어야 합니다. 그리고 본 급여가 개시되면 그 기간에 **노무제공 또는 자영업 활동을 하지 않아야** 합니다. 그러나 ① 노무제공을 통한 소득이 있는 경우에는 매 30일에 대하여 출산일 직전 1년간 월평균보수의 40분의 15에 해당하는 금액(다만 월평균보수가 1,333,340원 미만인 경우에는 50만원, 월평균보수가 400만원을 초과하는 경우에는 150만원으로 조정)에 미달하는 경우 ② 자영업을 통한 소득이 있는 경우에는 매 30일에 대하여 150만원에 미달하는 경우에는 노무제공 등을 하지 않은 것으로 봅니다.

노무제공과 자영업을 통한 소득이 모두 있는 경우에는 **각각에 해당하는 금액 모두 충족**해야 노무제공을 하지 않은 것으로 간주됩니다. 또한 출산일로부터 12개월 이내에 신청하여야 함이 원칙인데 ① 천재지변 ② 본인 · 배우자 또는 본인 · 배우자의 직계존속 · 직계비속의 질병이나 부상 ③ 범죄 혐의로 인한 구속이나 형의 집행의 사유가 있는 경우 본 사유 종료일 이후 30일 이내에 신청가능합니다.

*222. 당연히 해당근로자에게 휴가 부여 후 임금을 정상적으로 지급하고 고용센터에 청구한다.

*223. 현실용어로 출산휴가급여로 부르지만 문화예술인과 노무제공자는 근로기준법상 근로자가 아니므로 고보법에서 출산전후급여라는 명칭을 규정하였다.

*224. 고보법 시행령 제104조의9에 따르면 노무제공자와 예술인으로서 사업주로부터 출산휴가기간에 은혜적으로 지급받은 금품도 공제(또는 차감)대상으로 규정하고 있다.

*225. 문화예술인은 근로자가 아니기 때문에 출산휴가종료일 개념이 없다. 이에 근로자의 기산일과 다르게 출산일이 기산점이 된다.

*226. 후술할 노무제공자와 마찬가지로 기준기간 18개월이 2022년 12월 11일부로 신설되었다. 이는 출산일 현재 피보험자가 아닌 예술인 · 노무제공자에게도 본 급여를 지원하기 위함이다.

노무제공자에 대한 출산전후급여

고보법 제77조의9 에서 노무제공자에 대한 출산전후급여를 규정하고 있는데 상술한 문화예술인의 요건과 유사합니다. 출산 또는 유산 · 사산을 한 날 이전에 「노무제공자로서」 기준기간 18개월 동안 피보험 단위기간이 합산하여 3개월 이상이어야 합니다. 또한 출산전후급여의 지급기간에 노무제공을 하지 않아야 합니다. 다만, 그 지급기간 중 노무제공 또는 자영업으로 발생한 소득이 일정 금액 미만인 경우에는 노무제공을 하지 않은 것으로 간주하는데 그 기준은 상술한 문화예술인의 기준과 동일*227 합니다.

출산일로부터 12개월 이내에 출산전후급여를 신청할 수 있으며 예외사항은 문화예술인의 예외 사유와 동일합니다. 출산휴가급여 지급기간은 90일*228 (다태아의 경우 120일)로 하되 30일 기준 **2026년 기준 상한액은 220만원이고 하한액은 80만원**입니다. 상하한액의 범위 안에서 출산일 직전 1년간 월평균 보수 100%를 30일에 대하여 지급합니다.

*227. 이 금액도 고용노동부 고시에 의해서 결정되므로 매년 체크해야 한다.

*228. 정확하게는 출산 전과 출산 후를 합하여 연속한 90일(다태아의 경우 120일)중 소득활동을 하지 않은 기간이다.

15 육아휴직급여를 신청하고자 하는 근로자입니다. 어떤 절차를 통해 신청하면 되는지와 회사에서 조력해줘야 하는 사항은 무엇인지요?

〈통상임금과 육아휴직급여〉에서 고용보험에서 지원하는 육아휴직급여 수준을 이미 설명하였습니다. 본 주제에서는 육아휴직급여 신청을 위해 회사와 근로자가 각각 진행해야 하는 절차에 대하여 설명합니다.

고용보험에서 지원하는 육아휴직급여를 수급하기 위해서는 ① 육아휴직기간이 30일 이상이어야 하며 ② 육아휴직 개시일 이전 피보험단위기간이 180일 이상이어야 합니다. 본 급여의 신청자는 근로자인데 휴직 개시일로부터 1개월 후부터 종료일로부터 12개월 이내에 신청해야 합니다. 신청기한에 대한 예외사유는 상용직 근로자의 출산휴가급여 예외사항 5가지와 동일합니다. 육아휴직급여는 피보험자(근로자)가 지정한 금융기관의 계좌에 입금하는 방법으로 지급합니다.

해설

본 급여를 근로자가 원활하게 받기 위해서는 사업주의 조력이 필수입니다. 사업주는 해당 근로자의 육아휴직을 확인해주어야 하는데 **고보법 시행규칙 제118조** 에서 **육아휴직확인서**에 대한 사항을 규정하고 있습니다.

① 근로자의 인적사항 ② 자녀의 성명과 주민등록번호 ③ 육아휴직 사용기간 ④ 육아휴직 시작일을 기준으로 **통상임금 명세**(급여명세서 포함) ⑤ (필요시) 근로계약서 등을 첨부하여 고용센터에 제출[*229] 해주어야 합니다. 육아휴직급여는 통상임금 대비 80%의 소득 대체율이 적용되므로 통상임금 산정명세서는 정확하게 작성해서 제출해야 합니다. 원칙적인 소득대체율은 월 통상임금의 80%이지만 2025년 2월 23일부터 아래와 같이 급여수준이 대폭 상승되었습니다.

*229. 고보법 시행규칙 별표 제102호서식(육아휴직 확인서)을 제출해야 한다.

일반	1차월	2차월	3차월	4차월	5차월	6차월	7차월	8차월	9차월	10차월	11차월	12차월
지급한도	250만원			200만원			160만원					
소득 대체율	통상임금의 100%						고보법 시행령 제95조 제1항 통상임금의 80%					

(특례가 아님에도) 1차월부터 6차월까지 월 통상임금의 100%를 적용하되 1차월부터 3차월까지는 250만원을 상한으로 하고 4차월부터 6차월까지는 200만원을 상한으로 합니다. 7차월 이후는 월 통상임금의 80%를 적용하되 상한액은 160만원(종전 150만원)입니다. 또한 이른바 사후지급금(육아휴직급여의 25%를 복직 후 6개월이 되는 시점에 지급하던 급여)은 폐지되었음을 부언합니다.

육아휴직급여를 수급하는 기간 동안은 (말 그대로 휴직이므로) 취업한 사실이 없어야 합니다. 사전에 고용센터에 보고하지 않은 ① 취업 사실*[230]이 1회인 경우 해당 취업한 기간 동안에 해당하는 육아휴직급여를 지급하지 않고 ② 취업 사실이 2회인 경우 두 번째 취업한 사실이 있는 월의 육아휴직급여를 지급하지 않습니다. ③ 취업 사실이 3회인 경우 이후의 모든 육아휴직급여를 지급하지 않습니다. 육아기근로시간단축을 부여하는 경우에도 근로자에게 육아기근로시간단축 급여를 지원합니다. **고보법 시행령 제104조의2**에서 근로시간 단축 비율에 따라 급여의 수준을 상이하게 규정하고 있는데 구체적인 수식은 다음과 같습니다.

① 매주 최초 10시간 단축분

$$\text{통상임금(개시일 기준)} \times \frac{10}{\text{단축 전 소정근로시간}}$$

단, 주당 단축시간이 10시간 미만인 경우 실제 단축시간을 적용한다.
통상임금의 상한 250만원,*[231] 하한 50만원

*230. 본 취업은 1주 소정근로시간 15시간 이상 근로제공 또는 월 150만원 이상의 근로소득(자영업 포함)이 있는 경우를 의미한다(고보법 시행규칙 제116조 제3항)

*231. 2026년부로 개정되었다.

본 급여를 근로자가 신청하기 전에 사업주가 육아기근로시간단축 확인서를 고용센터에 제출해야 합니다. 기재사항은 육아휴직확인서와 중복되는데 **소정근로시간을 입증하기 위해 근로계약서**를 필수적으로 제출해야 합니다.

② 나머지 근로시간 단축분 (10시간 초과 단축분)

$$\text{통상임금의 80\%(개시일 기준)} \times \frac{\text{단축 전 소정시간} - \text{단축 후 소정시간} - 10}{\text{단축 전 소정근로시간}}$$

단, 통상임금 80%의 상한 160만원, 하한 50만원

16 재직 중인 풀타임 근로자가 육아와 보육을 이유로 1주 30시간으로 소정근로시간을 단축해달라는 요청을 했습니다. 관련하여 사업주에게 지원하는 제도가 있다고 들었습니다. 이 제도의 구체적인 내용이 궁금합니다.

풀타임근로자로 입사 후 재직하는 근로자가 임신 · 출산 · 육아, 학업, 재취업 준비 등의 사유로 특정기간에 대하여 소정근로시간 단축을 요청하는 경우가 종종 있습니다. 이에 대한 ① 구체적인 사유 ② 신청절차 ③ 풀타임으로의 복귀 절차 ④ 평균임금 산입 여부 ⑤ 퇴직연금 납입 수준 등에 대하여는 취업규칙(또는 이에 준하는 규정)에 구체적으로 규정해야 합니다.

해설

① 재직기간이 6개월 이상인 근로자(2025년부터 임신기 근로시간축[*232]의 경우 6개월 미만도 가능함)에 대하여 ② 1개월 이상의 기간을 설정하여 ③ 1주 소정근로시간을 15시간 이상 30시간 이하(2026년부터 육아사유로 단축하는 경우 35시간까지 단축 가능)의 구간대로 단축하면 **워라밸 일자리 지원금 대상**이 될 가능성이 큽니다. 단축 이전 1주 소정근로시간은 35시간 이상이어야 하며 1주 2시간 이상 단축해야 합니다(2026년 현재 중견기업도 가능).

본 지원금은 ① **임금감소 보전금**과 ② **노무관리비**로 구성됩니다. 임금감소 지원금은 시간비례임금[*233]을 적용했을 경우에 비해 사업주가 20만원 이상 임금을 보전해준 것이 소명되면 정액 1인당 월 20만원을 인건비 보조금 명목으로 지원하는 금원입니다.

*232. 이 경우 전자방식에 의한 근태관리도 적용되지 않는다.
*233. 단시간근로자 주제에서 설명한 근로시간비례 원칙을 적용했을 때 임금수준을 의미한다.

노무관리비는 말 그대로 인사제도 변화로 인해 발생하는 관리비 명목으로 1인당 월 30만원을 지원[*234] 합니다.

지원한도는 전년도 피보험자수의 30%를 한도로 지원하되 최소 3명, 최대 30명까지 신청할 수 있습니다. 본 지원금은 **근로시간 「단축」**이 가장 핵심적인 사항이기 때문에 단축 그 자체를 입증해야 합니다. **수기(手記)작성은 인정하지 않으며 전자방식**으로 출퇴근시간을 입증해야 합니다. 전자방식 기록을 매월 집계하여 3개월 단위로 고용센터에 제출하는데 출퇴근 기록 누락과 초과근로일수가 월 3일을 초과하는 경우 해당 월은 지원받을 수 없습니다. 또한 통산하여 누락 등이 2개월 이상 발생할 경우 해당 근로자에 대한 지원금은 제외됩니다.

본 지원금의 지급기간은 최대 1년인데 **사업장 기준으로 1년**이라는 기간이 설정됨에 주의하여야 합니다.

워라밸일자리 지원금 동영상 강의

*234. 우리가 알고 있는 대부분의 고용지원금은 〈고용창출장려금 고용안정장려금의 신청 및 지급에 관한 규정〉에서 상세하게 그 내용을 정하고 있다. 연중 수시로 개정되므로 독자들도 꼼꼼하게 체크해야 한다.

17 4.5일 근무제에 대한 논의가 많이 보도되고 있습니다. 실제로 이러한 근무제가 도입되는 것인지요? 도입된다면 언제 어떤 방식으로 도입되는지 궁금합니다.

이른바 4.5일 근무제는 직장인들에게 꿈의 근무입니다. 만약 우리나라 모든 사업장이 4.5일제로 전환된다면 연간 근로시간은 획기적으로 단축될 것입니다. 2004년 7월에 우리나라는 법정 근로시간을 단축한 경험이 있습니다.

해설

현재 표준 근로시간으로 인지되는 1주 40시간 근무제를 2004년부터 2011년까지 7개년에 걸쳐 순차적으로 도입한 바 있습니다. 2003년까지는 1주 44시간라는 법정근로시간이 있었는데 이 때 월 통상임금 근로시간수는 226시간이었습니다. 주 40시간 근무제 시행 이후 226시간이 209시간으로 변경된 사실은 이미 본서에서 설명한 바 있습니다. 이는 시간급 통상임금의 상승이라는 결과를 초래하는데 근로자에게는 근로소득 증가를 사용자에게는 노동비용 증가를 의미합니다. 이러한 이유로 이른바 4.5일제 근무를 법제화하는 것(법정 근로시간을 1주 40시간에서 36시간으로 낮추는 방식)은 사회적 대화가 필요한 영역입니다.

만약 4.5일 근무제가 법제화된다면 연차유급휴가 제도도 개편되어야 하고 교대제 주기와 근무방식도 수정되어야 합니다. 주휴수당의 금액도 달라질 수 있으며 취업규칙을 변경해야 하는 등 노사가 수행해야하는 후속조치가 생각보다 많습니다.

이와 관련하여 2026년부터 고용노동부는 (법제화 방식보다는) 실제로 산업현장에서 근로시간을 단축할 수 있도록 하는 방식(이를 실근로시간 단축 방식이라고 함)을 진행하고 있습니다. 적지 않은 예산을 배정하여 이른바 「워라밸+4.5일 프로젝트」라는 고용지원금 제도를 신규로 설계하였습니다. 이 지원금은 ①노사 합의에 따라 ②임금감소 없이 ③소정근로시간을 단축하거나 유급휴무일을 부여하는 방식 등을 활용하여 ④실근로시간(연장 · 휴일근로시간 포함)을 단축 하는 사업장 소속의 근로자 중 ⑤실근로시간 단축 도입일 직전 월의 말일에 재직 중인 피보험자가 ⑥실근로시간 단축 후 매월 말일 기준 고용보험 피보험자격을 유지하는 경우에 지원합니다. 2026년 기준 상시근로자수 20인 이상의 우선지원대상기업에 지원하며 적용 근로자 1인당 월20만원(부분도입으로서 실근로시간단축이 주 2시간 미만인 경우), 월 40만원(전면도입으로서 실근로시간단축이 주 2시간 이상인 경우)을 1년 동안 지급합니다.

단 (기업규모에 대한 우대로서) 20인 이상 50인 미만 사업장의 경우 위 금액에 10만원을 더하여 지급합니다. 또한 (업종에 대한 우대로서) 생명 · 안전 관련 업종, 장시간 근로 사업장, 교대제 개편 추진 사업장, 비수도권 기업에 대해서는 상술한 지원금에 월 10만원을 더하여 지급합니다.

실근로시간단축 조치로 인하여 신규채용이 증가하는 경우가 있습니다. 이 경우 20인 이상 50인 미만 사업장의 경우 채용인원당 월 60만원을, 50인 이상 우선지원대상기업의 경우 월 80만원을 1년 간 지원합니다. 원칙적으로는 우선지원대상기업에 대하여 지원하지만 생명 · 안전 업종, 장시간 노동이 있는 사업장, 교대제 개편 사업장에 대해서는 대규모 기업도 지원받을 수 있습니다(단 업종에 대한 우대지원은 적용하지 않음).

이 지원금은 사전 승인형으로서 노사가 단체협약 · 취업규칙 · 기타 방식 등을 통해 사업주와 근로자가 실근로시간 단축에 합의를 해야 합니다. 소정근로시간 단축은 임금의 감소가 없어야 하며 부가적으로 유급휴무일 부여 등 실근로시간 단축을 위한 세부 추진계획을 수립하고 노사발전재단에 사업 참여를 신청해야 합니다.

18 출산전후휴가를 예정한 직원이 있습니다. 대체인력으로 1명을 신규 채용할 예정인데 이와 관련하여 인건비 지원을 받을 수 있는 제도가 있는지요?

여성의 고학력화가 진행되며 경제활동참가율이 증가하고 있습니다. 기업내부에서 여성의 핵심인력화가 진행되면서 **임신 · 출산 · 육아기에 대한 노무관리**에 대한 관심도 증가하는 것이 사실입니다. 이와 관련하여 기혼여성의 경력단절을 예방하고 복직 가능성을 높이기 위해 사회적으로 자원을 배분하고 있습니다. 그 중 가장 대표적인 것이 출산육아기에 기혼여성을 대체채용하는 경우 인건비를 지원하는 출산육아기 대체채용장려금입니다.

해설

고보법 시행령 제29조 제1항 제3호에서 대체채용에 대한 구체적인 지원 요건을 규정하고 있습니다. 지원대상은 우선지원대상기업의 사업주입니다. 대체 채용의 인건비 지원과 매칭되는 기간은 ① 출산전후휴가기간과 ② 육아기 근로시간 단축기간(단 30일 이상 부여해야 함) 그리고 ③ 생후 1년을 초과한 자녀에 대한 육아휴직 또는 생후 1년 이하의 자녀에 대한 3개월 미만의 기간을 설정한 육아휴직*[235](30일 이상 부여해야 함) ④임신기에 60일을 초과한 근로시간단축기간*[236] 입니다.

출산휴가 개시일 이전 또는 육아기근로시간 단축「등」개시일 이전 2개월이 되는 날「이후」에 해당 근로자를 대체하는 근로자를 채용해야 합니다. 다만 임신기 근로시간 단축을 청구하는 경우에는 2개월 이전에 대체 채용해도 무방합니다. 이와 관련하여 대체 채용 한 근로자를 30일 이상 고용해야 합니다.

*235. 생후 1년 이내에 3개월 이상 육아휴직을 사용할 경우 사업주에게 1년간 총 870만원의 육아휴직지원금을 지급한다. 이 경우 육아휴직에 대한 대체채용 지원금을 중복하여 수급할 수 없다.

*236. 2025년부터 육아휴직과 임신기 근로시간단축(60일 초과에 한함)이 새로이 추가되었다.

관련하여 2025년부터 대체채용 근로자의 범위가 확대되었습니다. 기존에는 직접 고용하는 형태에 대해서만 지원했는데 파견근로자를 대체인력으로 사용하는 경우도 추가되었습니다. 대부분의 고용지원금은 이른바 「**감원 방지 기간**」이 있습니다. 이는 고용지원금을 수급하기 위해 기존의 근로자를 감원하는 도덕적 해이를 방지하기 위함입니다. 본 지원금과 관련하여 대체 채용자의 채용일로부터 **과거 3개월부터 향후 1년(해당 대체인력의 고용기간 또는 사용기간이 1년 미만인 경우에는 그 기간까지) 동안 감원이 금지**됩니다(단, 대체채용 이후에 채용된 근로자에 대한 감원은 가능).

위 요건을 충족할 경우 인수인계기간(최대 2개월)의 인건비는 100% 지원하되 임신기 근로시간단축(60일을 초과해야 함), 출산휴가기간(유사산휴가 포함), 육아휴직, 육아기근로시간단축의 기간에 대한 대체인력 인건비는 50%를 3개월 단위로 선지급하고 나머지 50%는 본래 근로자가 복직한 후 1개월이 지난 시점에 지급(이를 사후지급금이라고 합니다)했습니다.

관련하여 개정법령에 따라 50%에 해당하는 사후지급금을 폐지하였고 육아휴직을 사용한 근로자가 복직 시 대체인력 지원금 1개월분을 추가로 지급합니다. 대체인력 지원금은 최대 월 120만원이었으나 2026년부터 30인 미만 사업장은 월 140만원, 30인 이상 사업장은 월 130만원으로 인상되었습니다.

2025년부터 이른바 업무분담 지원금 제도도 시행 중에 있습니다. 근로자에게 육아기근로시간단축*237 또는 육아휴직을 30일 이상 허용하거나 부여한 경우로서 해당 근로자의 업무 전부 또는 일부를 대신하여 수행할 근로자(이를 "업무분담자"라고 함)를 지정하고 해당 업무분담자에게 업무분담에 대한 금전적 지원을 한 우선지원대상기업의 사업주가 지원대상입니다. 다만, 육아기 근로시간 단축 근로자에 대한 업무분담자를 지정한 경우에는 육아기 근로시간 단축 근로자의 단축된 근로시간이 주당 10시간 이상이어야 함에 주의하여야 합니다.

육아기 제도를 활용하는 근로자 1명 당 업무분담자를 최대 5명까지 지정할 수 있으며 육아휴직자 또는 육아기근로시간단축자 1인당 월 최대 20만원을 한도로 지원했었

*237. 2024년까지는 육아기근로시간단축에 대해서만 지원했는데 2025년부터 육아휴직도 그 대상에 새로이 추가되었다.

는데 2026년부터 30인 미만 사업장은 월 최대 60만원, 30인 이상 사업장은 월 최대 40만원을 지원합니다(단, 육아휴직 업무분담에 한함). 참고로 2025년까지 업무분담의 지정사실을 입증할 수 있는 자료를 제출해야 했는데 이를 생략하여 신고절차를 간소화했습니다.

2026년부터 업무분담지원금 상 업무분담자와 대체인력지원금의 대체인력의 범위에 고용보험에 가입한 일부 외국인 근로자(F-2, F-5, F-6(강제가입), C-4, D-7~D-9, E-1~E-10, F-4, H-2(임의가입)도 추가되었습니다.

출산육아기 대체채용장려금 동영상 강의

19 우리 회사의 근로자 중 일부는 육아를 병행해야 합니다. 이에 재택근무제 또는 원격 근무제를 도입하려고 하는데 이에 대한 지원 내용이 궁금합니다.

근로자의 장기근속 유도와 생산성 향상을 위해 일과 가정을 양립하는 인사제도는 중요합니다. 그러나 물리적으로 사업장이 아닌 곳에서 근로를 제공하는 환경으로 전환되기 때문에 제도 도입에 대해 사업주가 선뜻 결정하기도 어려운 것이 사실입니다. 「일과 가정 양립」이라는 환경개선을 위한 지원금이 **고용안정장려금의 일환으로 시행** 중에 있습니다. 공식명칭은 일 · 가정 양립 환경개선 지원금인데 실무적으로는 **「유연근무제 지원금」**으로 호칭됩니다.

해설

학술적인 의미로 유연근무제라 함은 전통적인 근무 장소와 근로시간에서 탈피하여 근무하는 제도를 의미합니다. 본 지원금은 우선지원대상기업뿐만 아니라 중견기업까지 적용됩니다.

실무적인 관점에서 논의되는 유형은

① **시차출퇴근제**

② **재택근무제**

③ **원격근무제**

④ **(근기법 상) 선택적 근로시간제**

가 있습니다. 시차출퇴근제의 경우 그 대상 근로자를 육아기 자녀(만 12세 이하 또는 초등학교 6학년 이하 자녀)를 둔 근로자에 한정함에 주의하여야 합니다.

시차출퇴근제는 소정근로시간을 그대로 유지하면서(예를 들어 1일 8시간 등) 말 그대로 출퇴근시간을 조정하는 제도를 의미합니다. 따라서 변경된 출퇴근시간을 근로계약서에 새로이 명시하고 갱신해야 합니다. 선택적 근로시간제 도입의 조건은 ①정산기간 평균 1주 소정근로시간이 **35시간에서 40시간 사이**여야 하고 ②근로계약서에 명시하고 ③취업규칙 변경 후 근기법 제52조에서 정한 사항*238에 대해 노사 서면 합의를 해야 합니다. 재택근로제와 원격근로제의 경우 1주 소정근로시간이 35시간 이상 40시간 이하이면서 근로계약서를 갱신해야 합니다. 이 지원금도 **사전 승인***239 **형**이며 사업주의 배우자와 직계존비속은 제외됩니다. 지원기간은 **사업장 기준으로 최대 1년**이며 지원인원 한도는 전년도 말 **피보험자수의 30%**(단 최소 3명, 최대 70명)입니다. 지원금은 1개월 단위로 입증자료를 취합 후 3개월 단위로 신청합니다.

유연근무제를 사전 승인된 내용대로 활용되었음을 입증해야 하며 전자카드 · 지문인식 · 타임레코드 등 전자 · 기계적인 방식으로 기록된 자료로 소정근로시간 등을 입증해야 합니다. 유연근무제 유형별 구체적인 지원금액은 아래 표와 같습니다.

유형	1개월 지급액	최대 지급한도
재택 · 원격 근무제	20만원 (월 4일 이상 활용)	240만원
시차 출퇴근제	20만원 (월 4일 이상 활용)	240만원
선택 근무제	30만원 (월 6시간 이상 단축 및 단축일에 1시간 이상 단축)	360만원

유연근무제 지원금 동영상 강의

*238. 이에 대해서는 별도 주제(32번 주제 : 선택적 근로시간제)를 참고하기 바란다.
*239. 2023년까지 사전 승인형으로 운영했던 정규직전환지원금과 신중년적합직무지원금은 2024년부터 폐지되었다.

20 우리 회사는 문화콘텐츠 제작업으로서 청년을 다수 고용하는 스타트업기업입니다. 청년 계층을 채용할 경우 국가로부터 고용지원금을 받을 수 있다고 하던데 그 구체적인 내용이 궁금합니다.

1997년 국제통화기금(IMF) 구제금융 사태 이후 우리나라의 노동시장은 이중구조로 전환되었습니다. 높은 임금과 양호한 근로조건을 보유한 1차 노동시장과 낮은 임금과 열악한 근로조건을 보유한 2차 노동시장으로 양분되었습니다. 이러한 노동시장 이중구조와 함께 청년실업이라는 현상이 고착화되었습니다. 이에 2000년대 중반부터 고용노동부는 청년을 취업애로계층으로 인정하고 고용지원금을 지급하고 있습니다.

해설

고보법 시행령 제17조(고용창출에 대한 지원) 제1항 에서 청년 계층에 대하여 고용보험이 지원한다는 선언적인 규정이 있습니다. 이 규정을 근거로 과거 많은 정부에서 한정판 성격으로 운영한 바 있습니다. **최근 5년 이내의 기간으로 한정**하면 청년추가고용장려금(2018년부터 3년간 운영), 청년특별채용장려금(2021년 1년간 운영), 청년디지털일자리지원금(2021년부터 2년간 운영), 청년일경험일자리지원금(2021년 하반기 운영), 청년일자리도약장려금(2022년부터 운영), 2026년 현재(2022년부터 시작) 청년일자리도약장려금 사업이 유효하게 진행 중입니다. 지금까지 설계 · 운영되었던 청년 고용지원금은 **몇 가지 주요한 특징**이 있습니다.

첫째, 원칙적으로 **상시근로자수 5인 이상 사업장**에 지원한다는 점입니다. 상시근로자수 5인 이상 사업에 대하여 근로기준법이 전면 적용되어 양질의 일자리로 간주되기 때문입니다. 물론 원칙이 있으면 예외는 있습니다. 지식서비스 · 문화콘텐츠 · 신재생에너지 · 성장유망업종 · 청년창업기업 등에 해당하면 **상시근로자수가 5인 미만이더라도 지원 가능**합니다.

둘째, **감원방지기간**이 있습니다. 청년 고용 지원금을 수령하기 위해 기존 근로자를 해고하는 등 인위적인 감원이라는 도덕적 해이를 방지하기 위함입니다. 청년 지원금과 관련해서는 중분류 23번과 소분류 26-3번에 해당할 경우 인위적인 감원으로 간주합니다.

셋째, 청년 요건으로서 채용일 **현재 만34세 이하의 청년을 채용**해야 합니다. 배우자와 직계존비속은 제외되며 타 직장과 이중가입 금지, 채용 이전 일정기간(일부지원금에서 3개월) 계약직이나 프리랜서로 근무하지 않았어야 합니다.

넷째, 채용 후 근로조건으로서 **4대보험에 필수적으로 가입해야 하고 정규직 근로자**로 채용해야하며 지원기간은 6개월에서 1년이라는 점입니다.

2026년 현재 청년일자리도약장려금은 (기존의 업종 중심에서) 취업장소에 해당하는 지역중심으로 개편되었습니다. 수도권과 비수도권 지역으로 양분하되 비수도권을 다시 ①일반지역 ②우대지원 ③특별지역으로 세분화하여 지원합니다. 수도권 기업의 경우 취업애로청년을 고용할 경우 기업에 대한 지원금을 지급하며 비수도권 기업의 경우 모든 청년을 고용할 경우 기업에 대한 지원금을 지급합니다(6 · 9 · 12개월차에 지급함).

또한 이전 버전의 지원방향과 동일하게 취업한 청년에게 근속 인센티브를 지급하되 일반 비수도권의 경우 480만원을, 우대지원지역의 경우 600만원을, 특별지원지역의 경우 720만원을 지급합니다(6 · 12 · 18 · 24개월차에 지급함)

본 지원금도 감원방지 규정이 있는데 경영상 이유로 권고사직 등(상실코드 23번, 26-3번)이 있는 경우 지급이 중단됨에 주의하여야 합니다. 또한 고용노동부에서 직접 지원하지 않고 운영기관을 통해 관련 행정절차를 진행합 니다. 원칙적으로 채용 전에 (운영기관에 대하여) 참여 신청을 해야 하지만 근로자 채용 이후 3개월을 이내에 소급하여 참여 신청이 가능함을 부언합니다.

청년일자리도약장려금 동영상 강의

우선지원대상기업

21 우리 회사는 제조업으로서 400명 정도 되는 기업입니다. 내년도 사업확장으로 상시근로자수가 500명을 넘을 것으로 예상됩니다. 고용보험법상 우선지원대상기업의 요건에 해당되는지요?

고보법 제19조 제2항과 시행령 제12조와 별표1 에서 우선지원대상기업이라는 용어를 정의하고 있습니다. 고용안정사업과 직업능력개발사업에 있어서 말 그대로 우선하여 지원하는 대상 사업주를 의미합니다.

제조업의 경우 상시 근로자수 500인 이하, 광업 · 건설업(일용직 제외) · 정보통신업 · 전문과학 및 기술서비스업 등은 300인 이하, 도소매 · 숙박 및 음식업 · 금융 및 보험업은 200인 이하, 기타업종은 100인 이하가 우선지원대상기업에 해당합니다.

해설

상술한 상시근로자수는 근로기준법상 상시근로자수*240 와는 다르게 산정합니다. 동일 사업에서 종사하는 전년도 월말 현재 근로자수를 조업월수로 나눈「월 평균」근로자수입니다. 다만 공동주택을 관리하는 사업의 경우에는 사업장 단위로 산정함에 주의하여야 합니다. 이때 퇴사자는 당연히 제외되며 초단시간 근로자도 제외됩니다. 그리고 일반 단시간근로자는 0.5명으로 산정합니다.

만약 근로자수가 고보법 기준을 초과하여 우선지원대상기업 요건이 성립하지 않더라도 다음 연도부터 **5년간 우선지원대상기업으로 인정**됩니다. 다만 독점규제 및 상호출자제한의 적용을 받는 기업이 인원수 요건 불성립 시 그 다음연도부터 우선지원대상기업에서 제외됩니다.

*240. 근로기준법상 상시근로자수 산정방법은 관련주제에서 후술하도록 한다.

고보법상 우선지원대상기업(산업종류별 근로자수 요건)에 해당하지 않더라도 **중소기업기본법 제2조 제1항** 에 따라 ① **매출요건** ② **자산요건(5천억 미만)** ③ **대기업 소유관계 여부**에 따라 중소기업에 해당하면 특례로서 우선지원대상기업으로 간주합니다. 교육서비스업의 경우 연간 매출이 400억원 이하인 경우 근로자수 요건이 성립하지 않더라도 중소기업기본법에 따라 우선지원기업에 해당할 수 있습니다. 중소기업기본법에 따라 우선지원대상기업으로 인정받은 기업이 요건 불성립이 발생할 경우 **다음 연도부터 3년간 우선지원대상기업**으로 인정됩니다.

고용지원금(고용안정사업) 주제에서 설명한 바와 같이 대부분의 지원금은 우선지원대상기업을 대상으로 설계되어 있습니다. 또한 고용안정사업 · 직업능력개발보험료율도 (1천명 미만의) **우선지원대상기업은 45/10,000**로서 비(非)우선지원대상기업의 보험료율인 65/10,000보다 낮음을 부언합니다.

고용보험료 부과방식

22 2024년부터 고용보험료 부과방식이 일할계산에서 월 단위 계산으로 바뀌었다고 하는데 그 구체적인 내용이 궁금합니다.

건강보험료와 국민연금 보험료의 경우 월중 입사자(매월 1일 입사자는 제외)의 경우 입사월은 보험료를 부과하지 않습니다. 이는 지역가입자라는 다른 가입영역이 있기 때문입니다. 월 중 입사자의 경우 그 월까지는 지역가입자로 분류되기 때문에 이중 부과를 피하기 위해 그 다음 달부터 직장가입자 보험료(국민연금과 건강보험)를 부과합니다(단, 매월 1일 입사자는 전월까지 지역보험료를 납부하고 당월부터 직장가입자로서 보험료를 납부합니다). 이를 실무적으로 월 단위 부과라고 하는데 2024년부터 고용보험료도 이와 같은 방식에 따르는 것으로 개정되었습니다.

해설

2023년까지 월의 초일 또는 월중에 입사하더라도 신고한 월 보수를 일할계산한 후 고용보험료를 부과하였으나 타 보험과 균형을 맞추기 위해 월 단위로 개정되었습니다. 이는 부과를 위한 행정단위기간을 바꾼 것일 뿐 근로자와 사용자가 부담해야 하는 보험료는 변함이 없음에 주의해야 합니다.

예를 들어 월 300만원을 받기로 한 근로자가 2024년 4월 16일에 입사한 경우 해당 월의 소득을 일할계산하면 150만원이 됩니다. 이 150만원에 대하여 0.9%(실업급여 보험료)*241 를 납부해야 함이 맞지만 해당 월(4월)의 보험료를 부과하지 않고 5월부터 300만원에 대한 보험료를 부과합니다(단, 건강보험과 국민연금처럼 당월 1일 입사자는 그 월부터 부과합니다). 이 상황에서 해당 근로자가 2024년 5월 31일에 퇴직했다고 하면 당연히 (퇴직)정산보험료가 발생합니다.

*241. 논의의 편의를 위해 고용안정 · 직업능력개발 보험료는 제외한다.

반대로 연말까지 계속 재직하면 보수총액신고 대상자가 됩니다. 이때 근무한 연도(2024년)에 발생한 실소득으로 최종 정산하게 됩니다. 즉 직장가입자의 건강보험료와 국민연금 보험료와 같이 입사 월 보험료를 면제해주지 않습니다.*242 *243

연번	단위기간	신고보수	기납 실업급여 보험료 (노사합산 1.8%)	실 보수	확정 실업급여 보험료 (노사합산 1.8%)
1	24. 4. 16 ~ 24. 4. 30	3,000,000원	0원 (월중 입사 부과 없음)	1,500,000원	27,000원
2	24. 5. 1~ 24. 5. 31	3,000,000원	54,000원	3,000,000원	54,000원
정산보험료					+27,000원 (추가 납부)

위 표와 같이 4월 중 입사한 경우 그 당월에 고용보험료를 부과하지 않는다는 것은 행정 상 부과를 안 하는 것일 뿐 퇴직시에는 4월 16일부터 5월 31일까지 지급받은 보수를 기준으로 산정한 27,000원을 「추가적」으로 부과 · 납부하게 됩니다.*244 *245 *246

월 단위로 부과하는 고용보험법 상 대상자는 최종적으로 실보수로 퇴직 또는 보수총액신고 시 신고된 실보수총액으로 보험료가 최종 정산되는 상용근로자와 일반예술인에게 적용되는 방식입니다. 따라서 자진신고 사업장(건설 · 벌목업) 소속 근로자, 실보수로 월별 보험료를 (바로) 산정하는 노무제공자(특고), 기존보수로 월별보험료를 산정하는 특례적용자 등은 월 단위 부과 방식에서 제외됩니다.

*242. 물론 1일 입사자는 면제 대상이 아니다.

*243. 고용보험은 피보험단위기간이 매우 중요하다. 따라서 보수를 받은 날들은 당연히 신고 및 정산되어야 한다.

*244. 이러한 이유로 실무적으로는 여전히 일할계산한 보수에 대해 실업급여보험료를 적용하여 내부적으로 원천징수한다. 단 미리 사내에 고용보험료를 유보시킨 것으로서 퇴직정산보험료는 사업주가 (근로자에게 추가부담 없이 납부하여야 한다.

*245. 보험료징수법 시행령 제19조에서도 실제 지급한 보수에 대하여 원천징수하도록 규정하고 있다.

*246. 보험료징수법 시행령 제19조(고용보험료의 원천공제)
사업주는 법 제16조제1항에 따라 고용보험의 보험료(이하 "고용보험료"라 한다)를 원천공제하려는 경우에는 피보험자인 근로자에게 보수를 지급할 때마다 그 지급금액에 직전의 정기 보수지급일 이후에 부정기적으로 지급한 보수를 합산한 금액을 기준으로 그 근로자가 부담할 고용보험료에 해당하는 금액을 그 지급금액에서 공제한다.

마지막으로 월 평균 보수를 산정하는 방식은 아래 표와 같습니다.

고용일	월 평균 보수 산정방법	적용기간
전년도 12월 12일 이전	$\frac{\text{전년도 보수총액}}{\text{전년도 근무개월수}}$	당해 연도 4월 ~ 다음 연도 3월
전년도 12월 12일 이전 (고용 월 근무 일수가 20일 미만인 경우)	$\frac{\text{전년도 보수 총액}}{\text{전년도 근무일수}} \times \frac{\text{(전년도 근무일수 − 고용 월 근무일)}}{\text{전년도 근무월수 [고용 월 제외]}}$	당해 연도 4월 ~ 다음 연도 3월
전년도 12월 13일 이후	$\frac{\text{년간 지급하기로 한 보수총액}}{\text{12월}}$ (단 1년 미만의 경우 그 기간)	고용 월 ~ 다다음 연도 3월

노령연금 감액

23 국민연금법상 노령연금을 수령하는 60세 초과 구직자에 대한 면접을 진행했습니다. 근로소득이 일정금액을 초과하면 노령연금이 감액된다고 하는데 구체적인 기준이 궁금합니다.

필자가 공인노무사로서 상담을 하다보면 종종 듣는 질문 중 하나가 「소득이 발생할 경우 노령연금이 삭감되는지? 삭감된다면 얼마가 삭감되는지?」입니다. 이를 보통 (공식용어는 아니지만) 재직자 노령연금이라고 합니다. 노령연금 감액과 관련된 내용은 국민연금법과 그 시행령 그리고 소득세법까지 촘촘하게 연결된 논리이기 때문에 매년 변동사항을 살펴봐야 합니다.

해설

노령연금은 특정금액을 초과할 경우 감액하는 그 특정금액을 「**소득초과월액**」이라고 합니다. 소득초과월액에서 「**초과**」의 기준이 되는 소득금액은 2026년 초 현재 월 3,089,062원 (적용기간 2025년 7월 1일부터 2026년 6월 30일까지)입니다. 이를 흔히 **A(평균의 의미)값**이라고 하는데 최근 3년간 국민연금 사업장가입자와 지역가입자의 평균소득월액을 의미합니다(이러한 이유로 매년 변동되며 보건복지부에서 고시함).

2015년 개정 이전에는 이러한 소득초과월액이 발생했다는 이유만으로 연령별로 동일한 차감률을 적용하였습니다. 하지만 이는 소득재분배 원칙에 맞지 않는다는 이유로 연령요건에서 소득요건으로 변경한 바 있고 현재는 소득요건이 감액의 기준입니다. 만약 소득초과월액이 150만원이라면 다음 표와 같이 국민연금법에서 정한 기준에 대입하여 노령연금 삭감액을 구해야 합니다. 다만 노령연금 수급 개시일로부터 **5년까지만 적용함에 주의**하여야 합니다(출생연도에 따라 노령연금 개시시점도 상이함).

만약 초과소득월액이 150만원이라면 이 초과액은 100만원 이상 200만원 미만 구간입니다. 따라서 5만원+(150만원-100만원)×10%=10만원 이라는 감액금액이 결정됩니다. 참고로 소득초과월액은 사업소득과 근로소득을 그 대상으로 하며 경비 등을 차감한 금액을 의미합니다. 또한 감액의 한도는 노령연금의 50%임을 부언합니다.

A값 대비 초과소득월액	노령연금 지급 감액분	월 감액금액	근로소득 예시(12개월 종사) (사업소득은 필요경비 차감)	
			총 급여	월 급여
100만원 미만	초과소득월액의 5%	5만원 미만	49,282,888원 초과	4,106,907원 초과
100만원 이상 200만원 미만	5만원 + 100만원을 초과한 소득월액의 10%	5 ~ 15만원 미만	61,914,467원 이상	5,159,539원 이상
200만원 이상 300만원 미만	15만원 + 200만원을 초과한 소득월액의 15%	15 ~ 30만원 미만	74,546,046원 이상	6,212,170원 이상
300만원 이상 400만원 미만	30만원 + 300만원을 초과한 소득월액의 20%	30 ~ 50만원 미만	87,177,625원 이상	7,264,802원 이상
400만원 이상	50만원 + 400만원을 초과한 소득월액의 25%	50만원 이상	99,809,204원 이상	8,317,433원 이상

Tiper

노령연금 감액 동영상 강의

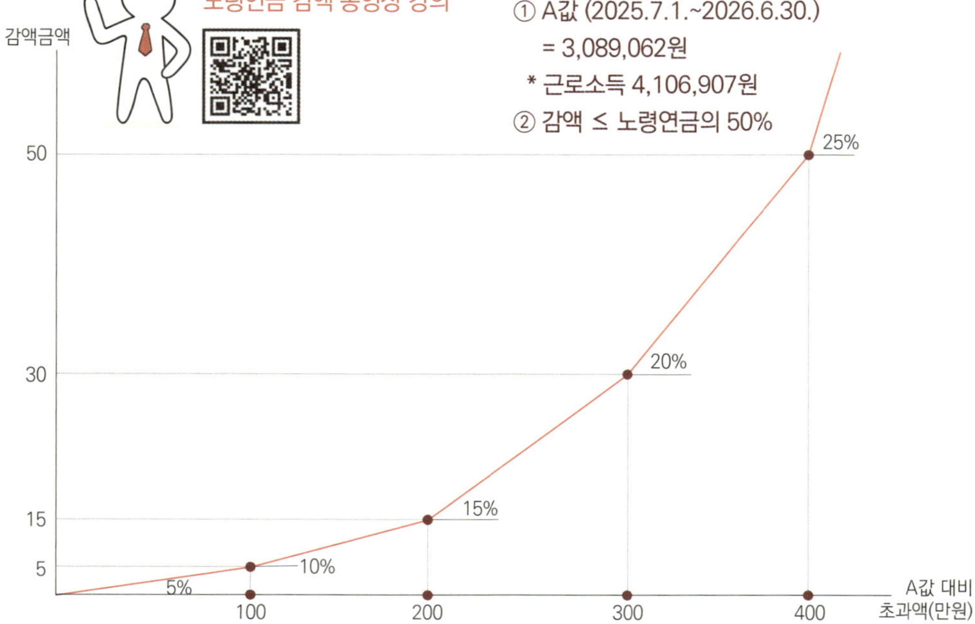

24 출산전후휴가에 연이어 육아휴직을 신청한 근로자가 있습니다. 국민연금 보험료를 이 기간에도 계속 납부를 해야 하는 것인지요?

국민연금은 노령이라는 사회적 리스크를 해결하기 위한 사회보험입니다. 사회보험이라는 측면에서 소득재분배 기능이 본연적으로 존재하지만 건강보험과 다르게 본인이 납부한 재원을 본인의 노령시기에 받는다는 특징이 있습니다. 따라서 소득이 없는 시기에 납부 예외를 비교적 넓게 인정하고 있습니다. 대표적인 납부예외 신청 사유는 **출산전후휴가와 육아휴직 기간**입니다. 출산전후휴가 기간에 일부기간(60일)은 유급으로 인정받고 육아휴직 기간 동안 고용보험으로부터 육아휴직 급여를 지급받지만 이는 **실비(實費)성격이 강하므로** 소득이 없는 기간으로 인정하는 것입니다. 다만 소득이 (감액되더라도) 있는 육아기근로시간단축기간은 납부예외 사유에 해당하지 않습니다.

해설

국민연금공단에서 인정하는 납부예외 사유는 ① 출산휴가 및 육아휴직(01번 코드) ② 병역(02번 코드) ③ 재학(03번 코드) ④ 3개월 이상 입원(07번 코드) ⑤ 휴직(11번 코드) ⑥무보수 대표이사(12번 코드) ⑦ 산재요양(21번 코드) ⑧ 무급노조전임자(22번 코드) 등입니다. 납부예외신청을 하면 **납부예외일이 속한 월부터 국민연금 보험료를 부과하지 않으며** 복직 월의 납부는 근로자의 선택에 따릅니다.

다만 소득이 없는 기간에 대하여 납부를 예외하는 것이 원칙이므로 휴직기간 등에 사업주로부터 정상적인 소득 대비 50% 이상을 지급받는 경우에는 납부예외 신청을 할 수 없습니다.

국민연금의 기준소득월액 결정

25 매년 7월이 되면 국민연금보험료가 조정되던데 어떤 기준으로 사업장 가입자의 월 보수액이 결정되는 것인가요?

국민연금 보험료율은 2026년 현재 노사 합산분 9.5%입니다. 이 보험료율을 사업장 가입자의 월 보수에 곱하는데 이 때 월 보수를 「기준소득월액」이라고 합니다. 근로자는 사업장 가입자(법인의 대표이사 포함)인데 근로의 대가로 지급받는 임금 중 소득세법상 비과세 근로소득을 제외한 금액을 기준으로 산정합니다. 월급 근로자의 경우 연봉금액을 365일로 나눈 후 30일을 곱한 금액을 기준소득월액으로 정합니다. 이렇게 결정한 기준소득월액은 당해 연도 7월부터 다음 연도 6월까지 적용됩니다. 일 · 시간 · 생산량 또는 도급방식으로 소득이 정해지는 경우에는 동종 업무를 수행하는 자의 소득액을 기준으로 합니다.

해설

연금법 시행령 제5조 에서 기준소득월액의 상하한액을 규정하고 있는데 매년 3월말까지 보건복지부장관이 고시합니다. **2025년 7월초부터 2026년 6월 말까지 적용되는 하한액은 400,000원(종전 390,000원)이며 상한액은 6,370,000원(종전 6,170,000원)입니다.** 상한액은 매년 상향 조정되므로 보험료율이 9.5%로 일정하더라도 고소득자의 국민연금 보험료는 조금씩 상향 조정됩니다(**참고로 2026년부터 국민연금 보험료는 1년마다 0.5%포인트씩 13%까지 8년에 걸쳐 인상됩니다**).

만약 월급의 현저한 인상 또는 인하가 있는 경우 기준소득월액을 변경할 수 있습니다. 보험행정의 안정성을 위해 **소득 변동율이 20% 이상**인 경우에 변경가능하며 근로자가 원하는 경우에 **임금대장 및 근로계약서 등을 첨부**하여 신청할 수 있습니다. 참고로 개인사업자와 같이 지역가입자의 경우 농업 · 임업 · 어업소득 및 소득세법 제19조 제2항에 따른 **사업소득금액(부동산 임대소득을 포함)을 기준으로 결정**합니다. 만약 동일사업자번호 하에 둘 이상의 업종 소득이 발생할 경우 소득을 합산고지하며 다른 사업자번호로 각각 소득이 발생하는 경우 각 사업장별로 부과합니다.

최근 들어 2개 이상의 직업을 갖는 근로자가 증가함에 따라 국민연금에 이중 취득하는 경우도 종종 있습니다. 이 경우 양 사업장 합산소득이 상한액을 초과할 수 있는데 **각각 사업장별 소득을 기준으로 상한액을 안분하여 계산**합니다.

국민연금 사업장가입자 적용제외

26 초단시간근로자 형태로 아르바이트를 고용했습니다. 해당 근로자가 국민연금에 가입하기를 희망하는데 가입대상이 맞는지 궁금합니다.

연금법 제3조 제1항 제1호에서 국민연금 버전의 근로자를 정의하고 있습니다. 근로기준법상 근로자와 거의 유사한데 법인의 대표이사와 임원은 국민연금법상 근로자에 포함됨에 주의하여야 합니다. 국민연금법상 근로자에 해당하면 사업장 가입자로서 국민연금 보험료를 납부하게 됩니다. 이와 관련하여 연금법 시행령 제2조에서 근로자에서 제외되는 자를 규정하고 있습니다. ① 소재지가 일정하지 않은 사업장에 종사하는 근로자는 보험행정의 효율성 측면에서 적용 제외하고 ② 법인의 이사 중 소득이 없는 자도 적용 제외합니다.

해설

실무적으로 많이 문의하는 영역은 **일용직 근로자와 초단시간근로자**입니다. 일용직 근로자는 (이미 앞선 주제에서 설명한 바와 같이) **일반 일용직** 근로자와 **건설 일용직** 근로자로 구분됩니다.

2025년 7월부터 국민연금 징수와 관련하여 건설 일용직 근로자 적용기준이 개정되었습니다. 건강보험 징수방식과 다르게 ① 2차월에 걸친 근무가 있을 경우(특정월 1일부터 말일까지의 재직하는 1차월은 제외) 이를 **1개월 이상**으로 봅니다. 가입요건을 검증할 때 ② 1차월은 당월 말일까지의 기간을, 2차월은 1일부터 말일까지의 기간 등을 설정합니다. ③ 각 n차월의 기간 중 **8일 이상**(이를 필자는 일수요건이라고 설명합니다) 근로할 경우 최초 근로일로 가입하되 2차월 이후에는 **1일자로 가입**합니다(상실요건을 검증할 때도 검증기간과 상실 일자 적용이 동일합니다).

일수요건을 충족하지 않더라도 월 과세급여가 220만원 이상(이를 필자는 소득요건이라고 설명합니다)이면 가입을 강제합니다.

특히 건설 일용직의 경우 2025년 7월 이전에는 공사 현장별로 일수요건과 소득요건을 적용하였지만 2026년 현재에는 사업장으로 합산하여 다시 한번 일수요건과 소득요건을 검증하여 별도 관리번호로 가입과 상실을 관리합니다. 일반 일용직(건설 일용직 외 일용직)은 건설일용직 요건에 월 60시간 미만의 근로시간이라는 근로시간 요건이 추가되고 나머지 사항은 상술한 내용과 동일합니다.*247

초단시간근로자와 관련하여 월*248 「소정」근로시간이 60시간 미만인 근로자는 원칙적으로 적용 제외됩니다. 다만 ① 대학교 등 시간강사로서 3개월 이상 근로한 자 ② 3개월 이상 근로하면서 **사용자의 동의**를 받아 적용을 희망하는 자 ③ **1개월 이상 초단시간근로자**로서 월소득이 **220만원***249 **이상**인 자는 사업장 가입자로 전환됩니다.

*247. n차월에 이르는 검증기간도 동일하다.

*248. 근로기준법과 고용보험법과 다르게 주 단위 15시간으로 정의하지 않고 있다.

*249. 2022년 귀속 결정고시된 금액이다.

건강보험의 직장가입자 적용제외

27 일용직 근로자가 1월 2일에 입사하여 15일을 근무하고 1월 31일에 퇴사하였습니다. 8일 이상 근로하였기 때문에 건강보험 직장가입자로 신고해야하는지요?

건보법 제6조 제2항 단서에서 건강보험법 직장가입에서 적용 제외되는 자를 정하고 있습니다. 건강보험의 가입자는 크게 ① 직장가입자 ② 직장가입자의 피부양자 ③ 지역가입자(세대주)로 구분되는데 본 주제에서는 직장가입자에 한하여 설명합니다.

직장가입자에서 적용 제외되는 자는 ① 고용기간이 1개월 미만인 일용근로자 ② 병역법에 따른 현역병 등 ③ 선거에 당선되어 취임하는 공무원으로서 급료를 받지 않는 사람 ④ 월 소정근로시간이 60시간 미만인 근로자 ⑤ 근로자가 없는 사업장의 개인사업자 대표 등입니다.

해설

국민연금과 다르게 건강보험 직장가입 제외자로서 일용근로자에 대한 명확한 규정은 법에 없습니다. 관련하여 건강보험공단의 지침 등에 의해 **1월 8일 미만 요건이 적용**되고 있습니다. 다만 일반일용직에 대한 **근로시간 요건과 소득 요건은 적용하지 않습니다.**

만약 1월 2일에 최초로 근로를 개시하고 1월 31일에 최종 근로 후 퇴사했다면 1월 2일을 기준으로 1개월(2월 1일까지의 기간)에 미달하므로 **고용기간이 1개월 미만인 일용근로자**에 해당합니다. 이러한 경우 8일 이상의 근로를 했어도 직장가입자에서 적용 제외됩니다.

28 육아휴직 1년을 예정한 근로자가 있습니다. 출산전후휴가기간에는 건강보험료를 정상적으로 납부하였습니다. 육아휴직 기간에는 건강보험료를 경감받을 수 있다고 하는데 경감률이 어떻게 되는지 궁금합니다.

건강보험은 4대보험 중 소득재분배 기능이 가장 강합니다. 사회적으로 의료비를 마련하는 보험인만큼 보험료를 면제하여 주는 장치가 거의 없습니다. 이에 국민연금의 납부예외와 다르게 납입고지「유예」신청 제도를 두고 있습니다. 이는 소득이 하락하거나 상실하는 경우에 보험료 부과고지를 미루는 것일 뿐 면제하여 주는 것은 아닙니다.

해설

국민연금 영역에서 출산전후휴가기간은 근로자의 본인이 원하는 경우 납부예외신청이 가능합니다. 그러나 건강보험 영역에서 **출산전후휴가기간은 정상적으로 보험료를 납부**해야 하는 기간입니다. 대부분의 직장가입자가 출산휴가기간에 고용보험으로부터 비과세에 해당하는 출산전후휴가급여를 수령하기 때문에 실질 건강보험료는 높지 않습니다. 그러나 무급이 원칙인 **육아휴직기간은 납입고지유예신청이 가능**합니다. 육아휴직 기간 동안 보험료 **납입을 중지하고 복직 후 정산**합니다. 물론 모성보호라는 취지를 고려하여 보험료를 경감합니다. 제도 초창기에는 정상 보험료의 50%에서 60%를 경감하였지만 현재는 최저 보험료(2026년 현재 20,160원)*250만을 부과하고 있습니다.

*250. 건보법 시행령 제32조와 매년 고시를 통해 보험료의 상한액과 하한액이 결정된다. 직장가입자의 경우 전전년도 평균 보수월액보험료의 30배를 상한액으로, 지역가입자는 15배를 상한액으로 결정한다. 2026년 직장가입자 월 보험료의 상한액은 9,183,480원(노사 합산분)이며 하한액은 20,160원(노사 합산분)이다. 참고로 직장가입자 월 보험료의 하한액은 전전년도 평균 보수월액보험료의 5%에서 8.5%사이에서 결정한다.

납입고지 유예신청을 하면 휴직일 **다음 달부터 복직 월까지 납입이 유예**되며 복직 시 유예 발생 전월의 보수월액을 기준으로 보험료를 산정한 후 경감률을 적용합니다. 경감률이 가장 큰 사유는 **육아휴직이며 최저보험료까지 경감**됩니다. 일반휴직이나 질병휴직 그리고 무급노조전임자 기간은 감소된 소득 대비 보험료의 **50%의 경감률**을 적용합니다. 기간제교사로서 방학기간, 무노동 무임금 기간, 직위해제자 등은 경감적용을 하지 않습니다.

복직 등을 한 경우 납입고지 유예 해지 신청을 반드시 해야 하며 (퇴사로서 상실하는 경우에도 해지 신청을 해야 함) 정산보험료가 **월 보험료의 3배 이상인 경우 10회 분납**이 가능합니다.

29 당사는 건설회사로서 여러 개의 현장이 있습니다. 3월 2일에 입사하여 5월 16일까지 근로한 일용직 근로자가 있는데 3월 귀속 7일, 4월 귀속 10일, 5월 귀속 9일을 근무했습니다. 이 근로자의 건강보험 취득일자와 상실일자는 각각 며칠인지요?

건강보험 직장가입과 관련하여 일용직(건설 분야 여부 불문) 근로자가 통산하여 1개월 미만을 근로한 경우 적용 제외됨은 이미 설명하였습니다. 이와 다르게 상태적으로 1개월 이상을 근로하였는데 월별로 **근로일수가 8일 이상과 미만을 반복**하는 경우가 있습니다.

해설

만약 3월 2일에 최초로 근로를 개시한 경우 4월 1일까지의 기간을 **1개월로 설정**하고 8일 이상 근로 여부를 판단합니다. 만약 이 기간(3월 2일부터 4월 1일까지의 기간)에 8일 미만을 근로하였다면 건강보험 직장가입자에서 제외됩니다. **다음 단계로 4월 1일부터 4월 30일까지**의 기간 내에 8일 이상(예를 들어 10일)을 근로한 경우 가입 대상이 되며 취득일자는 4월 1일입니다. 그 다음 월인 **5월에도 8일 이상(예를 들어 9일) 근로했다면 직장가입이 계속 유지**됩니다. 만약 5월 16일이 마지막 근로일이라면 **그 다음 날인 5월 17일이 상실일자**가 됩니다.

이와 같이 일용직 노동시장은 그 단기성으로 인해 귀속기간 별로 근로일수의 편차가 클 수 밖에 없습니다. 이러한 편차와 관계없이 **고용보험과 산재보험은 일용직 근로자에 대한 예외가 없습니다**. 산재보험은 1년에 한번 수행하는 보수총액신고에서, 고용보험은 매월 수행하는 근로내용확인신고를 통해 각 보험의 적용을 받습니다.

30 1월 3일에 입사하여 10월말에 퇴직한 근로자가 있습니다. 입사 당시 보수월액은 200만원이었는데 재직 기간 중 300만원의 상여금을 지급했습니다. 이와 관련하여 건강보험료 퇴직정산금액은 어떻게 산정하는지요?

건강보험은 국민연금과 다르게 「정산」장치가 매우 강력합니다. 건강보험료의 정산은 여러 가지가 있는데 가장 대표적인 것은 ① 퇴직정산 ② 연말정산입니다. 정산 사유가 퇴직과 회계연도 종료라는 차이가 있을 뿐 계산구조는 사실상 동일합니다.

해설

근로자가 입사하면 건강보험공단에 직장가입자로서 취득신고를 진행합니다. 이때 사전에 약정한 월급 중 비과세소득을 뺀 금액을 보수월액으로 신고합니다. 예를 들어 1월 3일에 입사한 근로자의 (비과세 제외) 월급이 200만원이라면 **이 금액을 보수월액으로 신고**합니다. 그런데 월중(月中)에 입사한 경우 (그 월까지는 지역가입자이므로) 입사월은 **직장가입자 건강보험료가 부과되지 않음**에 주의하여야 합니다. 그 다음 달인 2월부터 200만원에 대하여 당해 연도 보험료율(2026년 기준 노사 합산분 7.19%, 요양보험료는 건강보험료의 13.14%)을 적용한 보험료를 매월 18일경에 고지합니다(납부는 그 다음 달 10일임).

그런데 입사 당시 예상하지 못한 **소득의 변동이 있는 경우**가 있습니다. 상여금 또는 연장 · 야간 · 휴일수당 등을 추가로 지급할 수도 있고 경영상 이유로 임금을 삭감할 수도 있습니다. 이때는 보수월액 변경신고를 즉시 해야 함이 원칙이지만 또 다시 임금이 변동될 수 있기 때문에 **최초 보수월액을 유지하는 경우**도 많습니다.

이러한 상황에서 근로자가 10월 31일에 퇴사하는 경우(이때 상실일자는 퇴직한 날의 다음 날인 11월 1일임) 재직기간 중 발생한 소득을 근거로 **건강보험료 퇴직정산**을 해야 합니다. 퇴직정산 금액을 근로자의 마지막 월급에서 원천 공제해야 하기 때문입니다.

퇴직정산은 재직기간 동안 근로자에게 지급한 **임금총액을 근무월수로 나눕니다.** 월의 1일 이라도 근무한 경우 근무월수가 산입됩니다. 따라서 위 사례(1월 3일 입사, 10월 31일 퇴직)에서 **근무월수는 10개월**이 됩니다. 당연히 임금총액에는 과세급여인 평월 월급과 상여금 등을 합산합니다. 이렇게 산정된 월평균 보수에 당해 연도의 건강보험료율과 정산월수를 곱하여 「확정 보험료」를 산정합니다. 정산월수는 (매월 1일 입사자가 아니라면) 입사 월은 제외됩니다. 이에 위 사례에서 **정산월수는 9개월**이 됩니다. 이와 같이 산정된 확정보험료와 매월 건강보험공단에 납부한 기납(旣納)보험료와의 차액이 퇴직정산 보험료로 산출됩니다. 추가할 보험료는 근로자에게 원천징수하고 환급할 보험료는 공제금원에서 차감합니다.

건강보험료 연말정산의 구조도 위와 동일합니다. 다만 1년 전체를 계속 근로자를 가정하면 **근무월수와 정산월수가 모두 12개월이라는 점**만 퇴직정산과 상이합니다. 연말정산은 근로소득연말정산 신고가 마무리(매년 2월 말)된 후 3월 10일까지 **보수총액 통보 절차**를 통해 진행합니다. 정산 후 4월분 보험료에 반영됨이 원칙이지만 정산보험료가 높을 경우 10회 분납이 가능합니다.

31 당사는 토목회사로서 국외에서 공사를 시행하고 있습니다. 국외 현장으로 파견된 근로자에게 지급하는 급여에도 건강보험료가 부과되는 것인가요?

원칙적으로 4대보험료의 부과 대상 소득은 소득세법상 근로소득에서 **비과세 소득을 제외한 소득을 의미**합니다. 대부분은 이 원칙에 따르지만 소득세법상 비과세 여부와 관계없이 건강보험료의 부과 대상인 소득이 몇 가지 있습니다.

① 작전임무를 수행하기 위해 **외국에 주둔하고 있는 군인**이 받는 급여 ② **국외 또는 북한지역에서 근로를 제공**하고 받는 보수(비과세 한도 월 100만원) ③ **원양어업, 국외 선박**에서 근로를 제공하고 받는 보수(비과세 한도 월 300만원) 등은 건강보험료가 부과됩니다.

해설

건강보험공단 지침에 따르면

① 「법인세법」 제67조 및 같은 법 시행령 제106조 제1항 제1호에 의한 **법인대표자의 인정상여**는 실제로 지급한 보수가 아니기 때문에 건강보험료 부과대상 소득에서 제외합니다(대판2015두37525).

② **주식매수선택권**의 차액실현의 경우 재직 시 행사할 경우에는 부과하며 퇴직 후 실현하면 (기타소득이므로) 부과하지 않습니다.

③ 임원퇴직소득 중 **퇴직소득세 한도를 초과한 소득**이 비록 근로소득세로 과세되더라도 그 실질은 퇴직(위로)금이므로 부과하지 않습니다(2016-이의-02327).

④ **해고예고수당**은 근로의 대가가 아니고 통상적으로 퇴직소득세가 부과되므로 건강보험료 부과 대상 소득이 아닙니다.

32 근로소득자로서 작은 카페를 부업으로 운영하고 있습니다. 카페에서 사업소득으로 5천만원 내외 금액을 벌고 있습니다. 건강보험공단으로부터 소득월액보험료를 고지 받았는데 어떤 기준으로 부과되는 것인지 궁금합니다.

2022년 9월 시행된 건강보험법 개편 2단계에 따르면 고소득자에게 건강보험료를 더 부과하는 방향으로 개정되었습니다. 근로소득자로서 납부하는 건강보험료는 공식용어로 보수월액 건강보험료라고 합니다. 직장가입자임에도 사업소득 등 종합소득세 과세 소득이 있는 경우 일정요건 충족 시 부가적인 건강보험료를 부과하는데 이를 「소득월액 보험료」라고 합니다.

2022년 9월부터 소득월액 보험료 부과를 위한 경계소득이 (기존 3,400만원에서) 연간 2,000만원으로 강화되었습니다. 매년 10월에 통지하고 11월부터 적용하는 행정프로세스를 감안하여 **건보법 시행령 제41조 제5항** 을 개정한 바 있습니다. 매년 1월부터 10월까지의 소득월액은 전전년도 보수 외 소득을 기준으로 산정하고 매년 11월부터 12월까지의 소득월액은 전년도 보수 외 소득을 기준으로 산정하는 기준을 명확히 하였습니다. 또한 **시행령 제41조 제6항** 을 신설하여 건강보험공단의 정관으로 그 구체적인 행정방안을 마련하였습니다. 여기서 주의할 점은 소득월액 보험료를 산정할 때 연금소득과 근로소득을 보정하던 평가율이 기존 30%에서 50%로 상향조정되었다는 점입니다.

해설

소득월액 보험료 부과 프로세스는 다음과 같습니다.

첫째, 보수월액 외 이자소득(1천만원 초과 시) · 배당소득(1천만원 초과 시) · 사업소득(필요경비 인정) · 기타소득(필요경비 인정)[*251] · 근로소득 · 연금소득의 합계금액[*252]이 **연간 2천만원을 초과**하면 소득월액 부과 대상자가 됩니다.

둘째, 건보법 시행령 제41조 에 따라 ①근로소득과 연금소득의 합산액 대비 50% 소득과 ②상술한 소득 중 나머지 소득의 100%를 **합산**합니다.

셋째, 2000만원을 초과한 소득을 연금소득 군(群)과 사업소득 군(群)의 비율을 적용하여 안분계산한 **평가소득월액**을 산정합니다.

넷째, 평가소득월액에 당해연도 **보험료율(노사 합산분 적용)을 곱하여** 소득월액 보험료를 산정하여 부과합니다.

이와 관련하여 건보법 시행령 제41조의 2(소득월액의 조정 등) 를 신설하였는데, 보수월액 외 소득의 변동성이 큰 경우 (보통 소득이 낮아진 경우에 이 제도의 활용이 클 것이다) 해당 연도의 보수 외 소득을 기준으로 **소득월액 조정을 신청할 수 있는 근거**를 마련하였습니다. 다만 추후 전년도의 소득월액이 더 클 경우 그 차액에 대해서는 소급하여 징수(이를 **사후정산제**라고 함)할 수 있는 근거도 마련하였습니다.

소득월액 보험료 동영상 강의

*251. 이를 필자는 사업소득 군(群)이라고 한다.
*252. 이를 필자는 연금소득 군(群)이라고 한다.

건강보험법상 피부양자 제도

33 부모님이 서울에 40평대 아파트를 보유하고 있으나 소득은 없습니다. 갑자기 직장가입자 피부양자 자격이 상실된다는 안내문을 받았습니다. 2026년 현재 피부양자 요건이 궁금합니다.

2022년 9월 시행된 건강보험법 개편 2단계에 따라 (이미 설명한) 소득월액 보험료 부과 기준 강화와 더불어 **피부양자 요건도 강화**되었습니다.

해설

본 개편 이전 건강보험 피부양자의 **자격요건은 크게 2가지**로 나눌 수 있었습니다.

첫째, 재산요건으로서 재산세 과표가 5억 4천만원 이하의 경우 **소득요건은 3,400만원** 이하였습니다. 둘째, 소득요건[*253]으로서 재산세 과표가 5억 4천만원을 초과하고 9억원 이하인 경우(9억원 초과시 무조건 피부양자에서 제외) **소득요건은 1,000만원** 이하였습니다. 2022년 9월 개편으로 연간 3,400만원이라는 소득요건이 **2,000만원으로 하향 조정**되었다는 점입니다(단 이자소득과 배당소득이 1천만원 이하인 경우 합산 제외함). 따라서 **재산 과표가 9억원을 초과**하는 경우에는 소득이 없더라도 피부양자 자격을 상실하고 지역가입자로 전환됩니다.

본 요건에 의해 지역가입자로 전환되는 경우 **4개 연도에 걸쳐서 보험료를 경감**하는데 경감률은 1차연도 80%, 2차연도 60%, 3차연도 40%, 4차연도 20%입니다.

*253. 본 요건은 기본적으로 사업자등록증이 없어야 한다(사업자등록을 하고 직원이 없다면 지역가입자, 직원이 있으면 직장가입자로 가입된다). 또한 사업소득금액이 연간 500만원 이하라는 요건이 충족된 것으로 보고 설명한다.

참고로 피부양자는 배우자와 직계존비속, 직계비속의 배우자 등에게만 적용하는 것이 원칙입니다. **예외적으로 형제 · 자매 중** 30세 미만이거나 65세 이상인자 또는 장애인인 경우에 피부양자 등록이 가능합니다. 그러나 형제 · 자매의 재산 과표가 1억 8천만원을 초과하는 경우에는 피부양자에서 제외됩니다.

건강보험 피부양자 제도 동영상 강의

Chapter 08

노동조합과 노사협의회

노동조합과 노사협의회 비교

01 저희 회사는 30인 이상 사업장으로서 매년 화합위원회라는 절차를 통해 임금협상을 진행하고 있습니다. 부득이하게 의결사항을 이행하지 못할 경우 어떠한 제재가 있는지요?

노조법 제2조 제4호에서 노동조합에 대하여 정의하고 있습니다. 노동조합이라 함은 ① 근로자가 주체가 되어 ② 자주적으로 단결하여 ③ 근로조건의 유지 · 개선 기타 근로자의 경제적 · 사회적 지위의 향상을 도모함을 목적으로 조직하는 ④ 단체 또는 그 연합단체를 의미합니다. 다만, 다음 5가지 중 하나에 해당하는 경우에는 노동조합으로 보지 않습니다.

해설

① 사용자 또는 항상 그의 이익을 대표하여 행동하는 자의 참가를 허용하는 경우
② 경비의 주된 부분을 **사용자로부터 원조** 받는 경우
③ 공제 · 수양 기타 **복리사업만**을 목적으로 하는 경우
④ 근로자가 **아닌 자의 가입을 허용**하는 경우
⑤ 주로 **정치운동을 목적**으로 하는 경우

노동조합은 근로조건 유지 · 개선을 위한 근로자의 단결체로서 행정관청에 설립신고 등을 통해 공식적으로 인정받을 수 있습니다. 노동조합의 **가장 강력한 힘은 단체교섭**을 통해 「**단체협약**」을 체결한다는 점입니다. 단체협약을 통해 노동조합과 사용자(단체) 간에 근로조건 등에 관하여 「합의」합니다. 단체협약의 내용 중 임금과 근로조건에 대한 사항은 이른바 규범적 부분으로서 **법 규범적 역할**을 합니다. 이는 사용자가 단체협약을 위반할 경우 노조법에 따른 형사처벌을 받을 수 있음을 의미합니다. 그리고 규범적 부분에 대한 합의는 단체협약이 실효되더라도 새로운 협약이 체결될 때까지 **법 규범성이 인정**됩니다.

노사협의회는 「근로자와 사용자가 **참여와 협력**을 통하여 근로자의 복지증진과 기업의 건전한 발전을 도모하기 위하여 구성하는 **협의기구**」를 의미합니다. **근참법 제4조**에 따르면 상시 근로자수 **30인 이상 사업 또는 사업장**에 설치 의무가 있습니다. 또한 근차법 제5조에서 「노동조합의 단체교섭이나 그 밖의 모든 활동은 근차법에 의하여 영향을 받지 않는다」고 규정하고 있는데 이는 원칙적으로 노동조합과 노사협의회는 **상호 독립적인 존재**임을 의미합니다.

노사협의회는 근로자 위원과 사용자 위원으로 구성하는데 각각 3인 이상 10인 이하로 구성합니다. 다만, 근로자 과반수로 조직된 노동조합이 있는 경우 노동조합의 대표자와 노동조합이 위촉하는 자를 근로자 위원으로 정합니다. 즉 **과반수 노동조합일 때 비로소 노동조합과 노사위원회의 교집합이 발생**합니다.

노사협의회의 명칭은 자유로이 정할 수 있습니다. 한마음 위원회 · 화합위원회 · 노경위원회 등 기업 내부에서 협의 하에 다양한 명칭을 사용할 수 있습니다. 협의회는 3개월에 1회 이상 회의를 개최하여야 하며 협의회의 임무는 ① 협의 사항 ② 보고 사항 ③ 의결 사항*[254]으로 구성됩니다. **근참법 제24조** 에서 의결사항에 대한 성실한 이행 의무를 규정하고 있으나 **정당한 사유 없이** 이행하지 않을 경우에 한하여 **1천만원 이하의 벌금**을 부과할 수 있습니다. 그러나 (노동3권에서 후술할) 규범적 효력이 없기 때문에 근로조건의 향상을 위해서는 노사협의회보다 노 동조합이 훨씬 더 강력한 단체로서 역할을 합니다.

노동조합과 노사협의회를 총괄적으로 비교한 내용은 다음 페이지 표와 같습니다.

*254. 협의회의 임무에 대하여는 별도 주제에서 후술하도록 한다.

구분	노사협의회	노동조합
목적	① 근로자와 사용자가 상호협조하여 근로자의 복지증진 및 기업의 건전한 발전을 도모 ② 노사 쌍방의 이해 · 협조 · 노사공동 이해증진, 산업평화를 도모	근로자의 근로조건 유지개선, 기타 근로자의 경제적 · 사회적 지위 향상
법률적 근거	근로자 참여 및 협력증진에 관한 법률	① 헌법 제33조 ② 노동조합 및 노동관계조정법
노사관계	협력적 관계(통합적 협상)	대립적 관계(분배적 협상)
협의내용	[노사 공통 이해관계 내용] ① 생산성 향상 ② 교육훈련 ③ 의사소통 ④ 정보공유 ⑤ 작업환경 개선 등 참여와 협력을 통한 노사공동이해관계 이슈	[노사 대립적 내용] ① 근로자의 근로조건 기타의 대우나 집단적 노사관계 운용 사항(규범적 부분과 채무적 부분 등 사용자가 처분 권한을 가지고 있는 사항) ② 임금 · 생계비 · 복리후생 및 고용안정 등 분배적 교섭사항
의사결정 처리방법	① 최종결정권한은 사용자이며 상호 · 협의하여 논의 ② 의견불일치 시에는 쟁의행위 불가 ③ 규범적 효력을 가지지 않지만 의결사항 미이행 시 처벌규정 있음(근참법 제30조 제2호)	① 의견불일치 시(단체교섭 결렬 시)쟁의행위 등 단체행동 가능 ② 의견일치 시에는 단체협약 체결 규범적 효력을 가짐
설치 의무	① 30인 이상 근로자를 사용하는 기업에 필수적으로 설치 ② 설치하지 않는 경우 1천만원 이하의 벌금형 (근참법 제30조)	자주적인 설치
구성원	① 노사 각 3인 이상 10인 이하 ② 근로자 위원과 사용자 위원으로 구성	① 구성인원에 제한 없음 ② 노동조합 대표자와 조합원

노사협의회의 임무

02 노사협의회 운영에 있어서 3가지 임무가 있다고 하는데 그 유형과 내용이 궁금합니다.

근참법 상 노사협의회의 임무는 크게 3가지가 있습니다. 협의사항 **(근참법 제20조)**, 의결사항 **(근참법 제21조)**, 보고사항 **(근참법 제22조)** 이 주요 임무입니다.

해설

협의사항은 17가지를 규정하고 있습니다.

① 생산성 향상과 성과 배분　　② 근로자의 채용 · 배치 및 교육훈련

③ **근로자의 고충처리**

④ 안전, 보건, 그 밖의 작업환경 개선과 근로자의 건강증진

⑤ 인사 · 노무관리의 제도 개선

⑥ 경영상 또는 기술상의 사정으로 인한 인력의 배치전환 · 재훈련 · 해고 등 고용조정의 일반원칙

⑦ 작업과 휴게 시간의 운용

⑧ 임금의 지불방법 · 체계등의 제도 개선

⑨ 신기계 · 기술의 도입 또는 작업 공정의 개선

⑩ 작업 수칙의 제정 또는 개정

⑪ 종업원지주제와 그 밖에 근로자의 재산형성에 관한 지원

⑫ 직무 발명 등과 관련하여 해당 근로자에 대한 보상에 관한 사항

⑬ **근로자의 복지증진**

⑭ 사업장 내 근로자 감시 설비의 설치

⑮ 여성근로자의 **모성보호 및 일과 가정생활의 양립**을 지원하기 위한 사항

⑯ **고평법 제2조제2호** 에 따른 직장 내 성희롱 및 고객 등에 의한 성희롱 예방에 관한 사항

⑰ 기타 노사협조에 관한 사항 등입니다.

이 중 실무적으로 가장 많이 협의하는 주제는 근로자의 고충처리와 복지증진에 대한 사항입니다.

「근로복지기본법」 제81조에 따라 선택적 복지제도는 근로자가 여러 가지 복지항목 중에서 자신의 선호와 필요에 따라 자율적으로 선택하여 복지혜택을 받는 제도로서 사업주는 선택적 복지제도를 실시할 때에는 해당 사업 내의 모든 근로자가 공평하게 복지혜택을 받을 수 있도록 하여야 하나, 근로자의 직급, 근속연수, 부양가족 등을 고려하여 합리적인 기준에 따라 수혜 수준을 달리 할 수 있음. 따라서, 귀 질의와 관련하여 흡연자들에 대해 선택적 복지제도 수혜 자체를 배제하는 것이 아닌 선택적 복지제도 내에 비흡연자 포상금 항목을 추가하여 비흡연자에 대해서 포인트를 추가 부여하는 것은 직원 건강증진 도모 및 회사의 금연정책 일환으로서 합리적인 기준으로 판단되므로 가능할 것으로 사료됨.

노사협력정책과-4169, 2012-12-31 회신

협의한 사항 중 실행을 위해 의결이 필요한 경우가 있습니다. 다만 모든 협의사항을 의결해야 하는 것은 아닙니다.

근참법 제21조 에서

① 근로자의 교육훈련 및 능력개발 기본계획의 수립

② 복지시설의 설치와 관리

③ **사내근로복지기금의 설치**

④ 고충처리위원회에서 의결되지 않은 사항

⑤ 각종 노사공동위원회의 설치 등에 대해서는 의결할 의무를 부여하고 있습니다. 최근 **사내근로복지기금 설치가 증가**하는 경향이 있는데 이와 관련하여 노사협의회에서 반드시 의결해야 합니다.

「의결된」 사항을 이행하지 않을 경우 **근참법 제30조 제2호** 에 의해 1천만원 이하의 벌금에 처해질 수 있습니다.

근로자 참여 및 협력증진에 관한 법률 제19조 및 제20조는 노사협의회에의 협의사항 및 의결사항을 규정하고 있는 바, 의결사항이라 함은 사용자가 **사전에 노사협의회에서 의논하여 결정해야 하는 사항**으로서 반드시 의결을 필요로 하지 않는 협의사항과 구별됨.

근로자참여 및 협력증진에 관한 법률 제20조는 근로자의 교육훈련 및 능력개발 기본계획을 **수립할 경우**에 노사협의회의 의결을 거치도록 하는 것이지 교육이나 훈련을 **실시하는 그때마다 의결을 거쳐야 하는 것은 아님.** 협의회에서 **의결된 사항은 성실히 이행**되어야 하며 그렇지 아니한 경우에는 1,000만원 이하의 벌금이 부과될 수가 있으며, 의결사항에 대해 의결을 거치지 아니하는 것에 대한 제재규정은 마련되어 있지 않음.

노사 68010-222, 2001-06-23 회신

마지막으로 보고사항은

① 경영계획 전반 및 실적에 관한 사항

② 분기별 생산계획과 실적에 관한 사항

③ 인력계획에 관한 사항

④ 기업의 경제적 · 재정적 상황 등 4가지입니다.

근참법 제22조 제3항 에 따르면 근로자위원은 사용자가 **보고사항에 대해 설명을 이행하지 않는 경우** 관련자료를 제출하도록 요구할 수 있으며 사용자는 그 요구에 성실히 따라야 합니다. 사용자가 정당한 사유 없이 자료제출 의무를 이행하지 않을 경우 500만원 이하의 벌금에 처해질 수 있습니다.

03 노란 봉투법이 언론에서 많이 보도되고 있습니다. 기업의 경영권한을 위축하는 법이라는 평가와 노동자의 권리를 도모했다는 평가가 공존하는데 구체적인 내용이 궁금합니다.

과거 2009년 쌍용자동차(현 KG모빌리티)의 파업과 관련하여 회사가 노동조합에 대해 손해배상 청구를 한 사건이 있었습니다. 당시 시민들이 (예전 월급봉투였던) 노란 봉투에 성금을 전달하면서 이른바 노란 봉투법이라는 명칭이 생겼습니다. 노란 봉투법은 노동조합 뿐만 아니라 일반 조합원에게도 손해배상청구와 가압류를 하여 노동3권을 약화시키는 것을 막는 법이었습니다. 이를 필자는 제1단계 노란 봉투법이라고 하는데 2025년 9월 9일 개정(2026년 3월 10일 시행) 노조법은 더 많은 사항을 반영하고 있습니다.

해설

1단계로서 손해배상 청구를 제한하는 내용에 대해 먼저 설명합니다. **노조법 제3조 (손해배상 청구의 제한)**를 **전면 개정 수준으로 변경**했습니다. 기존에는 단체교섭 또는 쟁의행위에 대해 손해배상을 청구할 수 없다는 추상적인 조문이었는데 이를 매우 구체화했습니다. 손해배상 청구를 제한하는 대상 행위를 단체교섭, 쟁의행위 뿐만 아니라 노동조합 활동까지 확대했습니다.

또한 사용자의 불법행위에 대해 방어적인 차원에서 부득이하게 손해를 가하더라도 배상을 할 책임 없음을 규정했습니다. 즉 이제는 **회사가 원칙적으로 노동조합과 조합원에 대한 손해배상 청구를 할 수 없습니다.** 다만 **폭력과 파괴행위는 정당한 사유로 보지 않기 때문에 이 경우에는 손해배상 책임이 예외적**으로 발생합니다.

설령 손해배상을 청구하더라도 법원은 ①노동조합에서의 지위와 역할 ②쟁의행위 등 참여 경위 및 정도 ③손해 발생에 대한 관여의 정도 ④임금 수준과 손해배상 청구금액 ⑤손해의 원인과 성격 등을 고려하여 책임비율을 정하도록 하고 있습니다.

또한 ①배상의무자의 경제상태 ②부양의무 등 가족관계 ③최저생계비 보장 및 존립 유지 등을 고려하여 손해배상액의 감면을 법원에 청구할 수 있습니다. **신원보증인의 책임도 면제하고 사용자의 공격적인 손해배상 청구행위를 금지하고 있으며 노동조합에 대한 손해배상청구 면제** 권한까지 규정하고 있습니다**(노조법 제3조의2 신설)**.

즉 추상적인 노동조합의 손해배상 청구 면제권에 대한 규정을 굉장히 세부적이고 구체적으로 변경하면서 노동조합의 방어권을 상당히 보장한 내용이라고 할 수 있습니다.

2단계로 개정된 내용은 이른바 노조법 상 사용자 범위를 확대한 것입니다. 본래 노조법 상 사용자는 근기법 상 사용자와 동일했습니다. 즉 특정 근로자와 근로계약을 체결하고 임금을 지급하는 사용자를 노조법 상 사용자로 해석했으며 자연스럽게 이 사용자가 단체교섭의 상대방이 되고 부당노동행위 구제신청의 당사자에 해당됐습니다. 관련하여 **노조법 제2조(용어의 정의) 제2호**를 **확대개정**하였는데 "근로계약 체결의 당사자가 아니더라도 근로조건에 실질적이고 구체적으로 지배결정할 수 있는 지위에 있는 자"를 사용자로 간주하고 있습니다. 이는 (언론에 대대적으로 보도된대로) **일정 요건이 충족될 경우 하청업체 노동조합이 원청업체를 상대로 단체교섭을 요구할 수 있고 부당노동행위 구제신청**을 할 수 있음을 의미합니다.

노사관계와 원하청 기업 관계를 고려하면 원청 기업은 수많은 하청 기업의 노동조합과 교섭을 해야할 가능성이 큽니다. 이와 관련하여 고용노동부는 해석지침을 행정예고한 바 있습니다(2025년 12월 26일). 이 지침에 따르면 ①원청사용자를 계약외 사용자로 ②하청사용자를 계약사용자로 ③하청소속 근로자를 관련근로자로 지칭하고 있습니다.

①계약외 사용자가 관련근로자의 근로조건에 대하여 구조적으로 통제할 경우(특히 업무시간과 관련일정을 지시하는 경우) ②계약사용자의 사업이 계약외 사용자의 사업에 편입되거나 경제적으로 종속된 경우 등에 대하여 근로조건을 실질적 · 구체적으로 지배 · 결정할 수 있는 지위에 있다고 해석하고 있습니다.

3단계로 개정된 내용은 파업의 정당성 여부를 판단하는 노동쟁의의 범위를 확대한 점입니다. 노동쟁의라 함은 "임금과 근로조건의 결정에 대한 주장의 불일치로 인해 발생한 분쟁상태"를 의미합니다. 다분히 추상적인 내용인데 노동쟁의에 해당해야 노동위원회에 조정신청을 할 수 있고 조정절차가 완료되어야 단체행동(예를 들어 파업)을 개시할 수 있습니다(이를 조정전치주의라고 하며 쟁의권을 획득하는 과정으로 알려져 있습니다).

만약 노동쟁의에 해당하지 않으면 조정신청을 각하하며 노동조합이 파업을 개시한다면 불법파업이 됩니다. 불법파업에 해당하면 (무노동 무임금과 별개로) 결근에 해당하여 연차휴가일수와 평균임금 산정 시 불이익을 받습니다.

노란 봉투법 이전에는 좁은 의미의 임금 및 근로조건의 결정(이를 이익분쟁이라고 합니다)만을 분쟁 대상으로 해석했는데 이제는 "근로조건에 영향을 미치는 사업경영상의 결정"까지 포함하여 이른바 구조조정을 이유로 한 파업이 가능하게 되었습니다.

종전에 구조조정 등은 회사측의 고도의 의사결정이라고 하여 임의적 교섭사항으로 해석했습니다. 그런데 이제는 의무적 교섭사항으로 변경되어 구조조정이 근로조건에 영향을 주는 것이 확실하다면 사용자는 단체교섭에 응해야 하며 이를 거부할 경우 부당노동행위에 해당합니다.

04 우리 회사에 재직하지 않는 자가 노동조합에 가입 후 사업장에 출입하고 있습니다. 노동조합에 누구나 가입할 수 있는 것인가요?

2021년 1월 개정 **노조법 제5조 제2항** 에서 사업장에 종사하는 **종사자가 아닌 자도** 노동조합원 자격을 획득할 수 있으며 사업 운영에 지장을 주지 않는 범위 내에서 노동조합 활동을 할 수 있다고 규정하고 있습니다. 이는 국제노동기구(ILO)와의 핵심 협약을 우리나라가 비준함으로써 개정된 내용입니다.

해설

노조법 제2조 제1호 에서 근로자를 「직업의 종류를 불문하고 임금 · 급료 기타 이에 준하는 수입에 의하여 생활하는 자」로 규정하고 있습니다. 반면 근기법 제2조 제1항 제1호에서 근로자를 「직업의 종류와 관계없이 임금을 목적으로 사업이나 **사업장에 근로를 제공하는 자**」로 규정하고 있습니다.

근기법상 근로자는 사업장이라는 물리적 공간에서 실제로 근로를 제공하는 자(재직자)를 의미하지만 노조법상 근로자는 노동조합에 가입할 수 있는 근로자를 의미합니다. 따라서 노조법상 근로자의 범위가 근기법상 근로자의 범위보다 넓다고 할 수 있습니다.

2025년 9월부로 개정된 노조법**(이른바 노란봉투법)**에서 노동조합으로 보지 않는 사유로 규정한 「근로자가 아닌 자의 가입을 허용하는 경우」**(제2조 제4호 라목)**를 삭제한 바 있습니다. 이는 노조법 상 근로자의 범위를 사실상 무제한으로 설정한 것입니다. 다만 노사관계에서 발생하는 종사 근로자(재직자)의 이해 관계가 비종사 근로자보다 더 크기 때문에 노동조합의 ① **대의원회과 임원**은 종사 근로자 중 선출해야 합니다. 또한 ② **근로시간 면제제도**(타임오프제)도 종사 근로자수를 기준으로 산정합니다. 그리고 ③ **교섭창구 단일화 절차**와 ④ **쟁의행위**(파업 등) 찬반 투표 절차상 노동조합원 수 산정도 종사 근로자수[*255]를 기준으로 합니다.

따라서 비종사 조합원이더라도 노동조합원 자격이 있기 때문에 사업장에 출입하는 것은 원칙적으로 인정됩니다. 다만 사전에 협의 없이 무단으로 출입하거나 사업주의 시**설관리권을 침해하지 않는 범위**에서 사업장 내에서 노동조합 활동을 할 수 있습니다.

*255. 이외에도 제한된 유니온 숍에 대한 인원수 산정도 종사 근로자수로 한다. 유니온 숍에 대하여는 〈부당노동행위〉 주제에서 후술하도록 한다.

05 임금 인상률에 대해 이견이 있어 노동조합에서 파업을 개시한다고 합니다. 노동위원회에 조정 신청을 한 상황인데 이후 절차는 어떻게 되는지요?

헌법 제33조 제1항에서 근로자는 근로조건의 향상을 위하여 단결권, 단체교섭권, 단체행동권이라는 노동3권을 가진다고 규정하고 있습니다. 이를 구체화한 법이 노조법입니다.

해설

노조법 제5조에서 단결권을 규정하고 있으며 근로자는 자유로이 노동조합을 조직하고 가입할 수 있습니다. 단체성을 지니는 노동조합은 2인 이상이 구성되면 조직할 수 있습니다. 다만 종사 근로자인 조합원이 해고되더라도 노동위원회에 **부당노동행위의 구제신청**을 한 경우에는 중앙노동위원회의 재심판정이 있을 때까지는 종사근로자로 간주합니다. 노동조합 설립 시 규약을 첨부하여 신고서를 제출하되 ① 연합단체인 노동조합과 2 이상의 특별시 · 광역시 · 특별자치시 · 도 · 특별자치도에 걸치는 단위노동조합은 고용노동부장관에게 ② 2 이상의 시 · 군 · 자치구에 걸치는 단위노동조합은 특별시장 · 광역시장 · 도지사에게 ③ 그 외의 노동조합은 특별자치시장 · 특별자치도지사 · 시장 · 군수 · 자치구청장에게 제출해야 합니다.

단결권 행사를 통해 조직된 노동조합은 단체교섭권을 행사할 수 있습니다. **노조법 제29조**에서 「노동조합의 대표자는 그 노동조합 또는 조합원을 위하여 사용자나 사용자단체와 교섭하고 단체협약을 체결할 권한을 가진다」고 규정하고 있습니다. **단체교섭의 최종적인 산출물은 단체협약**입니다. 단체협약은 서면으로 작성 후 쌍방 날인하고 15일 이내에 행정관청에 신고해야 합니다. 또한 **유효기간은 최대 3년**이며 실무적으로 임금에 대한 협약은 1년으로 정하고 있습니다. 이러한 단체협약은 취업규칙과 근로계약보다 **상위 규범에 해당함**이 원칙입니다.

법 해석상 단체협약은 **규범적 부분과 채무적 부분**으로 구성됩니다. **규범적 부분**은 법과 같은 효력을 지니는 사항으로서 ① 임금 · 복리후생비 · 퇴직금에 관한 사항 ② 근로 및 휴게시간 · 휴일 · 휴가에 관한 사항 ③ 징계 및 해고의 사유와 중요한 절차에 관한 사항 등을 의미합니다. 이를 사용자가 위반할 경우 **1천만원 이하의 벌금**에 처해질 수 있습니다. **채무적 부분**은 말 그대로 채권채무관계가 성립하는 영역으로서 노동조합의 활동 보장(조합비 공제제도, 노동조합 사무실 제공 등)과 관련된 사항 등을 의미합니다. 이를 위반할 경우 상호 간 **손해배상청구**를 할 수 있습니다.

단체행동권은 **쟁의행위를 할 수 있는 권리**를 의미합니다. 쟁의행위는 파업 · 태업 · 피케팅 등 업무의 정상적인 운영을 방해하는 행위를 의미합니다. 언론에서 가장 많이 회자되는 쟁의행위는 **파업**(strike)입니다.

노조법 제37조 에 따르면

① 쟁의행위는 그 목적 · 방법 및 절차에 있어서 법령 기타 사회질서에 위반되어서는 안 됩니다.

② 또한 조합원은 노동조합에 의하여 주도되지 아니한 쟁의행위를 하여서는 안 됩니다.

③ 그리고 노동조합은 사용자의 점유를 배제하여 조업을 방해하는 형태로 쟁의행위를 해서는 안 됩니다.

06 비위행위가 많은 직원을 해고하고자 하는데 노동조합의 대의원입니다. 이 경우 해고 그 자체로서 부당노동행위가 성립하는지 궁금합니다.

노조법 제81조 에서 부당노동행위에 대하여 4가지[*256] 를 규정하고 있습니다. ① 불이익취급 ② 황견계약(반조합계약) ③ 단체교섭 요구에 대한 거부 또는 해태 ④ 노동조합에 대한 지배 또는 개입 등이 있습니다.

해설

노조법 제81조 제1호 에서 「근로자가 노동조합에 **가입 또는 가입하려고** 하였거나 노동조합을 조직하려고 하였거나 기타 노동조합의 업무를 위한 정당한 행위를 한 것을 이유로 그 근로자를 **해고하거나 그 근로자에게 불이익**을 주는 행위」를, **동법 제81조 제5호** 는 「근로자가 정당한 단체행위에 참가한 것을 이유로 하거나 또는 노동위원회에 대하여 사용자가 이 조의 규정에 위반한 것을 신고하거나 그에 관한 증언을 하거나 기타 **행정관청에 증거를 제출**한 것을 이유로 그 근로자를 **해고하거나 그 근로자에게 불이익을 주는 행위**」를 각각 근로자에 대한 「불이익취급」으로 규정하여 엄격히 금지하고 있습니다.

여기에서 「불이익취급」이라 함은 근로자 또는 노동조합의 정당한 노동3권 행사를 이유로 사용자가 근로자에게 불이익한 처분을 하는 행위를 의미합니다. 조합원이 해고된 경우 부당노동행위구제신청과 부당해고구제신청 2가지 모두 신청하는 경우가 많은데, **「만약 조합원이 아니었어도 해고 되었는가」**라는 가설과 해고에 이르기까지 여러 정황을 바탕으로 판단합니다. 해고라는 중징계 처분이 정당하지 않고 조합원이라는 신분에 대하여 사용자의 보복 조치라고 판단되는 경우 불이익 취급이라는 부당노동행위에 해당합니다.

---

*256. 법 조문에 따르면 5가지인데 제1호와 제5호를 「불이익 취급」으로 묶어서 해석한다.

이른바 「황견계약」*257 이라 함은 근로자가 **어느 노동조합에 가입하지 않을 것 또는 탈퇴**할 것을 고용조건으로 하거나 특정한 노동조합의 조합원이 될 것을 고용조건으로 하는 계약을 의미합니다 **(노조법 제81조 제2호)**. 원칙적으로 근로자는 본인이 가입할 노동조합을 선택할 수 있으며 나아가 노동조합에 가입하지 않을 자유가 있기 때문에 일정한 노동조합에의 가입을 강제할 수 없고, 특정 노동조합에 가입하지 않을 것 또는 탈퇴할 것을 고용조건으로 하는 경우에는 노동조합의 세력을 약화시킬 수 있기 때문에 이른바 황견계약이 부당노동행위의 한 유형으로서 엄격히 금지됩니다. 다만 노조법 제81조 제2호 단서에서 「노동조합이 당해 사업장에 종사하는 **근로자의 3분의 2 이상을 대표**하고 있을 때에는 근로자가 그 노동조합의 조합원이 될 것을 고용조건으로 하는 **단체협약의 체결은 예외」로 한다고 규정**하고 있는데 이를 이른바 「유니언숍 협정」이라고 합니다. 황견계약에 대한 예외로서 이러한 유니언숍 협정이 사용자와 노동조합 간 체결되어 있는 경우에 한하여 근로자를 특정 노동조합에 가입할 것을 고용조건으로 하는 근로계약을 체결할 수 있습니다.

노동3권인 단결권, 단체교섭권, 단체행동권 중 근로자의 근로조건 개선 · 유지와 기타 경제적 · 사회적 지위의 향상은 노동조합과 사용자가 체결한 단체협약에 근거할 때 가능합니다. 이러한 단체협약을 체결하기 위하여 근로자들이 단결하며 단체교섭 시 사용자를 압박하기 위한 수단으로서 단체행동권을 행사하는 것입니다. 이처럼 **단체교섭 및 단체교섭을 통한 단체협약**의 체결이 노동3권의 실질적인 보장을 위한 전제가 되는 것이므로 **노조법 제81조 제3호** 는 「노동조합의 대표자 또는 노동조합으로부터 위임을 받은 자와의 단체협약체결 기타의 단체교섭을 정당한 이유 없이 거부하거나 해태하는 행위」를 부당노동행위로서 엄격히 금지하고 있습니다.

노조법 제81조 제4호 에서 ① 근로자가 노동조합을 조직 또는 운영하는 것을 **지배하거나 이에 개입**하는 행위*258 와 ② 노동조합의 **전임자에게 급여를 지원하거나 노동조합의 「운영비를 원조」하는 행위**를 부당노동행위로 규정하여 이를 엄격하게 금지하고

*257. 반조합계약, 비열계약, 불공정 고용계약 등의 표현을 사용하기도 한다.

*258. 「지배」란 사용자가 노동조합의 조직이나 운영에 직접적으로 관여하여 주도적으로 의사결정을 좌우하는 것을 의미하며, 「개입」이란 사용자가 직접 의사결정을 주도하는 것은 아니나 의사결정에 간섭하여 영향을 미치는 행위를 의미한다. 다만, 실무상 지배행위와 개입행위를 분리하는 것은 큰 실익이 없다.

있습니다. 이는 노동조합의 실체적 요건 중 「자주성」과 관련됩니다. 노동조합의 조직과 운영은 사용자와의 관계에 있어서 독립적으로 이루어져야 한다는 점에서 사용자가 노동조합의 조직이나 운영에 구체적인 영향력을 행사하는 경우, 노동조합에 금전적 지원을 하는 경우에는 노동조합이 사용자에게 종속되어 소위 「어용노조」화 될 수 있기 때문에 이러한 행위를 금지하고 있습니다.[*259]

다만 **노조법 제81조 제4호** 단서에서 근로자가 근로시간 중에 **근로시간 면제제도 범위 내에서 활동을 하는 것을 사용자가 허용함은 무방**하며, 또한 근로자의 후생자금 또는 경제상의 불행 그 밖에 재해의 방지와 구제 등을 위한 기금의 기부와 **최소한의 규모의 노동조합사무소의 제공** 및 그 밖에 이에 준하여 노동조합의 자주적인 운영 또는 활동을 침해할 **위험이 없는 범위에서의 운영비 원조행위는 예외**로 한다고 규정하고 있습니다.

자주적인 운영 등을 침해할 위험을 판단하는 요소는
① 운영비 원조의 목적과 경위
② 원조된 운영비 횟수와 기간
③ 원조된 운영비 금액과 원조방법
④ 원조된 운영비가 노동조합의 총수입에서 차지하는 비율
⑤ 원조된 운영비의 관리방법 및 사용처

등 5가지입니다.

부당노동행위 동영상 강의

*259. 이와 관련하여 헌법재판소(헌재 2012헌바90, 2018.5.31)에서 일부 헌법불합치 결정을 함에 따라 2020년 6월 9일 노조법 제81조의 일부가 개정되었다.

Chapter 09

취업규칙

Font 1
Don'ts
inspire

01 당사는 상시근로자수가 8~9인 이었다가 최근 10인 이상 사업장이 되었습니다. 내부적으로 적용하던 사규는 있는데 이를 신고하지 않을 경우 어떤 제재가 있는지요?

「취업규칙」이라 함은 사업 또는 사업장에서 근로자에게 적용되는 **근로조건 및 근로관계의 당사자가 준수하여야 할 규범**에 관하여 **사용자가 일방적으로 정한 일종의 자치규범**을 의미합니다. 그 명칭이 반드시 취업규칙이어야 하는 것은 아니고 그 내용을 살펴보았을 때 근로조건에 관한 내용이나 기타 경영 규범에 관하여 규정하고 있다면 실체적으로 취업규칙에 해당합니다. 따라서 회사 내 복무규정 · 급여규정 · 승진규정 등은 취업규칙에 해당합니다. 또한 직원의 근로조건 변경을 내용으로 하는 것이라면 자구계획서 역시 취업규칙에 해당한다고 판례(대법 2001다63599, 2004.2.12.)에서도 해석하고 있습니다.

해설

근기법 제93조 에 따라 상시 10인 이상의 근로자를 사용하는 사업 또는 사업장의 사용자는 취업규칙을 작성하여 고용노동부 장관에게 신고하여야 합니다. 또한, 취업규칙의 내용을 변경하는 경우에도 고용노동부 장관에게 신고하여야 합니다. 이를 이행하지 않은 경우 근기법 제116조 제2항에 따라 **500만원 이하의 과태료**가 부과될 수 있습니다.

실무적인 관점에서 볼 때, 하나의 취업규칙에 근로조건 및 경영규범에 관한 모든 내용을 기재하여 작성하는 것이 어려운 경우 **별도의 규정에 따르도록 하는 경우**가 있습니다. 예를 들어 대부분 내용은 취업규칙에서 정하고 급여에 관한 사항, 징계에 관한 사항, 직원 복리후생에 관한 사항 등을 **별도의 규정으로 작성하여 적용**할 수 있습니다. 이와 같은 경우에는 취업규칙 신고 시 관련된 별도의 규정을 첨부하여 신고하여야 하며 이를 첨부하지 않고 신고한 경우에는 취업규칙을 신고하지 않은 것으로 봅니다.

취업규칙은 **근기법 제94조 제1항** 에 따르면 근로자의 의견을 청취하여 작성하여야 하며 취업규칙을 변경하고자 하는 경우에도 마찬가지로 근로자의 의견을 청취하여야 합니다. 판례의 경우 취업규칙 작성 시 의견청취 의무는 취업규칙의 효력발생요건은 아니라고 해석하고 있지만(대법88다카4277) 실무적으로 취업규칙을 신고할 때에는 근로자의 의견을 청취하였다는 사실을 입증할 수 있는 자료를 첨부하여 제출하여야 합니다.

02 우리 회사는 주간 근무만 수행하며 교대근무가 없습니다. 또한 가족수당을 설정하지 않고 있습니다. 취업규칙 필수기재사항에 가족수당 등이 있는데 우리 회사와 같이 해당사항 없어도 필수적으로 기재해야 하는 것인지요?

근기법 제93조 에서 취업규칙 작성 시 **반드시 기재하여야 할 사항**들에 대하여 규정하고 있습니다. 취업규칙을 신고하면 근로감독관이 취업규칙의 필수기재사항이 전부 기재되어 있는지를 우선 심사하는데 취업규칙의 필수기재사항이 누락되어 있는 경우에는 **이를 기재하여 다시 신고**해야 합니다. 본 조에서 규정하는 사항은 다음 표와 같습니다.

해설

연번	기재사항
1	업무의 시작과 종료 시각, 휴게시간, 휴일, 휴가 및 교대 근로에 관한 사항
2	임금의 결정 · 계산 · 지급 방법, 임금의 산정기간 · 지급시기 및 **승급(昇給)**에 관한 사항
3	**가족수당의 계산** · 지급 방법에 관한 사항
4	**퇴직**에 관한 사항
5	「근로자퇴직급여 보장법」 제4조에 따라 설정된 퇴직급여, 상여 및 최저임금에 관한 사항
6	근로자의 식비, 작업 용품 등의 부담에 관한 사항
7	근로자를 위한 교육시설에 관한 사항
8	출산전후휴가 · 육아휴직 등 근로자의 **모성 보호 및 일 · 가정 양립 지원**에 관한 사항
9	안전과 보건에 관한 사항
10	근로자의 성별 · 연령 또는 신체적 조건 등의 특성에 따른 사업장 환경의 개선에 관한 사항
11	업무상과 업무 외의 재해부조(災害扶助)에 관한 사항
12	**직장 내 괴롭힘의 예방 및 발생 시 조치** 등에 관한 사항
13	**표창과 제재**에 관한 사항
14	그 밖에 해당 사업 또는 사업장의 근로자 전체에 적용될 사항

위 표에 기재된 취업규칙의 필수기재사항을 살펴보면 모든 사업 또는 사업장에 일반적으로 적용되지 않는 것임에도 불구하고 필수기재 사항으로서 규정된 것들이 있습니다. 이러한 규정들은 「실제 이를 시행하고 있는 경우」에 한하여 취업규칙에 반드시 기재하여야 하는 것으로 해석합니다.

「취업규칙 심사요령**(고용노동부예규 제48호, 2012.9.25., 일부개정)**」에 따르면 **근기법 제93조** 에 따른 필수기재 사항 중 **교대근로에 관한 사항**(제1호), 승급에 관한 사항(제2호), **가족수당에 관한 사항**(제3호), 상여금에 관한 사항(제5호), 근로자의 식비 · 작업 용품에 관한 사항(제6호), 근로자의 교육시설에 관한 사항(제7호), 근로자의 성별 · 연령 또는 신체적 조건 등의 특성에 따른 사업장 환경 개선에 관한 사항(제9호의2), 업무 외의 재해부조에 관한 사항(제10호), 표창에 관한 사항(제11호)은 사업 또는 사업장에서 이를 **「실제로 적용하고 있는 경우에만」** 필수기재 사항으로 판단하여 취업규칙을 심사하도록 정하고 있습니다.

직장 내 괴롭힘 금지와 관련된 사항도 필수기재사항이므로 예방조치에 관한 사항도 반드시 기재해야 합니다.

취업규칙 09

취업규칙의 불이익 변경

03 우리 회사는 일부 직군의 정년을 낮추고 다른 일부 직군의 정년을 높이는 취업규칙 변경을 추진하고자 합니다. 취업규칙의 불이익 변경으로 보아 전체근로자 과반수 이상의 동의를 얻으면 되는지요?

회사의 경영 상황이나 사회적 · 경제적 변화 또는 법적 · 제도적 환경의 변화가 있는 경우 취업규칙을 변경할 필요성이 발생합니다. 최초의 취업규칙은 사용자가 일방적으로 작성하는 것이 가능하지만 취업규칙을 변경하려는 경우에는 일정한 절차를 거쳐야 합니다. 이러한 취업규칙의 변경 절차와 관련하여 **근기법 제94조 제1항** 에 규정되어 있습니다.

해설

① 취업규칙을 변경할 때에는 해당 사업 또는 사업장에 근로자의 과반수로 조직된 노동조합이 있는 경우에는 그 노동조합, 근로자의 과반수로 조직된 노동조합이 없는 경우에는 **근로자의 과반수의 「의견」**을 들어야 합니다.

② 다만 취업규칙을 근로자에게 **불리하게 변경**하는 경우에는 그 **「동의」**를 받아야 합니다. 「취업규칙의 불이익변경」이라 함은 취업규칙에서 규정하고 있는 근로조건을 근로자에게 불리하게 변경하는 것을 의미합니다. 사용자가 취업규칙을 변경하고자 하는 경우 그 내용이 취업규칙의 불이익변경에 해당하는지 여부를 판단하는 것은 매우 중요합니다. 상술한 바와 같이 근기법이 취업규칙의 불이익변경 시 근로자의 집단적 동의를 구하도록 규정하고 있기 때문입니다.

일반적으로 취업규칙의 불이익변경에 해당하는지 여부는

① 기존에 취업규칙에 규정되어 있는 **근로조건이 저하**된 것인지 여부를 기준으로 하여 판단하되

② 예를 들어 「취업규칙에 정년규정이 없던 운수회사에서 55세 정년규정을 신설한 경우」 대법원 판례 (대법96다2507, 1997.5.16.) 에 따르면 그 운수회사의 근로자들은 정년제 규정이 신설되기 이전에는 만 55세를 넘더라도 아무런 제한 없이 계속 근무할 수 있었으나, 그 정년규정의 신설로 인하여 만 55세로 정년에 이르고, 회사의 심사에 의하여 일정한 경우에만 만 55세를 넘어서 근무할 수 있도록 되었다면 이와 같은 정년제 규정의 신설은 근로자가 가지고 있는 기득의 권리나 **이익을 박탈하는 불이익한 근로조건을 부과**하는 것에 해당하기 때문에 **「기존에 없던」** 불리한 근로조건을 신설하는 것도 취업규칙의 불이익변경에 해당합니다.

한편 어떠한 근로조건을 변경하였을 때 **일부 근로자에게는 유리**하게 작용하고 **다른 일부 근로자에게는 불리**하게 작용하는 경우에는 이를 취업규칙의 불이익변경으로 보아야 합니다. 대법원 판례 (대법 93다1893, 1993.5.14.) 에 따르면 「취업규칙의 일부를 이루는 급여규정의 변경이 **일부의 근로자에게는 유리하고 일부의 근로자에게는 불리**한 경우 그러한 변경에 근로자집단의 동의를 요하는지를 판단하는 것은 근로자 전체에 대하여 획일적으로 결정되어야 할 것이고, 또 이러한 경우 취업규칙의 변경이 근로자에게 전체적으로 유리한지 불리한지를 객관적으로 평가하기가 어려우며, 같은 개정에 의하여 근로자 상호간의 유불리에 따른 이익이 충돌되는 경우에는 그러한 개정은 **근로자에게 불이익한 것**으로 취급하여 **근로자들 전체의 의사에 따라 결정하게 하는 것이 타당**하다」고 판시한 바 있습니다. **일부 근로조건은 유리하게 변경되었으나 다른 일부 근로조건은 불리**하게 변경된 경우에는 판단하기가 매우 어렵습니다. 이는 개별적으로 판단하는데 실무적으로는 불리한 변경으로 보는 경우가 많습니다.

이러한 취업규칙은 사업 또는 사업장 내에서 **규범으로서의 지위**를 지니기 때문에 이를 변경하기 위해서는 근로자의 **「집단적 의사」**가 반영되어야 합니다. 따라서 근로자들의 집단적 의사결정 방식 또는 **회의방식을 통하여 근로자 과반수의 의견을 청취하거나 동의**를 구해야 합니다 (근기 01254-9416, 1987.6.10.). 따라서 취업규칙의 불이익 변경 시 개별 근로자들이 취업규칙을 열람할 수 있도록 하고 개별적으로 동의서에 서명을 하는 방식은 허용되지 않습니다. 다만 대법원 판례 (대법 2001다18322, 2003.11.14.) 에 따르면 회의 방식과 관련하여 일시에 근로자들을 참석하게 하여 회의를 진행하는 것뿐만 아니라 사업 또는 사업장의 **기구별 또는 단위 부서별로** 「사용자

취업규칙

09

측의 **개입이나 간섭이 배제**된 상태」에서 근로자 상호간에 의견을 교환하여 찬반의견을 집약한 후 이를 전체적으로 취합하는 방식도 허용됩니다. 「사용자측의 개입이나 간섭이 배제된 상태」라 함은 사용자측이 근로자들의 자율적이고 집단적인 의사결정을 저해할 정도로 명시적 또는 묵시적인 방법으로 취업규칙의 불이익변경에 관한 **동의를 강요하는 경우를 의미**하며 단순히 변경될 취업규칙의 내용을 근로자들에게 설명하고 홍보하는 수준은 개입이나 간섭이 있다고 해석하지 않습니다.

취업규칙의 불이익 변경 동영상 강의

04 고객과 마찰이 많고 공금을 유용한 직원에 대하여 징계를 하려고 합니다. 취업규칙에서 정한 절차를 반드시 따라야 유효한 징계가 성립하는지요?

대법원 판례 (대법91다30729, 1992.7.28).에 따르면 「징계」라 함은 근로자의 근무규율 위반 또는 그 밖의 직장질서 위반 행위에 대한 제재로서, 근로자의 비위행위에 대하여 기업질서 유지를 목적으로 행하여지는 징벌적 제재를 의미합니다.

이와 관련하여 ① 사용자의 징계권은 경영권에서 도출되는 권리로 해석하는 견해가 있습니다. 이 견해에 따르면 취업규칙에 징계에 관한 특별한 규정이 없더라도 근로자를 징계하는 것이 가능합니다. 이와 달리 ② 징계권의 근거를 노사 합의에서 찾는 견해도 있습니다. 이 견해에 따르면 노사 합의는 단체협약, 취업규칙 또는 근로계약을 통해 이루어집니다. 즉 근로자와 사용자 간 징계에 관한 의사의 합치가 있는 경우에 사용자에게 징계권이 발생한다는 입장을 취하고 있습니다.

또 다른 견해로서 ③ 취업규칙의 법규범성에서 근거를 찾는 견해도 존재하는데 이 견해는 앞선 견해와 같이 취업규칙에 근거 규정이 있어야 함은 인정하지만 노사 합의를 전제로 하지 않습니다.

해설

대법원 판례 (대법 94다21337, 1994.9.30) 에 따르면 「**단체협약에 명문으로 징계규정**을 별도로 제정하기로 하였고 그 규정에 의하여 징계규정이 만들어진 이상 다시 구체적인 징계규정의 내용에 관하여 **회사와 근로자 간에 합의가 있어야 한다고 말할 수 없고**, 근로자의 상벌 등에 관한 인사권은 **사용자의 고유권한**으로서 그 범위에 속하는 **징계권 역시** 기업운영 또는 노동계약의 본질상 당연히 **사용자에게 인정되는 권한**이기 때문에 그 징계규정의 내용이 강행법규나 단체협약의 내용에 반하지 않는 한 사용자는 그 구체적 내용을 자유롭게 정할 수 있고, 그 규정이 단체협약의 부속서나 단체협약 체결절차에 준하여 제정되어야 하는 것은 아니다」라고 하여 **사용자의 경영권에서 도출된다는 견해**와 동일한 입장입니다.

그러나 실무적으로는 사용자의 징계권의 범위를 **무제한으로 인정하는 것은 아니고** 단체협약이나 취업규칙에 징계사유가 제한적으로 열거되어 있는 경우에는 **그 열거된 사유 이외의 사유로는 근로자를 징계할 수 없다**는 것이 중론(대법 93다37915, 1993.11.9.) 입니다.

따라서 중징계 중 양정이 가장 높은 징계해고를 할 경우 취업규칙에 그 사유와 절차가 명확하게 규정되어 있어야 합니다. 죄형 법정주의와 마찬가지로 취업규칙이나 근로계약서(유노조 사업장의 경우 단체협약 포함)에 **징계사유를 구체적으로 열거**해야하고 이를 위반할 경우 **인사위원회를 개최**하는 절차도 진행해야 합니다. 징계사유가 사회통념상 용인되는 내용이라고 할지라도 취업규칙에서 정한 절차를 준수하지 않을 경우 그 **절차적 흠결로 인해 부당해고**가 될 수 있습니다.

판례

근로기준법 제27조는 사용자가 근로자를 해고하려면 해고사유와 해고시기를 서면으로 통지하여야 그 효력이 있다고 규정하고 있는데, 이는 해고사유 등의 서면통지를 통해 사용자로 하여금 **근로자를 해고하는데 신중을 기하게 함**과 아울러, 해고의 존부 및 시기와 그 사유를 명확하게 하여 사후에 이를 둘러싼 분쟁이 적정하고 용이하게 해결될 수 있도록 하고, 근로자에게도 해고에 적절히 대응할 수 있게 하기 위한 취지라고 할 것이다(대법원 2011.10.27. 선고 2011다42324 판결 참조).

이 사건 사용자의 **취업규칙** 제55조, 제84조, 제86조 및 제87조는 이 사건 관리사무소에 근무하는 사원에 대하여 징계처분 또는 해직조치를 하려면 인사위원회의 심의 의결을 거쳐야 한다고 규정하고 있다.

이 사건 사용자는 2019.3.12. 이 사건 근로자를 실질적으로 해고하면서 **인사위원회의 심의 의결을 거치지 아니하였고**, 근로기준법 제27조제1항에서 정한 해고의 서면통지 의무도 이행하지 않았으므로 이 사건 **해고절차가 부적법함이 명백**하다.

전북지노위 전북2019부해110, 2019-05-10 선고

Chapter

10

근로계약서

PART 02

급여테이블 산정 사례

01 우리 회사는 2026년 1월 1일 출범한 스타트업 법인으로서 다음과 같이 근로시간을 운영하려고 합니다. 직급별 임금수준을 정하기에 앞서 월 최저임금 수준 판정을 위한 급여테이블 작성 방법이 궁금합니다.

지금까지 본서(本書)에서 설명한 내용을 기반으로 구체적인 급여테이블 산정 사례를 설명합니다. 가상의 스타트업 회사의 출범 후 회사의 안착을 위해 (3개월 동안 임시적으로) 운영할 정규직 근로자(풀타임 근로자) A와 단시간 근로자(파트타임 근로자) B의 요일별 근로시간은 다음과 같이 가정합니다.

해설

구분	근로자 A (풀타임)			근로자 B (파트타임)		
요일	시업시각	종업시각	비고	시업시각	종업시각	비고
월요일	09:00	18:00	휴게 1시간	13:00	16:00	실근로 3시간
화요일	10:00	19:00	휴게 1시간, 시차출퇴근			
수요일	09:00	20:00	휴게 1시간 연장 2시간	09:00	15:00	휴게1시간, 실근로 5시간
목요일	09:00	17:00	휴게 1시간, 탄력근무제			
금요일	09:00	19:00	휴게 1시간, 탄력근무제	10:00	20:00	휴게1시간, 실근로 8시간 연장 1시간
토요일	09:00	12:00	무급 휴무일 (매주 근무)	09:00	12:00	실근로 3시간
일요일	13:00	15:00	주휴일 (격주 근무)			주휴일

정규직 근로자 A의 급여테이블 설계

정규직 근로자 A는 기간의 정함이 없는 근로자로서 스타트업 회사에 입사하였습니다. ① 월요일과 ② 화요일은 비록 시업시각(출근시간)과 종업시각(퇴근시간)이 다르지만 실(實)근로시간은 8시간으로 동일합니다. 이는 시차출퇴근제를 시행했기 때문인데 근기법상 야간근로시간(22시부터 다음 날 6시 사이 근로)만 없다면 급여테이블 설계에 영향을 미치지 않습니다.

특이한 점은 ③ **목요일은 실 근로시간 7시간**, ④ **금요일은 실 근로시간이 9시간**이라는 점입니다. 금요일에 주목하면 8시간을 초과하는 1시간은 소정근로시간을 초과한 연장근로임이 분명합니다. 하지만 탄력적 근로시간제(여기서는 **1주 단위 탄력적 근로시간제**로 가정함)를 취업규칙에서 규정했다면 1주 소정근로시간의 평균이 40시간 이내인 경우 유효한 탄력적 근로시간제가 됩니다. 즉 **금요일은 연장근로수당**(정확하게는 연장근로수당에 대한 가산임금이 면제됨)이 **발생하지 않습니다.**

⑤ 수요일의 경우 18시 이후 2시간을 더 근무하므로 **2시간의 연장근로**(평일 연장근로)가 발생합니다. ⑥ 토요일은 그 성격이 무급 **「휴무일」**이므로 **「매주」 3시간의 「연장」 근로시간**이 발생합니다. 마지막으로 ⑦ 일요일은 **주휴일인데 「격주」형태로 근무**합니다. 즉 2시간의 휴일근로*260가 격주 형태로 발생함을 의미합니다. 이러한 요일별 속성을 근거로 월급 설계를 위한 임금근로시간을 산정하면 다음과 같습니다.

연번	항목(월 평균)	계산 과정	결과(반올림)
1	기본시간	40×(365÷7)÷12	174
2	주휴시간	8×(365÷7)÷12	35
3	연장근로시간	(2*261+3*262)×(365÷7)÷12×1.5	33
4	야간근로시간	해당 사항 없음	
5	휴일근로시간	2×(365÷7)÷12×1.5÷2*263	7
6	휴일연장근로시간	해당 사항 없음	
	합계		249

*260. 본 사례는 휴일의 실 근로시간이 2시간이므로 휴일연장근로는 발생하지 않는다.

*261. 수요일에 발생한 2시간을 의미한다.

*262. 토요일(휴무일)에 발생한 3시간을 의미한다.

*263. 격주 근무이기 때문에 2로 나눈다.

위와 같이 임금항목 별로 임금근로시간을 산정한 후 2024년 최저시급 9,860원을 곱하여 최저 임금 버전의 월급을 산출할 수 있습니다. ①기본급은 2,060,740원(=(174+35)시간×9,860원) ②연장근로수당은 가산임금을 포함하여 325,380원(=33시간×9,860원) ③휴일근로수당은 가산임금을 포함하여 69,020원(=7시간×9,860원)이 도출됩니다. 즉 **임금근로시간 합계 249시간**에 대하여 9,860원을 곱한 2,455,140원이 최저월급입니다. 다만 사업주는 위 임금(약 240만원)만을 지출하는 것이 아닙니다.

위 금액에 ① 퇴직적립금 8.3%(확정기여형이라고 가정), ② 고용보험 중 실업급여 부담분 0.9%, ③ 고용보험 중 사업주 전액 납입분(고용안정사업 · 직업능력개발 보험료) 0.25%(150인 미만 사업장이라고 가정), ④ 국민연금 사업주 부담분 4.5%, ⑤ 건강보험료 사업주 부담분 3.545%(건강보험료 대비 12.95%인 ⑥요양보험료 별도), ⑦ 산재보험료 사업주 전액 납입분(업종별로 다름)이 **간접 인건비로 지출**됩니다. 여기에 ⑧ 채용비용 · 훈련비용 · 해고비용 등을 감안하면 최종적으로 20%의 간접 인건비*264가 부가됩니다.

또한 최저 월급을 산출한 후 근로자의 **경력평정과 직무평가 등**을 통해 임금의 위계질서를 결정합니다. 연공서열 중심인 호봉제, 직무평가 중심인 직무급제, 업무수행능력 중심인 직능급제, 성과 중심의 각종 성과급 등 여러 가지 설계가 가능한데 그 기초는 근기법에 맞는 급여테이블 설계라는 점을 강조합니다.

단시간 근로자 B의 급여테이블 설계

위 사례에 제시된 단시간 근로자 B의 급여테이블 설계과정은 다음 페이지의 표와 같습니다. 기본근로시간은 일별(日別)*265 소정근로시간을 (주휴일을 제외하고) 모두 더한 값(1주 19시간)을 기준으로 산정합니다. 여기서 주의할 점은 금요일의 실 근로시간이 9시간으로서 8시간을 **초과하는 1시간이 발생하는데 이는 연장근로시간**이라는 점입니다. 따라서 매주 1시간의 연장근로가 발생하며 이를 월 평균으로 환산하면 7시간이 산정됩니다.

*264. 연차휴가수당은 연차휴가 사용률에 따라 다르므로 기재하지 않았다.

*265. 단시간근로자는 1주 40시간 이내 근로라면 토요일에 근무하여도 무방하다.

연번	항목(월 평균)	계산 과정	결과(반올림)
1	기본시간	(3+0+5+0+8+3)×(365÷7)÷12	83
2	주휴시간	$8\times(365\div7)\div12\times\frac{83}{174}$ 또는 $(8\times\frac{19}{40})\times(365\div7)\div12$	17
3	연장근로시간	1×(365÷7)÷12×1.5	7
4	야간근로시간	해당 사항 없음	
5	휴일근로시간	해당 사항 없음	
6	휴일연장근로시간	해당 사항 없음	
	합계		107

주휴시간은 근로시간 비례원칙 상 (8시간에 대하여) 단시간근로자 B의 「**1주 소정근로시간을 통상근로자(정규직 근로자)의 1주 소정근로시간으로 나눈 비율**」을 적용하면 월 평균 17시간이 산정됩니다. 즉 이 사례의 임금근로시간은 107시간이며 여기에 2026년 최저시급 10,320원을 곱하면 최저 월급은 1,104,240원*266이 됩니다.

또한 위 사례의 단시간 근로자 B는 1주 소정근로시간이 19시간이므로 초단시간 근로자(4주 평균 소정근로시간이 15시간에 미달하는 자)에 해당하지 않습니다. 따라서 4대보험 가입의무가 있고 법정 퇴직금도 발생합니다.

임금명세서 동영상 강의

포괄임금제 설계 동영상 강의

*266. 기본급과 연장근로수당을 구분하여 산정하는 내용은 풀타임 근로자 사례로 갈음한다.

02 정규직 근로자의 근로계약서 작성 양식이 법에 정해져 있는지요? 그 구체적인 작성 방법이 궁금합니다.

근로계약서의 필수기재사항에서 설명한 바와 같이 ① 임금 ② 소정근로시간 ③ 주휴일과 관공서 휴일 ④ 연차유급휴가(5인 이상 사업장에 한함) ⑤ 취업할 장소와 업무를 반드시 근로계약서에 명시 후 근로자에게 교부해야 합니다. 구체적인 사례는 다음과 같습니다.

해설

주식회사 스타트업(이하 "갑"이라 한다)과 근로자 ______(이하 "을"이라 한다)은(는) 다음과 같이 쌍방이 합의하여 본 근로계약을 체결한다.

제1조(계약목적)

본 계약은 주식회사 스타트업의 사업을 수행하기 위한 "갑"과 "을"의 근로관계에 대한 권리와 의무를 규정함에 있다.

제2조(담당업무 및 근로시간, 휴게시간, 휴일)

① **취업장소와 담당업무** (※해당란에 √체크)

사업장 내에서 **□인사관리 □회계관리 □재무관리 □생산관리 업무**를 담당한다.

② 소정근로시간

주5일 09:00~18:00로 하며 사업장 사정에 따라 변경할 수 있다.

③ **휴게시간** : 12:00~13:00

④ **휴일과 휴무일** : 주 2일을 무급휴무일과 주휴일로 하며 당해 요일은 변경할 수 있다.

제3조(임금)

"을"의 임금체계는 **포괄역산임금제을 원칙**으로 하며 연봉총액은 ________ 원으로 한다. 포괄역산임금제에 포함되는 매월 임금산정을 위한 근로시간 및 각 급여에 관한 사항은 아래와 같으며, **익월 10일**에 **"을"의 계좌**로 지급한다(말일이 휴무일인 경우 전일 지급)

① 포괄역산임금제에 포함되는 **임금산정을 위한 근로시간**은 다음과 같다.

항 목	근로시간(月)	비 고
기본급	209시간	주휴 포함
연장근로시간	41시간	가산임금 포함

② 제①항에서 정한 근로시간을 초과하는 연장근로 · 야간근로 · 휴일근로에 대하여는 별도로 수당을 지급한다.

③ 법정퇴직금은 근로자퇴직급여보장법에 따른다.

④ 상기 급여에 대하여 소득세(지방세 포함), 고용보험료, 건강보험료, 국민연금보험료 등을 관계법령에 의거하여 원천징수(근로소득세 **연말정산**, 건강보험료 **연말정산** 등 **추가 정산** 포함) 후 지급한다.

제4조(연장 및 휴일근무)

① "갑"은 필요한 경우 1주 12시간을 한도로 "을"과의 합의하에 연장근무를 할 수 있으며 "을"은 "갑"의 요구에 성실히 응하여야 한다.

② "갑"이 요청하는 경우 "을"은 유급휴일에 갈음하여 소정근로일에 휴무하는 **대체휴일제**를 운영함에 동의한다.

제5조(중도해지)

"갑"은 "을"이 다음 각호의 내용에 해당하는 경우에는 계약을 중도에 해지할 수 있다.

① 근로기준법 제24조(경영상 이유에 의한 해고)에 적합한 인력감축을 하는 경우

② "을"이 형사사건으로 송치 또는 기소되었을 경우

③ 신체상의 사유로 정상적인 근무가 불가능할 경우

④ 근무를 태만히 하거나 직무수행능력이 현저히 부족할 때

⑤ "을"의 사유로 인해 "갑"에게 재산상의 손해를 끼칠 때

⑥ "갑"이 취업규칙 규정에 따라 해고를 행한 경우

제6조(연차휴가)

① 연차휴가에 관한 사항은 근로기준법과 취업규칙에 따른다.

② 연차휴가 사용촉진에 대한 사항은 취업규칙에 따른다.

제7조(2주 단위 탄력적 근로시간제)

① "갑"과 "을"은 근로기준법 제51조 제1항에 따른 탄력적 근로시간제(2주 이내 단위)를 도입함에 합의한다.

② "갑"은 "을"에 대하여 2주 이내의 일정한 단위기간을 평균하여 1주 간의 근로시간이 40시간을 초과하지 않는 범위에서 특정한 주에 최대 48시간까지 근로하게 할 수 있다.

제8조(특약사항)

① "을"은 사직하려고 하기 **최소 1월 전**에 "갑"에게 통지하여야 하고 인수인계에 적극 협조하여야 한다. 이를 위반할 경우 "갑"은 "을"에 대하여 손해배상을 청구할 수 있다.

② "을"은 재직 및 퇴직 후에 "갑"에 대한 정보에 대하여 **비밀을 유지**하여야 하며 이를 위반할 경우 민형사상 책임을 진다.

제9조(계약의 작성)

본 근로계약의 체결을 증명하기 위하여 **계약서 2통을 작성하여 쌍방 서명 날인**하고 각각 1통씩 보관한다.

(※근로자 교부 확인 : __________(서명))

20 년 월 일

"갑"	"을"
사업체명 : 주식회사 스타트업 주 소 : 서울시 대 표 자 : (인)	생년월일 : 연 락 처 : 성 명 : (인)

상기 사례는 정규직 근로자에 대한 예시이기 때문에 근로계약기간이 따로 없습니다.

① 임금과 그 구성항목 · 지급방법 등은 제3조에서 구체적으로 기재했습니다. 주의할 점은 포괄임금제로 구성한다고 하더라도 근로계약서에서 정하지 않은 근로시간(예를 들어 초과 연장근로시간 또는 관공서휴일근로 등)에 대해서는 **보충성 원칙에 따라 추가로 지급**해야 합니다.
② 소정근로시간과 휴게시간은 제2조 제2항과 제3항에서 구성하였으며
③ 주휴일은 제2조 제4항에 기재하였습니다.
④ 연차휴가의 경우 제6조에서 기재하였는데 5인 미만 사업장이라면 제6조 제1항에 의해 연차휴가는 적용되지 않습니다. (필수기재사항은 아니지만) 연차휴가 사용촉진제도를 운영할 경우 제6조 제2항과 같이 근로계약서에 기재하는 것이 바람직합니다.
⑤ 취업할 장소와 업무는 제2조 제1항에 기재되어 있습니다.

필수기재사항 외 나머지 사항은 취업규칙 또는 근로계약서에 자유롭게 기재할 수 있습니다. 주로 사직과 근로관계 종료*267에 대한 사항, 퇴직 시 인수인계에 대한 사항, 비밀유지에 관한 사항, 회사에 고유한 특별한 사항(위 사례에서는 탄력적 근로시간제)을 기재합니다. 근로계약서 교부의무와 관련하여 제9조 하단에 교부에 대한 **근로자의 자필 서명란**이 있습니다. 필수적인 기재 내용은 아니지만 근로계약서에 **친필로 기재하여 이를 보관**할 경우 「교부했음」을 입증하는 자료가 될 수 있습니다.

*267. 이와 관련된 사항은 관련 주제에서 후술하도록 한다.

03 기간제 근로자의 근로계약서 작성 시 주의해야 할 점은 어떤 것인지요? 그리고 근로계약기간이 연장될 경우 다시 작성을 해야 하는지요?

기간제 근로자는 말 그대로 근로계약기간이 정해진 근로자를 의미합니다. **기단법 제17조** 에 따라 기간제 근로자의 근로조건 중 가장 핵심사항은 「근로계약기간」입니다. 따라서 앞 선 주제에서 설명한 「정규직 근로자 근로계약서」에 별도 조문을 구성하여 근로계약기간을 명확하게 명시하여야 합니다. 다만 (앞 선 주제에서 설명한 바와 같이 예외사유가 없는 한) 근로계약기간이 2년을 초과할 경우 기간의 정함없이 없는 근로자(정규직 근로자)로 전환됩니다.

해설

실무에서 빈번히 발생하는 사례가 구두상으로는 기간제 근로자라고 합의한 후 근로계약서상 근로계약기간을 명확하게 적지 않는 경우(시작일만 기재하고 종료일은 공란)입니다. 이러한 경우 문서상 해당 근로자는 (종료일이 없기 때문에) 기간의 정함이 없는 근로자로 오해받거나 주장할 수 있으며 이는 상당히 설득력이 있습니다. 또한 기존의 기간이 만료된 후 구두상으로 (예를 들어) 3개월을 연장하기로 하였는데 이에 대한 근로계약서가 없는 경우도 많습니다. 이 경우는 종료일이 없는 상황과 동일하게 해석되므로 근로계약기간을 명확하게 설정하고 근로계약서에 그때 그때 명시하는 것은 매우 중요합니다.

또한 서면으로 명시된 근로계약서에 의거하여 4대보험 취득신고와 상실신고가 연동되어야 합니다. 이러한 일련의 과정에 오류가 없어야 「계약기간 만료」로 인해 해당 근로자가 실업급여를 원활하게 수급할 수 있습니다.

판례

근로계약 기간을 정한 근로계약서를 작성한 경우 처분 문서인 근로계약서의 문언에 따라 특별한 사정이 없는 한 근로자와 사용자 사이에는 **기간의 정함이 있는** 근로계약을 맺었다고 보아야 하고, 이 경우 근로계약 기간이 끝나면 그 근로관계는 사용자의 해고 등 별도의 조처를 기다릴 것 없이 **당연히 종료됨이 원칙**이고, 다만 기간을 정한 근로계약서를 작성한 경우에도 예컨대 단기의 근로계약이 장기간에 걸쳐서 **반복하여 갱신됨**으로써 그 정한 기간이 단지 **형식에 불과하게 된 경우** 등 계약서의 내용과 근로계약이 이루어지게 된 동기 및 경위, 기간을 정한 목적과 채용 당시 계속근로 의사 등 당사자의 진정한 의사, 근무기간의 장단 및 갱신 횟수, 동종의 근로계약 체결 방식에 관한 관행 그리고 근로자보호법규 등을 종합적으로 고려하여 그 기간의 정함이 단지 형식에 불과하다는 사정이 인정되는 경우에는 계약서의 문언에도 불구하고 사실상 기간의 정함이 없는 근로계약을 맺었다고 볼 것이며, 이 경우 사용자가 정당한 사유 없이 갱신계약 체결을 거절하는 것은 해고와 마찬가지로 무효이다.

이 사건에서 보건대, 당사자는 **3개월을 기간으로 정한 근로계약을 체결**한 점, 근로계약 체결 당시 근로자들은 계약기간이 3개월임을 확인하였고, 이에 대해 특별히 **이의를 제기하지 않은 점**, 사용자의 '근로계약 **만료 통보**서'에 **이의 없이 서명**하여 근로계약서에 기재된 계약기간의 효력을 부인할 다른 특별한 사정이 있다고 보기는 어려운 점 등으로 볼 때, 당사자는 3개월의 기간을 정한 근로계약을 체결하였고 근로계약기간이 만료됨에 따라 근로관계가 종료되었으므로 **해고에 해당하지 않는다.**

중노위 중앙2018부해682, 700, 2018-08-22 선고

04 단시간 근로자의 근로시간이 매주 또는 매월 변경되는 사업장입니다. 이 경우 변경 시마다 근로계약서를 갱신해야 하는 것인가요?

단시간 근로자는 (필자가 구분하는 기준으로) 2가지 유형이 있습니다. 먼저 1주 소정근로시간이 요일별로 규칙적인 단시간 근로자가 있습니다. 예를 들어 주5일을 근로하되 요일별 근로시간이 4시간으로 일정한 경우입니다. 이와 다르게 요일별로 근로시간이 불규칙하고 변동성이 매우 큰 단시간 근로자가 있습니다. 주로 대인 서비스업종에서 관찰되는데 이는 주문량의 편차와 상대적으로 높은 이직률이 그 원인으로 추정됩니다.

해설

기단법 제17조 단서와 제6호 에서 「근로일 및 근로일별 근로시간」을 단시간 근로자의 근로계약서 필수기재사항으로서 추가적으로 정하고 있습니다. 아래 예시된 표와 같이 어떤 요일에 근로하는지, 근로하는 요일의 구체적인 근로시간과 휴게시간 등을 근로계약서에 기재해야 합니다. 이는 주휴수당의 수준에 직결되기 때문입니다. 단시간 근로자의 **주휴수당은 사실 상 매주 결정되는 구조**입니다. 따라서 매주 단위로 근로시간이 변경되는 단시간 근로자가 있다면 ① 매주 실제로 근로계약서를 작성하거나 ② 대표적인 유형을 근로계약서에 구성하되 특정 주별로 달리 적용될 수 있음을 명시해야 합니다. 다만 후자방식으로 운영할 경우 정확한 **임금명세서가 담보**되어야 합니다.

구분	(월)요일	(화)요일	(수)요일	( )요일	( )요일	( )요일	(일)요일
소정근로시간	4시간	5시간	6시간				주휴일
시업	09시 00분	09시 00분	09시 00분				
종업	14시 00분	15시 00분	16시 00분				
휴게시간	12~13시	12~13시	12~13시				

일용직 근로자의 근로계약서

05 당사는 요식업을 운영하는 회사로 연말연초와 같이 바쁜 시기에 매일 일당을 지급하는 분들을 고용합니다. 이런 경우에도 근로계약서를 매일 작성해야 하는지요?

순수한 일용직 근로자는 **근로계약의 시작과 종료가 1일 단위로 귀속**되는 근로자를 의미합니다. 따라서 주휴수당과 연차수당을 논의할 실익이 본질적으로 없습니다. 다만 1일 소정근로시간과 연장근로시간을 감안하여 **최저임금 이상을 지급**하면 충분합니다. 그러나 소득세 신고 유형이 일용직 근로자라고 하더라도 근로기간이 1주일 · 1개월 · 분기 등 비교적 장기(長期)에 해당할 경우 이는 기간제 근로자라고 볼 수 있습니다. 그럼에도 실무 상 일용직 근로자에 대한 논의가 이루어지는 이유는 **1개월 안에서도 가동 일수가 많지 않기 때문**입니다(예를 들어 1개월 내 8일에서 10일의 근로 등).

해설

다음 페이지에 예시된 근로계약서는 **고용노동부에서 배포한 건설일용근로자 표준 근로계약서**입니다. 일용근로자의 근로계약서임에도 일급 외에 주휴일 · 임금의 구성항목 · 연차휴가 등 비교적 장기 근로와 연관되는 사항까지 기재되어 있습니다. 이는 일용직근로자의 근로계약서는 그 명칭보다는 **실질이 기간제 근로자인지 단시간근로자인지를 판단**하고 여러 가지 근로조건을 기재해야 함을 의미합니다. 특히 일급으로 계약하고 해당 월의 가동일수를 곱하여 월 단위로 지급하는 이른바 「**일급-월급제**」의 경우 일급에 주휴수당이 포함되었는지를 명확히 해야 합니다. 근로계약서에 일급을 기재할 때 소정근로시간과 주휴시간을 미리 산정하여 그 비율을 정확하게 기재하여야 합니다.

건설일용근로자의 경우 이른바 「**공수」를 기준으로 임금을 산정**합니다. 주간근무를 1공수로 주간 근로외 근무를 0.5공수에서 1공수로 기산하고 공수단가를 적용하는 방식입니다. 공수를 기준으로 임금을 지급하고 이를 임금명세서에 작성하는 것은 무방합니다. 다만 1공수의 금액이 주휴수당을 포함한 **최저임금을 상회**해야 합니다.

[건설일용근로자 표준근로계약서]

(이하 "사업주"라 함)과(와) (이하 "근로자"라 함)은 다음과 같이 근로계약을 체결한다.

1. 근로계약기간 : 년 월 일부터 년 월 일까지

※ 근로계약기간을 정하지 않는 경우에는 "근로개시일"만 기재

2. 근 무 장 소 :

3. 업무의 내용(직종) :

4. 소정근로시간 : 시 분부터 시 분까지 (휴게시간 : 시 분~ 시 분)

5. 근무일/휴일 : 매주 일(또는 매일 단위)근무, 주휴일 매주 요일(해당자에 한함)

※ 주휴일은 1주간 소정근로일을 모두 근로한 경우에 주당 1일을 유급으로 부여

6. 임 금

- 월(일, 시간)급 : 원(해당사항에 ○표)
- 상여금 : 있음 ( ) 원, 없음 ( )
- 기타 제수당(시간외 · 야간 · 휴일근로수당 등) : 원(내역별 기재)
  - · 시간외 근로수당 : 원(월 시간분)
  - · 야 간 근로수당 : 원(월 시간분)
  - · 휴 일 근로수당 : 원(월 시간분)
- 임금지급일 : 매월(매주 또는 매일) 일(휴일의 경우는 전일 지급)
- 지급방법 : 근로자에게 직접지급( ), 근로자 명의 예금통장에 입금( )

7. 연차유급휴가

- 연차유급휴가는 근로기준법에서 정하는 바에 따라 부여함

8. 사회보험 적용여부(해당란에 체크)

☐ 고용보험 ☐ 산재보험 ☐ 국민연금 ☐ 건강보험

9. 근로계약서 교부

- "사업주"는 근로계약을 체결함과 동시에 본 계약서를 사본하여 "근로자"의 교부요구와 관계없이 "근로자"에게 교부함(근로기준법 제17조 이행)

10. 근로계약, 취업규칙 등의 성실한 이행의무

- 사업주와 근로자는 각자가 근로계약, 취업규칙, 단체협약을 지키고 성실하게 이행하여야 함

11. 기 타

- 이 계약에 정함이 없는 사항은 근로기준법령에 의함

년 월 일

(사업주) 사업체명 : (전화 :)

주 소 :

대 표 자 : (서명)

(근로자) 주 소 :

연 락 처 :

성 명 : (서명)

06 정규직 근로자로 채용한 후 3개월의 수습기간을 두었습니다. 수습 기간 내 근무성적이 저조하여 근로계약을 해지하는 것이 가능한가요?

과도적 근로관계라 함은 정식채용 이전 단계에 일정기간의 고용기간을 설정하는 근로관계를 의미합니다. 기업 간 경쟁이 치열해지면서 업무능력이 뛰어난 사람을 탐색하는데 최초 입사 시부터 정식근로자로 채용할 경우 정보의 비대칭성으로 인해 업무능력을 인지하지 못한 상태에서 근기법의 규제를 받는 상황에 직면할 수 있습니다. 이러한 이유로 **정식채용 이전 단계**에서 특수한 고용기간을 설정하는데, 대표적으로 **① 수습(修習) ② 시용(試用) ③ 채용내정제도**가 있습니다. 과도적 근로관계에 있는 자도 근기법이 적용되기 때문에 근로조건 결정에 있어 상당한 주의가 필요합니다.

해설

수습근로자라 함은 **정식 채용된 근로자**의 직업능력과 적응능력을 향상시키기 위해 입사초기에 **훈련을 받는 근로자**를 의미합니다. 수습 근로계약과 관련하여 근기법에서 수습기간의 길이에 대한 규정은 없습니다. 수습기간의 길이는 당해 직무의 성질을 감안하여 사회통념상 인정되는 범위 내에서 취업규칙 · 근로계약 등을 통해 정할 수 있는데 실무적으로 3개월의 수습기간이 가장 흔한 형태입니다(최저임금 감액과 관련된 수습기간은 3개월 **(최임법 시행령 제3조)**.

한편 근로계약 체결 시 시용기간 또는 수습기간을 적용할 것인가의 여부를 선택적 사항으로 규정하고 있는 경우에는 근로자에 대하여 시용기간 또는 수습기간을 적용할 것인가의 여부를 **근로자에게 명시**해야 합니다. 만약 근로계약에 수습기간이 적용된다고 명시하지 않은 경우에 수습기간은 없는 것으로 보는 것이 판례 **(대법 2002구합6309, 2002.6.25)** 의 입장입니다. 수습근로자에게도 당연히 노동법이 전면 적용되지만 수습근로자의 임금은 근로계약 · 취업규칙 등을 통해 본 채용 정규직 근로자보다 낮게 형성되기 때문에 수습기간은 **평균임금 산정기간에 포함되지 않습니다** **(근기법 시행령 제2조)**. 다만 수습기간은 퇴직금 · 연차유급휴가일수 등을 산정할 때 **계속근로기간에 포함**됨에 주의하여야 합니다.

시용(試用)근로자라 함은 본채용 또는 근로계약을 확정하기 전에 (근로계약을 유보함으로써) 근로자의 직업 적성과 업무 능력 등을 판단하려는 일정한 기간(시험적 사용기간)을 부여받은 자를 의미합니다. 시용근로자는 상술한 수습근로자와 개념적으로 구분되지만 실무에서 양자를 구분하지 않고 혼용하여 사용하는 경우가 대부분입니다(그러나 구분하는 것이 바람직합니다). 시용은 「시험적 사용」을 의미하므로 근로자의 자질 · 성격 · 능력 · 성실성 · 근무태도 등 업무적격성 여부를 결정하는 단계이므로 시험적 사용을 평가할 수 있는 조치가 전제되어야 합니다. 따라서 시용기간의 근로에 대한 **평가가 존재하지 않는다면 시용근로자로 인정받기 어렵습니다.** 근로자의 직무능력 등을 평가하는 방법은 시용근로자 **근무평정표** 등을 통해 객관적인 근거를 확보하는 것이 바람직합니다. 관련규정에서 구체적인 근무평정 등을 설정하지 않고 단지 「업무능력을 평가하여 본채용 여부를 결정한다」고 규정하더라도 본채용 거부 시 「합리적 이유」가 실제로 존재한다면 법 위반이 아닐 수 있습니다. 하지만 합리적 이유의 입증에 있어서 노사 상호간 다툼이 있을 수 있으므로 가능한 **구체적이고 투명한 평가방법을 활용**하는 것이 바람직합니다.

채용내정이라 함은 회사가 우수한 인재를 미리 확보하기 위해 일정한 요건이 충족될 때 채용할 것을 약정하는 **불확정적인 근로관계**를 의미합니다. 그러나 채용내정은 일정한 사유가 발생하는 경우 채용을 취소할 수 있다는 취지의 합의(채용내정 통지서나 서약서에 기재된 취소사유의 발생, 학교 미졸업 등을 해약사유로 유보)가 포함된 근로계약(이른바 「해약권 유보 근로계약」)입니다. 채용내정의 문제는 주로 회사가 공개시험이나 추천 등을 통하여 졸업예정자를 모집하고 졸업을 조건으로 입사시험에 합격시킨 다음 정식 임용 시까지의 기간 동안 발생하는 법적 지위에서 주로 발생합니다. 채용 내정 후 **본채용 거부의 합리적 이유**에 있어 본채용의 조건이 졸업, 학위취득, 서류나 서약서의 제출 등과 같이 **객관적 사실의 발생**으로 결정되는 것이라면 이러한 조건의 충족 여부가 본채용 여부의 판단기준이 됩니다.

또한 특정 프로젝트의 완성 등 사용자의 판단에 따라 본채용 여부가 결정되는 경우에는 합리적인 기준을 충족하고 있는지 여부가 정당한 사유의 판단기준이 됩니다. 다만 이와 같은 채용의 조건을 충족하지 못한 것이 사회통념상 근로자에게 불가피한 사정이 있는 경우에는 본채용 거부의 정당한 이유가 될 수 없습니다. 다만 정식채용 기한이 도달하기 전이라도 경영악화 등 고용관계를 유지하지 못할 사정변경이 발생하면 채용내정의 취소가 가능할 수 있습니다.

상술한 3가지 과도적 근로관계의 특징을 요약하면 다음 표와 같습니다.

구분	채용내정	시용	수습
근로계약 성립	○ (해약권 유보)	○ (해약권 유보)	○
정식채용 여부	×	×	○
정식채용 적격성 평가	×	○	×
해고의 정당성 판단	합리적 이유		정당한 이유

수습 · 시용 · 채용내정은 근로계약이 성립되었다고 해석하며 이 중 채용내정과 시용계약은 해약권이 유보되었다고 해석합니다. 그리고 해약권이 유보되어 있으므로 해고의 정당성 판단 시 **채용내정과 시용계약은 합리적 이유**가 있어야 하며 **수습계약에 있어서는 정당한 이유**가 있어야 합니다.

07 회사의 경영상 어려움으로 인해 해고 대신 권고사직의 형태로 진행하고자 합니다. 양자의 차이점은 무엇이고 권고사직 시에도 해고예고수당을 지급해야 하는지요?

필자가 공인노무사로서 기업과 근로자를 대상으로 자문 업무를 수행하다보면 해고와 권고사직의 미묘한 차이로 인해 상호 간 낭패를 보는 경우를 종종 경험합니다. 독자들은 한번쯤 외국영화에서 사업주가 일방적으로 근로자를 해고하는 장면을 본 적이 있을 것입니다. 이와 같이 근로자의 의사와 무관하게 사업주의 일방적인 결정에 의한 근로관계의 종료를 유발하는 법률행위가 해고입니다. 법률행위라고 표현한 이유는 법률효과를 야기하기 때문인데 그 효과는 근로관계의 종료입니다.

해설

독자들은 우리나라 드라마에서 또 다른 장면을 본 적이 있을 것입니다(사장님에게 오늘 당장 그만 두겠다는 극중 인물을) 이와 같이 **근로자 스스로 회사를 그만두겠다는 의사를 표시**하는 것을 (정서적인) 사직이라고 합니다. 그런데 노동법상 사직의 개념에는 근로자의 의사에 한 가지가 더 부가되어야 합니다. **사직이 성립하려면 청약과 승낙이 합치**되어야 하는데 근로자의 의사를 청약이라고 하고 사업주의 수락을 승낙이라고 합니다. 일반적으로 사직이라는 행태는 근로자가 먼저 의사표시를 하고 사업주가 수락하는 순서를 따릅니다. 하지만 **권고사직은 노사 간 진행순서가 반대**입니다. 사업주가 먼저 사직권고라는 청약을 하고 근로자가 수락하는 승낙의 과정을 거칩니다. 물론 권고사직은 결코 공짜가 아닙니다. 그 누구라도 사업주의 사직을 (특별한 사정이 없는 한) 받아들이지 않을 것입니다. 권고사직도 사직이므로 법적으로 **해고예고수당 등의 지급 의무는 없지만 권고사직 과정에서 퇴직위로금이라는 금전보상이 수반**되는 것이 일반적입니다.

참고로 근로자가 먼저 사직의 의사를 표하는 경우(일반적인 사직의 경우) 그 효력의 발생 시기는 상황에 따라 다릅니다. **민법 제660조** 에 따르면 근로자는 언제든지 사직을 통지할 수 있고 사용자가 통지받은 날로부터 1월이 경과해야 사직의 효력이 발생한다고 규정하고 있습니다.*268

만약 납품업체(거래처)로부터 금품이나 향응을 제공받거나 불량품을 납품받아 생산에 차질이 빚어진 경우 해당 근로자에 대하여 충분히 징계해고가 가능합니다. 그런데 인사이력과 추후 취업의 영향으로 인해 사업주가 근로자를 배려하여 권고사직으로 처리하는 경우가 종종 있습니다. 현업에서 발생하는 약 8가지를 **고보법 시행규칙 별표1의2** (사업에 막대한 지장을 초래하거나 재산 상 손해를 끼친 경우)에서 정하고 있는데 이 경우 대부분 징계해고의 사유로 삼기에 충분하다고 할 수 있습니다.

상술한 **중대한 귀책사유에 해당**하는 경우 그 양태가 권고사직이라고 하더라도 실질 사유를 감안하여 **실업급여 수급을 제한**합니다. 이는 사회적인 관점에서 실업급여를 지급하는 것이 부적절함에도 권고사직으로 처리하여 실업급여를 수급하게끔 하는 편법을 제한하기 위함입니다. 그런데 이러한 중대한 귀책사유에 해당하지 않는 사유로 **인해 실제로 인사위원회를 개최하였고 징계해고 대신 권고사직 처리한 경우에는 실업급여 수급이 가능**합니다. 또한 고용보험 인건비 지원 계속 여부에 제약이 없습니다. 고용보험 인건비 지원사업에 (물론 지원금 유형마다 다를 수 있다) 영향을 미치지 않는다는 이유로 외견상 무조건 권고사직으로 처리하면 낭패를 볼 수 있습니다. 실제로 징계사유와 인사위원회(또는 징계위원회) 회의록, 그 사유, 징계대상으로 설정하는 취업규칙(또는 인사규정)을 통해 **이를 입증**해야 함을 부언합니다.

*268. 다만 월급제와 같이 특정 기간을 보수 귀속기간으로 정한 경우에는 당월 후 1월이 경과해야 효력이 발생한다(민법 제660조 제3항). 그러나 통상적으로 근로계약서에 1월의 기간을 가장 많이 명시한다.

Chapter 11

급여소득자를 위한 꿀팁

연차휴가의 사용방법

01 회사에 입사한 지 딱 6개월이 됐습니다. 곧 다가올 여름휴가 시즌에 맞춰서 연차휴가를 사용하려고 합니다. 회사 업무가 한가한 시기에 꼭 맞춰야 하는 것인지요?

연차휴가의 사용은 원칙적으로 근로자의 재유재량입니다. **근기법 제60조 제5항**에서 근로자가 청구한 시기에 주어야 한다고 규정하고 있습니다. 다만 법적인 휴가 청구권 외에도 공동체인 회사 생활 내에 정서적인 휴가 청구권이 있는 것이 사실입니다. 즉 연차휴가 사용에 대한 자유는 무한한 것이 아닐 수 있습니다(물론 원칙은 근로자의 자유재량입니다).

해설

실무적으로 이를 구현하는 방법은 여러 가지가 있는데 대표적인 방법이 연차휴가 승인절차입니다. 사실 승인보다는 통지에 가깝다고 볼 수 있습니다(법에 정한 바는 없지만). 가장 흔히 사용되는 형태가 사용 7일 이전에 사업주 · 관리자 · 상급자에게 사용 승인을 하는 것입니다. 이러한 절차는 회사의 취업규칙 또는 근로계약서에 규정되어 있습니다. 이러한 절차를 만든 이유는 특정한 날이나 기간에 연차휴가 사용이 집중되면 사업장의 운영에 막대한 지장을 초래할 수 있기 때문입니다.

실제로 사업운영에 막대한 지장이 있는 경우 사용자는 연차휴가의 시기를 변경할 수 있는데 이를 시기변경권이라고 합니다. 그러나 시기변경권은 근로자의 자유재량에 우선하는 것은 아닙니다.*269

*269. 이러한 이유로 근기법 제60조 제5항 단서에서 규정하고 있다.

고용노동부 행정해석

근로자가 필요한 시기에 연차휴가를 사용하는 것은 **법률로 보장되는 권리**라고 할 것이지만, 원고가 회사 측에 사전 통보 없이 연차휴가를 사용하거나 **이미 배차지시가 완료된 이후에 배차시간에 임박하여 연차휴가를 사용**하겠다고 회사측에 일방적으로 통보하는 것은 택시 운송업을 영위하는 참가인 회사의 업무특성상 정당한 연차휴가권 행사라고 볼 수 없다.

서울행법 2003구합 27860, 2004-4-1

이러한 재유재량과 시기변경권을 고려할 경우 근로자의 연차휴가 사용은 사용자의 경영권 · 인사권과 조화를 이루는 범위에서 자유롭게 이용할 수 있다고 할 수 있습니다.

입사한지 6개월째 되었고 매월 개근하였다면 월 1일의 독립연차를 부여받습니다. 이러한 독립연차는 입사일로부터 1년이 되는 날까지 자유롭게 사용가능합니다. 회사 업종이 관광업과 같이 여름휴가 시즌에 굉장히 바쁜 업종이라면 사전에 승인절차를 통해 자유롭게 사용가능합니다.

02 회사의 경영난으로 인해 임금을 3개월 동안 못 받고 있습니다. 당장 카드비 등이 연체되고 있는 상황인데요. 노동부에 신고하는 것인가요? 법원에 소송을 제기해야 하는 것인가요?

근로자는 사업주에 대하여 성실하게 근로제공을 해야 하는 의무가 있습니다. 반대급부로서 사용자는 근로자에게 월 1회 이상 정기지급일을 정하여 임금을 지급해야 하는 의무가 있습니다. 사업주가 임금지급의무를 이행하지 않는 것을 임금체불이라고 하는데 이는 근기법 위반으로서 형사처벌 대상이 됩니다. **근기법 제43조 제2항** 에서 임금은 매월 1회 이상 일정한 날짜를 정하여 지급해야 한다고 규정하고 있습니다. 이에 대한 벌칙은 근기법 제109조에서 3년 이하의 징역 또는 3천만원 이하의 벌금에 처한다고 규정하고 있습니다. 형사처벌 내용을 먼저 설명하는 이유는 근로기준법은(민법보다) 형법에 가깝기 때문입니다.

해설

고용노동부에 임금체불을 이유로 신고한다는 것은 진정절차를 의미합니다. 사업장을 관할하는 고용노동지청[*270]에 진정을 제기하면 ① 민원실의 조정관이 사건개요를 설명하고 합의 등을 권유합니다. ② 조정관의 조정 등이 결렬된 경우 근로개선지도과 소속 근로감독관에게 사건을 인계합니다. 근로감독관은 특별사법경찰관으로서 근로기준법 위반 혐의가 있으면 사건을 관할 검찰청에 송치할 수 있습니다. 검찰 송치 후 담당 검사는 형사 기소를 하고 형사소송절차 진행 후 처벌 수위가 결정됩니다.

진정절차는 범죄를 인지하는 절차로서 그 자체로 임금을 강제로 지급하게끔 할 수는 없습니다. 다만 형사처벌 또는 그 가능성을 통해 사업주를 압박하여 임금체불을 해결하는 절차입니다.

*270. 고용노동부 홈페이지 > 민원마당 > 민원신청 > 임금체불 진정서 순서로 검색 및 신고할 수 있다.

진정단계에서 임금체불이 해결되지 않는 경우 간이 대지급금 제도*271를 활용할 수 있습니다. 임금체불 조사 후 근로감독관이 임금체불확인원(대지급금 청구용)을 발급해주는데 이 확인원을 근로복지공단에 제출하면 체불액의 일부를 대신 지급해줍니다. 간이 대지급금은 1천만원이 한도이며 최종 3개월분 임금 700만원, 최종 3년분 퇴직금 700만원*272 *273을 각각 한도로 정하고 있습니다. 이는 대출이 아니며 사업주를 대신하여 국가가 미리 임금의 일부를 지급해주는 절차입니다(물론 이에 대하여 사업주에게 구상권을 행사합니다). 간이 대지급금으로도 임금체불액을 전부 보전 받지 못한 경우 법률구조공단의 무료 조력지원사업을 활용합니다. 3개월간 평월 급여가 400만원 미만인 근로자의 경우 임금체불확인원을 발급받고 임금체불 피해 근로자로서 법률구조공단에 구조신청을 할 수 있습니다. 법률구조공단은 사업주를 상대로 임금청구의 소 등 민사소송을 대리합니다.

근기법 제37조에서 미지급 임금에 대한 지연이자를 규정하고 있습니다. 1년의 기간에 대한 지연이자는 20%이고 이를 지연된 일수만큼 일할계산해서 적용합니다. 본래 퇴직일로부터 14일이 지난 날부터 지연이자가 발생(퇴직자 지연이자)하였는데 2025년 10월 23일*274부로 재직자에 대한 지연이자가 시행되었습니다. **근기법 제43조 제2항**에서 정기일 지급의 원칙을 정하고 있으며 급여지급일이 지난 경우 그 다음 날부터 지연이자가 발생합니다. 다만 ①천재 · 사변의 경우 ②회생절차개시의 결정 ③ 파산선고의 결정 ④사실상 도산의 경우 ⑤임금체불의 존부(存否)를 법원이나 노동위원회에서 다투는 것이 적절하다고 인정되는 경우 ⑥기타 이에 준하는 사유*275의 경우에는 지연이자가 발생하지 않습니다.

상습적으로 임금체불을 하는 사업주에 대한 손해배상청구에 대한 규정도 2025년 10월 23일부로 시행되었습니다. ①명백한 고의로 임금 등*276(지급하지 아니한 경우 ② 1년 동안 3개월 이상 체불한 경우 ③임금체불액이 3개월 이상의 통상임금에 해당하는 경우에는 근로자는 법원에 대해 최대 3배까지 (징벌적) 손해배상을 청구할 수 있습니다.

*271. 예전에는 체당금 제도라고 불렀다. 사실상 도산을 입증해야 하는 일반 체당금에 비해 (큰 액수는 아니지만) 빠른 해결을 도모하는 체당금을 소액 체당금이라고 불렀는데 2024년부터 이를 간이 대지급금이라고 부른다.

*272. 체불임금 항목에서 임금과 퇴직금은 구분된다. 만약 임금체불액이 700만원이고, 퇴직금 체불액이 500만원이면 퇴직금체불액은 300만원까지만 보장된다(1천만원 한도).

*273. 고용노동부고시 제2021-81호, 2021.10.14

*274. 2024년 10월 22일 개정되었으나 시행시기는 2025년 10월 23일이다.

*275. 고의성이 없는 과오납 금액 등이 이에 해당할 것으로 생각된다.

*276. 퇴직금은 제외한다.

부당해고 구제신청

03 서비스업종에 종사했던 근로자입니다. 고객이 심한 말을 해서 언쟁이 한 번 있었는데 회사는 이를 이유로 저를 해고하였습니다. 부당한 해고라 생각돼서 구제받고 싶은데 그 절차가 어떻게 되는지요?

근로관계를 종료하는 유형 중 해고가 있습니다. 해고는 근로자의 의사와 관계없이 사업주의 의사로 근로관계를 일방적으로 종료시키는 행위를 의미합니다. 해고는 **근기법 제23조** 에 따른 징계해고[*277], **근기법 제24조** 에 따른 경영상 이유에 의한 해고[*278], 자격 취소 등으로 근로를 더 이상 제공할 수 없을 때 적용하는 일반해고가 있습니다(이하에서는 실무영역에서 가장 많이 논의되는 징계해고에 국한하여 서술합니다).

해설

해고의 정당성 또는 부당성의 결정은 3가지 관점에서 검토해야 합니다. 후술할 3가지 전부를 충족해야 정당한 해고가 됩니다. 반대로 3가지 중 하나라도 흠결이 있는 경우 부당한 해고가 됩니다.

첫째, 해고의 서면 통지 준수 여부입니다. 근기법 제27조 제2항에서는 해고는 서면으로 통지해야 그 효력이 있다고 규정하고 있습니다.[*279] 서면에 적어야 하는 사항은 해고사유와 해고시기입니다.

둘째, 해고의 절차 준수 여부입니다. 상시근로자수 10인 이상 사업장의 경우[*280] 취업규칙을 의무적으로 신고해야 하는데 이 규칙 안에 해고 절차가 규정되어 있습니다.

*277. 흔히 정리해고 또는 구조조정이라고 한다.
*278. 통상해고라고도 한다. 현실에서는 거의 없는 유형이다.
*279. 해고예고를 미리 하면서 해고사유와 시기를 명시한 경우에는 해고서면통지로 인정된다.
*280. 10인 미만 사업장이라면 절차에 대한 정함이 없을 수 있다. 그럼에도 근로자에게 소명의 기회를 주어야 한다.

이를 징계위원회 또는 인사위원회라고 부르는데 규정된 절차를 이행해야 절차적 정당성을 확보할 수 있습니다.

셋째, 해고의 정당한 사유가 있어야 합니다. 징계는 경징계와 중징계로 크게 구분되며 경징계에는 견책과 감봉이, 중징계에는 정직과 해고가 있습니다. 약한 징계처분을 해야 함에도 가장 중한 징계인 해고까지 결정되려면 그에 맞는 정당한 사유가 있어야 합니다. 그 사유도 취업규칙에 규정하는데 규정 그 자체만으로 정당성을 확보하는 것은 아닙니다.

예를 들어 고객과의 마찰 등이 지속적 · 상시적으로 반복되고 이에 대하여 개선의 기회를 수차례 부여했음에도 시정되지 않아 회사에 불이익을 주는 경우에는 해고라는 중징계를 할 수 있습니다.

근로자가 해고처분이 부당하다고 판단하는 경우 부당해고구제신청*281 을 할 수 있습니다. 부당해고 구제신청은 상시 근로자수 5인 이상 사업장에서 해고된 경우에 진행 가능합니다. 사업장을 관할하는 지방노동위원회에 신청서를 제출하며 근로자는 신청인 자격으로 구제절차에 참여합니다. 신청인은 이유서라는 서면을 피신청인(사용자)은 답변서라는 서면을 상호 2~3회 제출하고, 제출일로부터 대략 60일 후에 심문회의가 열립니다. 심문회의에는 의결권이 있는 3명의 공익위원과 (의결권이 없는) 사용자위원 1명, 근로자 위원 1명 등 총 5명이 참여합니다. 법원의 변론과 유사한 절차로서 해당일 저녁 8시에 승패*282 에 대한 결과를 문자 통지하고 30일 안에 판정문을 송부합니다.

지방노동위원회의 판정에 이의가 있는 경우 재심을 청구할 수 있습니다. 재심절차는 세종시정부종합청사에 위치한 중앙노동위원회에 판정문 송달일로부터 10일 이내에 신청할 수 있습니다. 이후 절차는 (지방노동위원회에서 진행하는) 초심(1심)절차와 동일합니다. 중앙노동위원회의 판정에 불복하는 경우 중앙노동위원회 위원장을 상대로 판정문 송달일로부터 15일 이내에 행정소송을 진행할 수 있습니다.

*281. 물론 법원에 해고무효확인의 소를 제기할 수도 있다.

*282. 정확하게는 인정(승소와 유사한 개념) 또는 기각, 각하(패소와 유사한 개념)이라고 한다.

만약 근로자가 승소[*283] 하는 경우 두 가지 법률효과가 발생합니다. 해고기간 동안 청구할 수 있었던 임금상당액이 발생하고 이를 청구할 수 있습니다. 또한 원직복직명령이 사업주에게 내려집니다. 이를 사업주가 이행하지 않을 경우 (과태료의 일종인) 이행강제금[*284] 이 부과됩니다.

부당해고 구제신청 동영상 강의

*283. 소송이 아니기에 승소라는 용어가 정확하진 않지만 독자들의 이해를 위해 이 용어를 사용한다.

*284. 근기법 시행령 별표3에서 최소 500만원, 최대 3천만원까지 부과하는 것으로 정하고 있다.

산업재해 승인 절차

04 아는 지인이 사다리에서 작업하다가 낙하하여 골절상을 크게 입었습니다. 산재승인신청을 하고 싶은데 어떤 과정을 통해 진행되는지요?

산재법 제37조 에 따르면 흔히 산재(산업재해)라 일컫는 용어를 업무상 사고와 업무상 질병으로 구분하여 정의합니다. 업무와 상당인과관계가 있는 부상 · 질병 · 장해 · 사망 등을 산업재해라고 합니다. 공인노무사로서 많은 상담을 진행하다보면 산재 발생 시 재해근로자와 가족들은 경황이 없는 경우가 많습니다. 회사의 미온적인 태도, 정보의 비대칭성으로 인해 우왕좌왕하는 경우가 많습니다. 산재 영역은 급여의 종류와 사건 처리 절차라는 2가지가 주요 항목으로 구성됩니다.

해설

산재사고와 관련한 대표적인 보험급여의 3종 묶음은 요양급여 · 휴업급여 · 장해급여입니다. 이 3가지의 급여는 순차적으로 진행되는 급여들입니다. 산재 사고가 발생한 경우 병원으로 후송 되고 이미 치료를 진행한 경우가 많습니다. 산재 신청과 승인 결정은 초기 치료 이후에 결정되는 것이 일반적입니다. 실무적으로는 사실상 소급해서 치료비를 청구하는데 이를 요양급여[*285]라고 합니다. 또한 치료 기간에는 근로를 제공할 수 없고 일을 쉬게 됩니다. 이때 (본 서에서 설명한) 평균임금[*286]의 70%를 휴업에 대한 보상으로 지급하는데 이를 휴업급여라고 합니다.

산재 승인 후 요양기간이 어느 정도 경과하면 신체에 대한 장해등급을 심사합니다. 장해등급은 1급부터 14급으로 구성되며 1급부터 7급은 원칙적으로 연금으로 지급합니다. 8급부터 14급은 일시금을 지급하는 방식으로 장해에 대한 보상을 하게 됩니다.

*285. 정확하게는 소급해서 청구하는 치료비를 요양비, 산재 승인 후에 청구하는 급여를 요양급여라고 한다.
*286. 사회보험의 특징 상 평균임금과 보상액의 한도를 별도 고시로 정하고 있다.

근로자가 사망할 경우 유족급여를 신청하게 됩니다. 유족급여 신청서를 제출하면서 관련 절차가 시작되는데 사망사고가 업무상 재해라고 인정되면 유가족에게 유족연금을 (종신연금 형태로) 지급합니다. 기혼자(사실혼 포함)가 사망한 경우 배우자 몫으로 평균임금의 47%, 사망 당시 생계를 같이 하고 있는 유족(자녀*287, 부모, 손자녀, 조부모, 형제자매)등에 대해 1인당 5%포인트를 가산합니다(20% 한도).

산재보상이 종결된 후 사업주의 과실과 근로자의 노동력 상실률을 고려하여 민사상 손해배상 청구를 할 수 있습니다. 손해배상액은 치료비 등 직접 비용과 일실수입이라는 간접비용, 위자료로 구성됩니다. 장래에 대한 소득기회의 상실을 현재가치로 환가하는데 복리(라이프니츠 계수) 또는 단리(호프만 계수)방식으로 계산합니다. 다만 산재보험에서 실시한 급여는 기 보상금으로서 손해배상액에서 제외됩니다.

*287. 자녀의 경우 25세 이하인 경우에만 인정한다(산재법 제63조 제1항 제2호).

05 회사에서 경영상 이유로 사직을 권유했습니다. 사실상 해고라고 생각되는데요. 사직과 해고의 정확한 개념이 궁금합니다.

해고는 (부당해고 구제신청 주제에서 설명한 바와 같이) 근로자의 의사와 무관하게 사업주가 일방적으로 근로관계 종료를 결정하는 것을 의미합니다. 반면 사직은 근로자 자의(自意)에 의해 근로관계 종료를 사업주에게 청약하는 것을 의미합니다. 회사를 그만두겠다는 청약 그 자체로 사직의 효력이 발생하지는 않습니다. 근로자의 청약에 대해 사업주가 승낙을 해야 비로소 그 효력이 발생합니다.

해설

일반적인 승낙의 형태는 사업주의 사직서 수리(受理)입니다. 그런데 사업주가 수리하지 않을 경우에는 근로계약서 또는 취업규칙에서 정한 사직의 시기에 따릅니다(대부분 1개월을 그 기간으로 정하고 있습니다). 사업주가 수리도 안하고 회사 내 규정 등에 아무런 명시가 없다면 **민법 제660조(고용의 해지 통고) 제3항** 에 따릅니다. 이 조항에 따르면 기간으로 보수를 정한 때에는 상대방이 해지의 통고를 받은 당기후의 일기를 경과함으로써 해지의 효력*288 이 생긴다고 규정하고 있습니다. 관련하여 사직서를 징구하되 사직시기와 사유 등을 명확히 기재함이 바람직합니다. 참고로 순수한 사직은 실업급여의 대상이 아닙니다.

해고도 사직도 아니지만 해고에 좀 더 가까운 개념이 이른바 권고사직입니다. 위 표에서 정리한 바와 같이 사직이라는 측면에서 청약과 승낙이 한 묶음으로 되어있지만 제안하는 주체의 우선 순서가 일반적인 사직과 다릅니다. 권고사직은 사업주가 사직을 청

*288. 예를 들어 1일부터 말일이 임금의 기간이라고 할 때 3월 1일에 사직을 통보하면 다음 기간인 4월의 말일(4월 30일)이 경과해야 사직의 효력이 발생한다. 즉 이론적으로 2개월이 소요될 수 있다.

구분	해고	사직	권고사직
의의	사용자의 일방적인 결정 (징계, 구조조정, 통상)	(1) 근로자의 청약 (2) 사용자의 승낙	(1) 사용자의 청약 (2) 근로자의 승낙
관련규정	근로기준법 제23조, 제24조	민법 제660조	관련 규정 없음 (실무적인 인정)
절차	인사위원회 등	상호 협의	상호 협의 (사직시기, 사유, 자필서명)
효력발생	해고 서면 통지	사직서 청구 (사직시기, 사유, 자필서명)	사직서 청구 (사직시기, 사유, 자필서명)
실업급여	원칙 : 가능 예외 : 불가능 (중대한 귀책사유)	불가	가능 (상실코드 26-2. 26-3, 23)

약하고 근로자가 승낙하는 순서로 진행됩니다. 사업주가 먼저 권고했다는 사유를 사직서에 명확히 기재해야하며 이는 비자발적 퇴사이므로 실업급여 대상이 됩니다. 그러나 근로자의 생계에 큰 위협이 되는 만큼 (법에서 정한 사항은 없지만) 퇴직위로금 등을 지급하는 반대급부가 발생하는 것이 일반적입니다.

해고와 사직 그리고 권고사직 동영상 강의

06 회사에 입사할 때 근로계약서를 작성한 바 있습니다. 이와 별도로 매년 연봉계약서를 연봉협상 후 1년 단위로 작성하고 있는데요. 회사가 연봉기간 만료를 이유로 근로관계를 종료시킬 수 있는지요?

〈근로계약서 필수기재사항〉 주제에서 설명한 바와 같이 임금의 구성항목 등은 원칙적으로 근로계약에서 정할 사항입니다. 이와 관련하여 실무적으로 종종 연봉에 대한 사항만을 (근로계약서와 분리하여) 연봉계약서를 작성하는 경우가 있습니다.

해설

연봉계약은 말 그대로 연봉에 국한된 계약서입니다. 더 쉽게 설명하면 연봉의 **유통기간**을 정하는 계약입니다. 따라서 근로계약기간과는 **절대적으로 무관**합니다. 근로계약기간은 근로자의 신분을 정하는 계약요소로서 정규직 근로자(기간의 정함이 없고 정년까지 근무하기로 약정함) 또는 기간제 근로자(기간의 정함이 있고 원칙적으로 2년을 초과할 수 없음)를 구분하는 잣대입니다.

고용노동부 행정해석

참가인들은 원고회사와 사이에 '정식채용발령일부터 퇴사일까지'를 계약기간으로 하는 기간의 **정함이 없는 근로계약을 체결하였을 뿐**이고, 임금과 관련한 **연봉계약의 단위기간** 내지 원고회사와 대한체육회와의 용역계약기간 등이 1년이라고 하여 근로계약도 당연히 1년으로 되는 것은 아니다. 그렇다면, 1년을 단위로 한 근로계약을 체결하였음을 전제로 한 이 부분 원고 주장은 나아가 살필 필요도 없이 이유 없다.

서울행법 2001구37794, 2002-06-04

일반적으로 연봉계약서에는 연봉지급기간을 정하는데 그 기간은 1년이 대부분입니다. 1년이 종료되면 연봉 협상을 통해 연봉수준을 다시 결정하고 연봉계약서를 갱신하게 됩니다.

연봉 수준을 결정하는 변수들은 다양합니다.

① 근로자의 경력 · 학력 · 연령 등 인적속성에 기반을 두는 호봉제 기반 연봉제

② 직무서열을 기준으로 설정한 직무급 기반 연봉제

③ 직무수행능력을 기반으로 하는 연봉제

④ 개별성과와 팀성과 등 성과 기반 연봉제

등 산업계에는 다양한 연봉제가 존재합니다.

연봉제를 정교하게 운영하는 회사의 경우 연봉 결정을 위한 평가기준을 별도의 규정으로 보유하는 경우가 많습니다. 인사평가와 성과평가, 역량평가 등을 통해 매년 연봉수준을 결정합니다.

그러나 연봉계약을 별도로 체결한다는 이유로 근로계약 종료와 동일시해서는 안 됩니다. 상술한 바와 같이 연봉계약은 연봉이라는 금전의 유효기간일 뿐 계약기간 만료와는 다릅니다. 또한 연봉을 매년 결정한다고 해서 기본급을 감액할 수 없습니다. 상하로 조정할 수 있는 연봉은 (연봉 구성항목에 존재하는 급여항목 중) 성과 기반으로 결정되는 급여(정확하게는 가변적인 급여)로서 성과평가가 상하향 조정됨에 따라 그 결과값(성과급 수준)이 조정될 수 있습니다.

07 시급제 아르바이트 자리를 구했습니다. 주휴수당까지 정산해서 매월 1회 봉급을 지급받고 있는데 3.3%를 공제한 금액을 받았습니다. 이러한 세금처리방식이 맞는지요?

〈근로기준법 상 근로자성〉 주제에서 설명한 바와 같이 사업주가 실질적으로 상당한 지휘 · 감독을 받고 출퇴근 시간과 근무 장소가 지정된다면 근로기준법 상 근로자에 해당합니다. 근로자에 해당하는 경우 발생하는 소득은 당연히 소득세법 상 근로소득입니다.

해설

근로자의 임금을 계산하는 방식은 참으로 다양합니다. 월급제가 가장 대표적이지만 시급제(시급을 정하고 실 근로시간을 통해 사후적으로 계산하는 방식), 일급제(일급을 정하고 실 근로일수를 통해 계산하는 방식), 도급제(단가를 정하고 일의 완성에 대해 지급하는 방식) 또는 성과제 등도 존재합니다. 어떠한 **임금계산 방식이든지** 근로자에 해당하면 근로소득 방식으로 신고해야 합니다.

근로소득의 형태로 국세신고를 한다는 것은 4대보험(국민연금, 건강보험, 고용보험, 산재보험)의 적용을 받고 연차휴가수당과 퇴직금[*289] 등의 적용을 받는다는 것을 의미합니다. 그럼에도 불구하고 사업소득으로 신고하는 것은 (법 위반 가능성이 있음에도) 4대보험 가입등의 이유로 보입니다. 주(主)직장이 있음에도 이른바 투잡족으로서 주말 아르바이트 등을 수행하는 경우 **고용보험은 이중가입이 안 됩니다.**

*289. 물론 초단시간 근로자에 해당하는 등 적용제외인 경우도 있다.

고용보험은 소득 또는 근로시간이 더 많은 직장으로 가입해야 합니다. 국민연금의 경우 **상한액에 해당**하는 경우 2개 직장의 소득비율로 안분됩니다. 이러한 이유로 제1직장은 근로소득으로, 제2직장은 사업소득으로 신고하는 관행이 있습니다. 하지만 원칙적으로는 n개의 직장이 있더라도 전부 근로자 지위에 해당한다면 각각 근로소득으로 신고하고 (고용보험을 제외한) 4대보험도 모든 사업장에서 가입해야 합니다.

2개 직장을 가진 근로자가 1개의 직장에서 비자발적 퇴직을 하더라도 제2직장이 있는 경우(재직하고 있는 경우) 근로소득 또는 사업소득 형태를 불문하고 고보법 상 취업에 해당하므로 실업급여를 수급할 수 없음을 부언합니다.

08 이전 직장에서 자발적으로 퇴사를 하고 새로운 직장에 입사했습니다. 불과 2개월만 근무하고 경영상 이유로 권고 사직됐습니다. 실업급여를 신청하려고 하니 최종 직장이 아니라 이전 직장에서도 이직확인서를 제출해야 한다고 합니다. 이러한 처리방식이 맞는 것인가요?

고보법 시행규칙 별지 제75호의4 서식으로서 이직확인서가 있습니다. 이직확인서는 원칙적으로 구직급여(실업급여)를 받으려는 자가 사업주에게 요청하는 서류입니다. 본래는 퇴직근로자가 발급요청하고 직접 고용센터(직업안정기관)에 제출하는 것이지만 고보법 시행규칙 제82조의2 제2항 단서에 따라 사업주[*290]가 직접 고용센터에 제출하는 방식이 일반적입니다.

해설

이직확인서를 통해 확인하고자 하는 사항 중 대표적인 것은 ① 피보험자의 피보험 단위기간[*291] ② 이직 사유[*292][*293] 수준입니다.

평균임금은 (이미 관련 주제에서 설명한 바와 같이) 사유발생일(퇴직일) 이전 3개월이 산정기간입니다. 퇴직근로자가 최종 직장의 이직일 기준 과거 3개월 동안 2개 이상의 직장을 경험할 수 있습니다. 2개 이상의 직장을 경험한 것과 별개로 평균임금은 3개월을 기준으로 산정해야 하기 때문에 (최종 직장이 아닌) 고용센터는 그 이전 직장에도

*290. 사업주가 이를 이행하지 않을 경우 고용센터에서 직접 요청하므로 사업주가 직접 접수하는 형태가 일반적이다.

*291. 이직 전 18개월 동안 180일 이상의 피보험 단위기간이 있어야 실업급여 수급이 가능하다.

*292. 자발적 퇴직, 중대한 귀책사유가 아니어야 한다.

*293. 평균임금의 60%가 1일분 실업급여 액수이다(구직급여일액).

이직확인서를 요청할 수 있습니다. 그러나 실업급여 수급 여부 최종 직장을 기준으로 판단합니다. 즉 최종 직장에서 비자발적 퇴사 또는 이에 준하는 사유로 퇴직을 해야 하는 것입니다.*294 *295

① *이직코드 및 이직사유 (이직사유 구분코드 뒤쪽 참조)	구분코드	(구체적 사유, 10자 이상 기재)

② *피보험단위기간 산정대상기간	③ *보수지급 기초일수
~	
~	
~	
~	
~	
~	
~	
~	
~	
~	
~	
~	
④ *통산피보험단위기간	일

평균임금 산정명세						
⑤ *임금계산기간		부터 까지	부터 까지	부터 까지	부터 까지	부터 까지
⑥ *임금계산기간 총 일수		일	일	일	일	일
⑦ *임금내역	기본급	원	원	원	원	원
	기타수당	원	원	원	원	원
	상여금	상여금 (이직 전 12개월간 지급된 상여금 총액 ×3/12				원
	연차수당	연차수당 (이직 전 12개월간 지급된 연차수당 총액 ×3/12				원

⑧ 1일 통산임금 (필요한 경우에만 작성)	원
⑨ 1일 기준보수 (해당되는 사람만 작성)	원

*294. 이에 대한 대중분류는 〈고용보험 상실코드〉 주제를 참고하기 바란다.
*295. 소분류 이하의 내용은 후술하기로 한다.

실업급여를 받을 수 있는 사유

09 근무하던 사업장이 서울에서 천안으로 이전을 하게 되었습니다. 개인사정 상 천안으로 이주하여 생활하는 것이 힘든 상황입니다. 이 경우에도 실업급여를 받을 수 있는지요?

실업급여는 원칙적으로 비자발적 퇴사*296로서 중대한 귀책사유에 해당하지 않아야 가능합니다. 중대한 귀책사유는 다음 표와 같이 사업에 막대한 지장을 초래하거나 재산상 손해를 끼친 경우로서 8가지가 있습니다. 이러한 귀책사유에 해당할 경우 (징계해고 등과 같이) 비자발적 퇴사를 하더라도 실업급여를 받을 수 없습니다.

해설

이외에도 계약기간만료와 정년퇴직 사유에 해당하는 경우 실업급여를 수급할 수 있습니다. 원칙적으로 상술한 사유 외에는 자진퇴사에 해당하므로 실업급여를 받을 수 없지만 (제한적으로 사유에 따라) 수급을 제한하지 않는 사유들이 있습니다. 굉장히 많은 사례를 고보법 시행규칙 별표2에서 규정하고 있습니다.

연번	사유 상세
1	납품업체로부터 금품이나 향응을 받고 불량품을 납품받아 생산에 차질을 가져온 경우
2	사업의 기밀이나 그 밖의 정보를 경쟁관계에 있는 다른 사업자 등에게 제공한 경우
3	거짓 사실을 날조·유포하거나 불법 집단행동을 주도하여 사업에 막대한 지장을 초래하거나 재산상 손해를 끼친 경우
4	직책을 이용하여 공금을 착복·장기유용·횡령하거나 배임한 경우
5	제품이나 원료 등을 절취하거나 불법 반출한 경우
6	인사·경리·회계담당 직원이 근로자의 근무상황 실적을 조작하거나 거짓 서류 등을 작성하여 사업에 막대한 지장을 초래하거나 재산상 손해를 끼친 경우

*296. 〈고용보험 상실코드〉 주제에서 설명한 대분류 2번을 의미한다.

연번	사유 상세
7	사업장의 기물을 고의로 파손하여 사업에 막대한 지장을 초래하거나 재산상 손해를 끼친 경우
8	영업용 차량을 사업주의 위임이나 동의 없이 다른 사람에게 대리운전하게 하여 교통사고를 일으킨 경우

사업장이 (예를 들어) 서울에서 천안으로 이전하는 경우 자가 차량 또는 전철 · 버스 등 통상적인 교통수단으로 왕복 3시간이 소요될 것입니다. 이 경우 비록 외견상 자진퇴사의 형식이 있더라도 실질은 불가피한 퇴직일 가능성이 큽니다. 이에 실업급여 수급자격을 제한하지 않습니다. 즉 실업급여를 수급할 수 있습니다.

이러한 사유 외*297 에

① 실제 근로조건이 채용 시 제시된 근로조건이나 채용 후 일반적으로 적용받던 근로조건보다 낮아지게 된 경우(이직 전 1년 이내에 2개월 이상 발생해야 함)

② 사업장에서 본인의 의사에 반하여 성희롱, 성폭력, 그 밖의 성적인 괴롭힘을 당한 경우

③ 근기법 제76조의2에 따른 직장 내 괴롭힘을 당한 경우

④ 사업장의 이전 · 지역을 달리하는 사업장으로의 전근 · 배우자나 부양하여야 할 친족과의 동거를 위한 거소 이전으로서 왕복 통근시간이 3시간 이상 소요되는 경우

⑤ 사업주가 육아휴직을 허용하지 않아 이직하는 경우

⑥ 체력의 부족, 심신장애, 질병, 부상, 시력 · 청력 · 촉각의 감퇴 등으로 피보험자가 주어진 업무를 수행하는 것이 곤란하고 사업주가 휴직을 허용하지 않은 경우*298 등에 해당*299 하면 실업급여를 수급할 수 있습니다.

*297. 지면의 한계로 대표적인 사항들만 서술한다.

*298. 의사의 소견서 등으로 질병 등을 입증해야 한다.

*299. 고용센터에서 사업주에게 문답서 및 관련 증빙자료를 요청 후 수급여부를 심사한다..

Chapter 12

기타

www
$
Plan
Do
Act
Check
SUCCESS
Cloud
TEAM

01 우리 회사는 아직 퇴직연금에 가입하지 않았습니다. 지금까지는 근로자 월급 통장에 퇴직금을 이체했는데 이제는 IRP를 개설 후 입금해야 한다고 들었습니다. 이 원칙이 모든 사업장에 적용되는 것인가요?

근퇴법 제2조 제6호 에서 실무상 퇴직금으로 칭하는 제도를 「퇴직급여」라는 용어로 규정하고 있습니다. 퇴직급여라 함은 ① 확정급여형 퇴직연금제도 **(DB형)** ② 확정기여형 퇴직연금제도 **(DC형)** ③ 중소기업 퇴직연금 기금제도(30인 이하 사업장을 대상으로 근로복지공단에서 운영하는 제도로서 2022년 9월부터 출범함)*300 ④ (기존의 법정) **퇴직금 제도** 등 4가지를 의미합니다.

또한 퇴직연금제도를 동조 제7호에서 규정하고 있는데 ① 확정급여형 퇴직연금제도(DB형) ② 확정기여형 퇴직연금제도(DC형) ③ 개인형 퇴직연금제도 **(IRP)** 를 의미합니다.

해설

근퇴법이 2005년부터 본격적으로 시행되면서 퇴직금 제도도 많은 진화를 했습니다. 운용기관도 기존 금융권 기업에서 근로복지공단으로 확대되었고, 개인형 퇴직연금제도(IRP)의 의무 설정과 통산장치로서 역할도 강화하였습니다. 본래 IRP는 근로자들의 이직에 대비하여 **통산 장치**로서 마련된 제도입니다. **근퇴법 제17조 제1항 제1호** 에 따라 연금 수령을 위해서는 ① **납입기간 10년 이상과** ② **만 55세 이상**(연금지급기간은 5년 이상으로 설정)이라는 2가지 요건을 충족해야 하는데 한 직장에서 위 요건을 충족할 수도 있고 그렇지 않을 수도 있기 때문에 통산장치로서 IRP가 마련된 바 있습니다. 이에 더하여 ① DB형과 DC형 또는 중소기업퇴직연금제도에 이미 가입되었더라도 **자**

*300. 납입방식은 DC형과 동일하다.

기의 부담으로 더 납입을 원할 경우 ② **자영업자**로서 연 1800만원까지 납입을 원할 경우에도 IRP 설정이 가능합니다. 또한 **근퇴법 제25조** 에 따라 10인 미만 사업장의 경우 근로자의 개별 동의 하에 IRP를 설정하면 퇴직연금제도를 설정한 것으로 간주합니다. 이 때 근로자의 스스로 퇴직연금사업자를 선택할 수 있고, DC형에 준하는 납입이 이루어져야 하고, 추가 납입도 가능하며 연 1회 이상 납입되어야 합니다.

근퇴법 제9조 에 따르면 **2022년 4월**부터 근로자가 퇴직한 경우 14일 이내에 퇴직금 등을 지급하되 그 방식이 **IRP 계좌로 지급하는 방식**으로 개정되었습니다. 다만 ① 55세 이후에 퇴직하는 경우 ② 근로자가 사망한 경우 ③ 외국인 근로자로서 출국하는 경우 ④ 다른 법령에서 공제하도록 하고 잔여금액이 없는 경우 ⑤ **퇴직금(세전)이 300만원 이하**인 경우에는 IRP방식에 따르지 않아도 됩니다.

퇴직연금 납입방식은 유형마다 다른데 DC형의 경우 과세급여 기준 1/12 이상을 사외에 적립하고 그 운용수익의 결과는 근로자에게 귀속됩니다. 이때 과세급여 중 **경영성과급**은 근로기준법상 임금으로 보지 않기 때문에 (DB형을 포함하여) **납입 대상에서 제외**됩니다(근로복지과 2485. 2013.7.17.회신). 또한 DB형의 경우 수급권 담보를 위해 퇴직금 추계액의 60% 이상을 사외에 적립하되 2019년 1월 1일부터 2021년 12월 31일까지의 기간에 대하여는 90% 이상을, **2022년 1월 1일 이후**의 기간은 **100%를 사외에 적립***301 해야 합니다. DC형으로 근속 중간에 소급하여 가입하는 경우에는 지난 근속연수에 대해 투자수익*302 의 기회를 상실하였다고 해석하기 때문에 소급되는 기간은 DB형에 준해서 산정 후 납입해야 합니다.

근로자가 긴급자금이 필요한 경우 이른바 **퇴직금 중간정산**을 실시할 수 있습니다. ① 기존 **법정퇴직금 제도의 경우 중간정산** ② **DC형의 경우 중도인출** ③ **DB형의 경우 담보인출***303 이라고 하는데 실무적으로 이 3가지를 중간정산이라고 부릅니다. 하지만 담보인출의 경우 상환해야 하는 의무가 있기 때문에 실질적으로 중간정산은 아닙니다.

기타

11

*301. 입사와 동시에 가입함이 원칙이지만 소급 가입하는 경우도 많다. DB형의 경우 소급 가입시 과거 연차별로 적립비율을 고용노동부 고시로 정하고 있다.

*302. 투자수익을 상승시키기 위한 제도로서 2022년 디폴트 옵션(공식명칭 : 사전지정운영제도)이 시행되었다.

*303. 확정급여형은 퇴직시점의 평균임금을 기준으로 급여가 확정되어야 하므로 확정적인 중간정산은 불가능하다. 다만 기 적립된 금액을 담보로 인출할 수 있다(일종의 대출 형식).

근퇴법 제20조 제1항에서는 확정기여형퇴직연금제도를 설정한 사용자는 가입자의 연간 임금총액의 12분의 1 이상에 해당하는 부담금을 현금으로 가입자의 확정기여형퇴직연금제도 계정에 납입하여야 한다고 규정하고 있으나, 같은 법에서 **소급 근로기간에 대한 부담금의 산정 기준을 별도로 규정하고 있지는 않습니다.** 또한 퇴직급여법 제4조 제1항에 따르면 사용자는 퇴직하는 근로자에게 급여를 지급하기 위하여 퇴직급여제도 중 하나 이상의 제도를 설정하도록 하고 있는바, 사용자가 **확정기여형퇴직연금제도를 설정하는 시점 이전에는 퇴직금제도 또는 확정급여형퇴직연금제도가 설정**되어 있었을 것이므로, 근로자는 해당 근로기간에 대해 퇴직금제도 또는 확정급여형퇴직연금제도에 따라 계속근로기간 1년에 대하여 **30일분 이상의 평균임금에 상당하는 금액을 퇴직급여로 받을 수 있었다**고 보아야 합니다.

이러한 퇴직급여법의 목적과 퇴직연금제도의 취지 및 규정체계 등에 비추어 볼 때, 기존에 적용되고 있던 퇴직급여제도에 따라 근로자가 받을 수 있었던 퇴직급여의 수준보다 저하되지 않는 범위에서 부담금을 납입하도록 하여 근로자의 기존 이익을 보호하고 노후 소득재원의 확충을 안정적으로 보장할 필요성이 있는바, 이 사안과 같이 확정기여형퇴직연금제도를 설정하는 경우에도 근로자의 기존 퇴직급여 수준인 계속근로기간 1년에 대하여 산정한 30일분 이상의 평균임금에 상당하는 금액보다 낮아지지 않도록 소급 근로기간에 대한 사용자의 부담금을 설정해야 할 것입니다.

법제처 21-0367, 2021-08-25 회시

또한 담보인출 그 자체는 DB형에 국한되지 않고 DC형으로도 실행 가능합니다.

기존 법정 **퇴직금제도 · DB형 · DC형 모두** ① 무주택자인 근로자가 본인 명의로 주택을 구입하는 경우 ② 무주택자인 근로자가 전월세 보증금을 부담하는 경우(단, 1회에 한함) ③ 근로자 또는 배우자, 부양가족이 6개월 이상 요양이 필요하여 의료비를 부담하는 경우*304 ④ 중간정산 신청일로부터 과거 5년 이내에 파산선고 · 개인회생절차

*304. DB형의 경우 한도는 없으나, 기존 법정퇴직금제도와 DC형의 경우 연간 임금총액의 125/1,000를 초과하여 부담하는 경우에 중간정산이 가능하다.

개시 결정을 받은 경우 ⑤ 고용노동부장관이 고시하는 재난을 입은 경우 중간정산이 가능합니다.

DC형에만 해당하는 중간정산(중도인출) 사유는 퇴직연금을 담보로 제공한 후 대출 원리금을 상환하기 위한 경우입니다(본래 퇴직연금은 양도 · 담보 · 압류가 불가능하지만 **담보제공** 사유에 해당하는 경우 담보로서 제공이 가능함). **주로 DB형으로 실행되는 중간 정산(담보인출)** 사유는 ① 근로자 본인 · 배우자 · 부양가족의 대학등록금, 혼례비 장례비를 부담하는 경우 ② 사업주의 휴업으로 임금이 감소하는 경우 등이 있습니다. 다만 원칙적으로 DB형의 담보인출은 **적립금의 50%를 그 한도로** 함에 주의하여야 합니다.

기존 **법정퇴직금 제도에만 해당**하는 중간정산 사유는

① 임금피크제가 시행되는 경우

② 소정근로시간을 1일 1시간 또는 1주 5시간 이상 단축하고 그 기간이 3개월 이상인 경우

③ 주52시간 근무제 시행으로 근로자의 퇴직금이 감소하는 경우입니다.

기타

11

02 장기 근속자가 많아서 올해부터 정년연장형 임금피크제를 시행하고자 준비중이며 현재 60세인 정년을 63세로 연장하려고 합니다. 임금피크제 시행 그 자체가 차별이라는 뉴스를 봤는데 차별여부를 어떤 기준으로 판단하는지요?

2022년 대법원에서 의미있는 판결을 한 바 있습니다(대판2017다292343). 뉴스에 보도된 결론만을 보면 임금피크제는 차별에 해당할 수 있지만 임금피크제라는 이유로 무조건 연령차별에 해당하지 않을 가능성이 큰 것도 사실입니다.

임금피크제라 함은 정년을 보장 또는 연장하면서 **연령 · 근속기간 · 경력 등을 이유로 임금을 하향조정**하는 임금체계를 의미합니다. 노동시장 측면에서 현실적으로 불확실한 정년을 (확실하게) 보장 또는 연장하는 대신 반대 급부로써 임금을 삭감하는 제도입니다. 정년 제도를 운영하는 사업체 중 약 22%의 사업체가 임금피크제를 도입한 상황으로 알려져 있습니다.

해설

그 유형은 3가지가 있는데 ① **정년유지형**(또는 정년보장형)은 말 그대로 기존의 정년을 보장하면서 임금을 조정하는 제도이며 ② **정년연장형**은 기존의 정년을 1년 이상 연장하면서 임금을 삭감하는 제도입니다. ③ **근로시간 단축형**은 정년유지형 또는 정년연장형 임금피크제를 시행하면서 소정근로시간을 1주 40시간 아래로 조정하는 형태를 의미합니다.

직관적으로 살펴보면 다른 조건이 일정하다고 할 때 정년연장형과 근로시간단축형은 근로자에게 편익이 발생합니다. 기존 정년보다 더 일할 수 있는 권리를 제공하거나 근로시간 단축으로 자기계발 및 재취업의 기회를 제공하기 때문입니다. 이러한 경우 임금삭감이라는 불리한 조치에 상응하여 유리한 조건이 부가된다고 볼 수 있습니다.

하지만 정년유지형(정년보장형)은 세부 내역을 검토해야 합니다. 외견상 정년수준에 대한 혜택은 없고 **단지 임금만 삭감한다면 근로자에게 불이익한 결과**만 발생하기 때문입니다. 따라서 임금삭감에 **상응하는 경제적 조치의 유무**가 매우 중요합니다. 예를 들어 ① 근로시간을 줄였는지 ② 보직을 해임하여 책임을 완화시켰는지 ③ 재취업을 위한 경제적 지원(전직지원 프로그램 등)을 하였는지 ④ 공로연수 등을 실시하여 사실상 근로를 면제시켰는지 여부를 1차적으로 살펴봐야 합니다. 또한 고령자법에 따라 임금피크제 실시로 확보한 재원을 ⑤ 청년 취업에 활용하였는지 ⑥ 경영상 적자나 사업자금에 활용하였는지 그 목적의 정당성도 2차적으로 살펴봐야 합니다.

위 판결에 따르면, 임금피크제 도입의 ① 목적의 정당성, ② 대상근로자가 입는 불이익의 정도, ③ 대상조치의 도입 여부 및 적정성 ④ 감액된 재원이 도입 목적에 활용되었는지 여부라는 **4가지 지표를 최초로 제시**하였습니다. 해당 사례는 2009년에 도입된 정년유지형 임금피크제 사례입니다(정년연장형이 아님). 관련하여 근로시간단축 또는 공로연수 등의 대상조치를 전혀 하지 않았고 감액된 임금을 청년채용 등에 활용했다는 사실이 입증되지 못하였기에 **고령자법에 따른 연령차별**로 판단하였습니다. 또한 본 판결에서 고령자법에 따른 연령차별을 강행규정으로 해석하였습니다.

따라서 연령차별에 해당하지 않는 임금피크제를 설계하려면 취업규칙 또는 단체협약을 통한 집단 동의, 근로계약서 갱신을 통한 개별동의라는 형식적인 절차 외에 제도 설계에 있어서 적용 대상 **근로자에게 실질적으로 편익을 제공해야 하는 점**을 고려해야 합니다.

임금피크제와 차별 동영상 강의

상시근로자수 산정방법

03 요식업을 운영 중에 있으며 재직 중인 근로자는 총 7명입니다. 그런데 평일에는 4명, 주말에는 평일 인원 4명에 3명이 추가로 출근하여 총 7명이 근무하고 있습니다. 이 경우 우리 회사의 상시근로자수는 몇 명인가요?

많은 업종 중 특히 요식업종에서 빈번하게 부딪히는 가장 대표적인 법이 근로기준법과 소득세법입니다. 특히 근로자수에 따라 근로기준법이 일부만 적용될 수 있기에 상시근로자수의 산정은 요식업 운영과 관련하여 매우 중요합니다.

해설

예를 들어 식당에서 일하는 사람 수(대표자 및 가족 포함)가 9명이라고 가정하겠습니다. 이 중 **식당 대표는** 이른바 사장님이기에 당연히 **근로자가 아닙니다**. 또한 가족이 함께 운영하는 식당의 경우 **가족구성원이 공동대표로 등재되어 있다면** 일반 직원과 달리 출퇴근 통제를 심하게 받지 않고 경영의사결정에 상당히 참여하는 권한이 있기 때문에 통상적으로 **근로자로 보지 않습니다**.

즉 대표자와 가족들을 제외한 나머지 직원 수인 7명이 상시 근로자수에 집계됩니다. 그런데 식당의 경우 알바의 채용 비중과 이직률이 높아서 매일 근로자수가 변동되는 특징이 있습니다. 예를 들어 지역과 계절 등을 원인으로 어떤 날은 손님이 너무 많아서 일하는 근로자가 10명일 수도 있고 반대로 2~3명만 일할 수 있습니다.

근로기준법은 상시 근로자수 5인 이상 사업장에 대하여 100% 적용됩니다. 언론을 통해 한두 번쯤 들어봤음직한 해고의 제한 · 연장야간휴일근로에 대한 가산분 지급 등 알바 근로자의 권리와 관련된 사항이 모두 적용됩니다. 만약 어떤 날은 (5인 이상인) 10명의 직원이 근무하고 어떤 날은 (5인 미만인) 3명의 직원의 근무한다고 가정하겠습니다.

10명의 직원이 근무하는 날은 근로기준법이 전면 적용되므로 해고가 제한되고 3명의 직원의 근무하는 날에는 근로기준법이 일부만 적용되므로 해고의 제한이 없다고 해석한다면 노동현장에 큰 혼란이 초래될 것입니다. 사업을 경영함에 있어 일자별로 근무하는 직원 수에 민감해질 것이고, 근로관계를 관리 감독하는 고용노동부의 행정비용도 엄청 상승할 것입니다. 이와 같은 이유로 근로기준법상 상시근로자수는 ① **한 달의 기간을 단위 기간**으로 하여 ② **평균적으로 하루에 몇 명이 근무**하는지를 기준으로 합니다.

예를 들어 2026년 2월 현재 알바 근로자가 시간외 수당을 청구했다고 가정하겠습니다. 시간외 수당은 보통의 시간급 대비 최소 1.5배 이상이 지급되어야 하므로 식당 운영 시 굉장히 민감한 영역입니다. 시간외 수당 지급 여부(이를 산정사유라고 함) 발생일을 기준으로 과거 1개월 동안 (본 사례의 경우 2024. 1. 1.~1. 31) 식당에서 근무한 인원수를 모두 합친 후에 1개월 동안의 「가동 일수」로 나누면 **「1일 평균 근로자수」**가 산정됩니다. 이렇게 하루치로 환산한 근로자수가 근로기준법상 상시근로자수입니다. 여기서 주의할 점은 가동 일수입니다. 가동 일수는 말 그대로 실제로 직원에게 일을 시킨 날을 의미하는데 평일과 주말을 구분하지 않습니다. 예를 들어 매주 일요일을 쉬는 식당의 경우 일요일의 일수(日數)를 제외합니다. 반대로 하루도 쉬지 않고 식당을 운영할 경우 (1월 기준이라면) 31일이 가동일수가 됩니다. 또한 근로자수를 셀 때 정규직근로자 · 기간제(계약직)근로자 · 알바 근로자(단시간 근로자) · **일용직 근로자 모두 포함**합니다. 종종 8시간을 근무하는 풀타임 근로자가 1명으로 환산되므로 4시간을 근무하는 단시간 근로자는 0.5명으로 환산된다고 오해하는 경우가 있는데 **단시간 근로자도 1명으로 산정**함에 주의해야 합니다.

상시 근로자수의 구조 자체가 **평균값를 산정하는 구조**이기 때문에 **극단값의 영향**을 받을 수 있습니다. 상술한 사례의 구간으로 설명하면, 1월 1일부터 1월 30일까지 매일 1명의 알바 근로자만으로 식당운영을 하였는데 (급작스런 예약 손님 증가로) **1월 31일에 (단 하루만) 280명의 알바 근로자를 고용**했다고 가정하겠습니다 이때 1월에 투입된 근로자수는 1월 1일부터 1월 30일까지 소계 30명과 1월 31일 280명을 합친 총합계 310명입니다. 이때 가동 일수는 31일이므로 상시근로자수는 10명으로 산정됩니다. 그런데 31일 중 무려 30일 동안 5인 미만(본 사례에서는 1명)으로 유지된 상황입니다. 상시근로자수가 극단값(본 사례에서는 280명)의 영향으로 5인 이상으로 산정되는 경우가 종종 있는데 **단위기간(1개월인 31일) 중 50%「이상」의 기간**(본 사례는 반올림하여 16일의 기간)에 대하여 **「5인 미만」**을 유지하였다면, 예외적으로 5인 미만 사업장으로 간주함에 주의하여야 합니다.

연차휴가적용을 위한 상시근로자수 5인 이상 지속여부는 그 기간이 (연차휴가이므로) 1년입니다. **근기법 시행령 제7조의2 제3항** 에 따르면, **1년 동안 (즉 12개월 연속으로) 5인 이상**의 요건을 유지해야 근기법 상 연차휴가**(일반연차)**가 발생합니다. 다만 독립연차의 경우 입사후 1년 이내에 월별로 5인 이상이면 해당 월에 발생함에 주의하여야 합니다.

상시근로자수 산정방법 동영상 강의

법정의무교육

04 제조업을 운영하고 있으며 상시근로자수는 15명 내외입니다. 성희롱예방교육 등 여러 가지 법정의무교육을 이수해야 한다고 들었습니다. 이와 관련된 정확한 기준이 궁금합니다.

2020년대 들어 워라밸 · 모성보호 · 성차별개선 · 안전 등이 강화되면서 각종 법정의무교육이 사업주에게 강제되고 있습니다. 업종에 따라 차등적으로 적용되는 교육(산업안전 교육)이 있고, 업종 및 상시근로자수와 무관하게 적용되는 각종 교육 등이 있습니다.

관련 법령에 따라 직장 내에서 필수적으로 실시해야 하는 교육, 이른바 법정의무교육에는 ① 직장 내 성희롱 예방교육 ② 직장 내 장애인 인식개선 교육 ③ 개인정보 보호교육 ④ 산업안전보건교육 ⑤ 퇴직연금교육 등이 있습니다. 이하에서 각 교육별로 개괄하여 설명하겠습니다.

해설

산업안전보건 교육

① 법령 근거 및 교육 목적

산안법 제29조(근로자에 대한 안전보건교육) 및 제31조(건설업 기초안전보건교육)에 근거 규정을 두어 법정의무로 정하고 있는데 그 교육 목적은 안전하고 쾌적한 근로환경 조성을 통한 근로자의 신체 보호 및 산업재해 사고 등을 예방하기 위함입니다.

② 교육 대상 및 주기

산안법 시행령 별표 1에 따라 산업안전보건교육은 상시 근로자수 5인 이상 사업은 예외 없이 교육을 진행해야 합니다. 한편 산안법 시행령 제26조에서 교육시간 및 교육내용에 관하여 규정하고 있는데, 이 중 교육 시간은 산안법 시행규칙 별표 4*[305]에서 교

*305. 본서에 수록하기에는 분량이 너무 많아서 기재를 생략한다. 법제처에서 산업안전보건법을 검색하여 관련자료를 찾을 수 있다.

육과정 및 교육 대상에 따라 차등적으로 정하고 있으며, 정기교육은 경우는 매 분기에 3~6시간 이상 또는 연간 16시간 이상(관리감독자에 한함)으로 정하고 있습니다.

③ 교육 내용 및 방법

산안법 시행규칙 별표 5는 교육 대상별로 교육내용을 달리 정하고 있는데, 기본적인 근로자 정기교육은 ① 산업안전 및 사고 예방에 관한 사항 ② 산업보건 및 직업병 예방에 관한 사항 ③ 건강증진 및 질병 예방에 관한 사항 등을 그 내용으로 포함하여야 합니다. 교육은 사업장에서 자체적으로 하거나 고용노동부장관에게 등록한 안전보건교육기관에 위탁하는 방법으로 진행할 수 있는데, 고용노동부고시 안전보건교육규정 별표 1에 따라 사업장에서 자체적으로 교육할 경우 교육을 진행할 수 있는 자격은 ① 안전보건교육위탁기관 강사와 같은 등급 이상의 자격을 가진 자 ② 사업장 내 관리감독자 또는 안전(보건)관리자 등 안전(보건)관리자 등 안전(보건)관계자의 지위에 있는 자 또는 교육대상 작업에 3년 이상 근무한 경력이 있는 자로서 사업주가 강사로서 적정하다고 인정하는 자 ③ 안전관리전문기관 등 종사자로서 실무경력이 3년 이상인 자 ④ 공인노무사, 변호사, 의사 등에 해당하는 자로서 실무경험을 보유한 자(강의는 유관분야에 한함)로 사업주가 적정하다고 인정하는 자에게 있습니다.

④ 위반 시 과태료

산안법 제29조 제1항 및 제2항을 위반하는 경우에는 500만원 이하의 과태료, 같은 조 제3항을 위반하는 경우에는 3천만원 이하의 과태료를 부과할 수 있습니다.

직장 내 성희롱 예방 교육

① 법령 근거 및 교육 목적

사업주는 고평법 제13조(직장 내 성희롱 예방 교육 등)에 따라 직장 내 성희롱 예방 교육을 매년 실시하여야 합니다. 그 교육목적은 직장 내 성희롱을 예방하고 근로자가 안전한 근로환경에서 일할 수 있는 여건을 조성하기 위함입니다. 한편, 직장 내 성희롱 예방 교육에 관한 구체적인 내용은 고평법 시행령 제3조(직장 내 성희롱 예방 교육)에 규정되어 있으며, 이에 대한 각 내용은 다음과 같습니다.

② 교육 대상 및 주기

직장 내 성희롱 예방 교육은 사업주를 포함한 사업장 내 모든 근로자가 교육 대상이 되고, 연 1회 이상 실시해야 합니다. 또한 사업주는 교육의 실시와 별개로 그 교육 내용을 근로자가 자유롭게 열람할 수 있게 게시할 의무가 있습니다.

③ 교육 내용 및 방법

직장 내 성희롱 예방 교육은 ① 직장 내 성희롱에 관한 법령 ② 해당 사업장의 직장 내 성희롱 발생 시의 처리 절차와 조치 기준 ③ 해당 사업장의 직장 내 성희롱 피해 근로자의 고충상담 및 구제절차 ④ 그 밖에 직장 내 성희롱 예방에 필요한 사항을 포함하고 있어야 합니다. 한편 직장 내 성희롱 예방 교육은 고용노동부장관이 지정하는 기관에 위탁하여 실시할 수 있고, 사업의 규모나 특성 등을 고려하여 직원연수, 조회, 회의, 인터넷 등 정보통신망을 이용한 사이버 교육 등을 실시할 수 있습니다. 다만, 단순히 교육자료 등을 배포 · 게시하거나 전자우편을 보내거나 게시판에 공지하는데 그치는 등 근로자에게 교육내용이 제대로 전달되었는지 확인하기 곤란한 경우에는 예방 교육을 실시한 것으로 보지 않습니다. 다만, ① 10인 미만 사업장이나 사업주 및 근로자 모두가 ② 어느 한 성(性)으로 구성된 사업장에 한하여 교육자료 또는 홍보물을 게시 · 배포하는 방법으로 직장 내 성희롱 예방 교육을 실시할 수 있습니다.

④ 위반 시 과태료

고평법 제39조(과태료)에 따라 같은 법 제13조제1항을 위반하여 성희롱 예방 교육을 하지 않은 경우 또는 같은 조 제3항을 위반하여 성희롱 예방 교육의 내용을 근로자가 자유롭게 열람할 수 있는 장소에 항상 게시하거나 갖추어 두지 않은 경우에는 500만원 이하의 과태료가 부과될 수 있습니다.

개인정보보호교육

① 법령 근거 및 교육 목적

개인정보보호법 제28조(개인정보취급자에 대한 감독) 제2항에 다라 개인정보처리자는 개인정보의 적정한 취급을 보장하기 위하여 개인정보취급자에게 정기적으로 필요한 교육을 실시해야 합니다. ①「개인정보처리자」라 함은 업무를 목적으로 개인정보파일을 운용하기 위하여 스스로 또는 다른 사람을 통하여 개인정보를 처리하는 공공기관, 법인, 단체 및 개인 등을 의미하고 ②「개인정보취급자」라 함은 개인정보처리자의 지휘 · 감독을 받아 개인정보를 처리하는 자를 의미합니다.

② 교육 대상 및 주기

개인정보취급자가 교육 대상이 되며 임직원 뿐 아니라 파견근로자 · 단시간근로자 등 고용형태에 관계없이 개인정보처리자의 지휘 · 감독을 받아 개인정보를 처리하는 자가 모두 포함됩니다.한편 교육 시간에 대한 명문의 규정은 없지만 개인정보보호위원회 등 관계기관은 연 1회 이상 실시를 권장하고 있습니다.

③ 교육 내용 및 방법

교육은 개인정보의 안전한 처리에 관한 내용을 포함하여 사내교육, 온라인교육, 위탁교육, 외부강사 초빙 등 기업 상황을 고려하여 선택할 수 있습니다. 또한 「개인정보보호위원회」에서 개인정보보호 교육 지원을 위해 온라인교육을 무료로 운영하고 있으며, 각 사업장에서 자체적으로 교육을 수행할 수 있도록 개인정보보호 교육 및 홍보 자료를 공개 · 제공하고 있습니다. 그리고 외부강사를 초빙하여 교육을 진행하고자 하는 경우에는 개인정보보호위원회에서 운영하는 개인정보보호 전문 강사단을 활용하여 개인정보보호 교육을 실시할 수 있습니다.

④ 위반 시 과태료 교육 실시 위반에 대한 과태료 규정은 없습니다.

다만, 개안정보보호법 제34조의2(과징금의 부과 등)에 따라 개인정보처리자가 처리하는 주민등록번호가 분실 · 도난 · 유출 · 위조 · 변조 또는 훼손된 경우에는 5억원 이하의 과징금을 부과 · 징수되는 등 개인정보 보호에 대한 미흡한 처리로 발생한 사고에 대해 과징금, 벌금, 과태료 등이 부과될 수 있으므로 개인정보보호교육을 실시할 필요성은 충분합니다.

직장 내 장애인 인식개선 교육

① 법령 근거 및 교육 목적

장애인법 제5조의2(직장 내 장애인 인식개선 교육)에 따라 사업주는 장애인에 대한 직장 내 편견을 제거함으로써 장애인 근로자의 안정적인 근무여건을 조성하고 장애인 근로자 채용이 확대될 수 있도록 장애인 인식개선 교육을 실시하여야 합니다. 한편 지방고용노동관서는 상시 50명 이상의 근로자를 고용하는 사업주에게 전년도 장애인 인식개선 교육 실시 결과를 1월 31일까지 제출하도록 명할 수 있고 교육 실시 결과의 제출 명령을 받은 사업주는 장애인고용법 시행규칙 별지 제1호서식 직장 내 장애인 인식개선 교육 실시 결과 보고서에 전년도 직장 내 장애인 인식개선 교육일지 사본 1부를 첨부하여 한국장애인고용공단에 제출해야 합니다.

② 교육 대상 및 주기

사업주는 연 1회 1시간 이상 장애인 인식개선 교육을 실시하여야 하고, 그 대상은 사업주 및 근로자입니다.

③ 교육 내용 및 방법

직장 내 장애인 인식개선 교육은 ① 장애의 정의 및 장애유형에 대한 이해 ② 직장 내 장애인의 인권, 장애인에 대한 차별금지 및 정당한 편의 제공 ③ 장애인고용촉진 및 직업재활과 관련된 법과 제도 ④ 그 밖에 직장 내 장애인 인식개선에 필요한 사항을 포함해야 합니다. 사업주는 장애인 인식개선 교육을 고용노동부 장관이 지정하는 교육기관에 위탁하거나, 자체적으로 실시할 수 있습니다. 자체적으로 실시하는 경우 전문 강사 및 사내 강사에 의하거나 집합교육, 원격교육, 체험교육, 간이교육의 형태로 진행할 수 있습니다. 다만, 상시 300인 이상의 근로자를 고용하는 사업주는 한국장애인고용공단이 실시한 강사 교육을 수료한 강사를 사내 강사로 하여 장애인 인식개선 교육을 실시하여야 합니다.

④ 위반 시 과태료

장애인법 제86조 제2항에 따라 장애인 인식개선 교육을 실시하지 않은 경우에는 300만원 이하의 과태료가 부과될 수 있습니다.

퇴직연금교육

① 법령 근거 및 교육 목적

근퇴법 제32조 제2항에 따라 확정급여형퇴직연금제도 또는 확정기여형퇴직연금제도를 설정한 사용자는 퇴직연금교육을 해야 합니다. 이는 퇴직연금이 올바른 노후 소득 재원으로 활용될 수 있도록 하기 위함입니다.

② 교육 대상 및 주기

퇴직연금제도를 설정한 사용자는 퇴직연금제도에 가입한 근로자에게 연 1회 이상 퇴직연금교육을 실시하여야 합니다.

③ **교육 내용 및 방법**

퇴직연금교육사항은 근퇴법 시행령 제32조에 자세히 규정되어 있습니다. 이 중 제도 일반에 관한 내용은 설정한 퇴직연금제도의 유형에 관계없이 교육에 포함되어야 하고, 나머지 내용은 설정한 퇴직연금제도 유형에 따라 달라집니다. 이때 사용자는 퇴직연금사업자나 근퇴법 시행령 제32조의3에서 정하는 요건을 갖춘 전문기관에 그 교육의 실시를 위탁할 수 있습니다.

④ **위반 시 과태료**

근퇴법 제48조에 따라 퇴직연금교육을 매년 1회 이상 하지 않은 사용자에게 1천만 원 이하의 과태료가 부과될 수 있습니다.

05 최근 회사 내에서 회식 참여와 연차휴가 사용시기 변경 등으로 직장 내 괴롭힘 신고건수가 증가하고 있습니다. 직장 내 괴롭힘의 정확한 의미와 처리절차가 궁금합니다.

2019년 1월 15일 우리나라도 직장 내 괴롭힘을 금지하는 근기법 개정이 있었습니다. 직장 내 괴롭힘 금지는 **근기법 제76조의2** 에서 규정하고 있으며 관련 구제절차 등을 취업규칙의 필수기재사항으로 규정하고 있습니다.

해설

법학 영역에서 차별을 크게 3가지로 구분하는데 **직접차별과 간접차별**(외견상 특정 성(性) 등 차별요소는 없지만 결과에 있어서 특정 성(性)에 치우진 결과가 초래되는 경우) 그리고 **괴롭힘**이라는 3가지를 차별로 해석합니다. 성차별 금지(고평법), 연령차별 금지(고령자법), 신체조건차별 금지(장애인법), 근로형태차별 금지(기단법과 파견법) 등 직접차별과 간접차별은 이미 시행되고 있었는데 2019년 직장 내 괴롭힘 금지 조문을 통해 괴롭힘까지 법에서 규율하게 되었습니다. 다만 근기법 제76조의2 규정은 ① 상시 근로자수 5인 미만 사업장과 ② 원 · 하청 등 관계회사 간에는 적용되지 않습니다.

직장 내 괴롭힘에 해당하는지 여부는 그 정의에서 3가지 요소를 추출할 수 있습니다. 이 3가지 요건은 **동시에 충족**되어야 합니다. 첫째, **행위자가 사용자 또는 근로자**여야 합니다. 여기서 사용자라 함은 근기법상 사용자뿐만 아니라 사용자의 배우자와 친인척도 포함됩니다. 그리고 근로자라 함은 해당 사업 또는 사업장에서 근무하는 근로자를 의미합니다. 둘째, 직장에서 지위 또는 관계 등의 우위를 이용하여 **업무상 적정범위를 넘어야** 합니다. 통상적으로 상급자에 의해 직장 내 괴롭힘이 발생하는데 판단 시 업무상 적정범위를 넘었는가 여부가 매우 중요합니다. 수학공식처럼 바로 판단할 수 있는 사안은 실무상 거의 존재하지 않고 개별적으로 판단해야 합니다.

근로계약서나 취업규칙에서 규정하지 않은 사항에 대해 업무를 지시하거나 노동관계법령을 위반하여 업무를 지시하는 경우는 업무상 적정범위를 넘었다고 판단됩니다. 셋째, 다른 근로자에게 신체적 · 정신적 고통을 주거나 근무환경을 악화시켜야 합니다. 예를 들어 특별한 이유 없이 특정인에게만 연차휴가를 청구한 시기에 부여하지 않은 경우 근무환경을 악화시켰다고 해석합니다.

상술한 직장 내 괴롭힘이 발생하면 사업장에 근무하는 **근로자 누구라도 사용자에게 신고**할 수 있습니다. 사업주가 직장 내 괴롭힘 발생신고를 접수하면 괴롭힘 여부에 대해 조사를 실시해야 합니다. **2021년 10월 14일** 이전에는 사업주가 조사를 하지 않더라도 제재가 없었지만 직장 내 괴롭힘 금지 안착을 위해 근기법 개정을 통해 사업주가 **조사를 하지 않는 경우 500만원 이하**[*306] **의 과태료**가 부과됩니다. 조사 결과가 확정되기 전에는 피해자와 가해자가 특정될 수 없으므로[*307] 피해를 「주장」하는 자에 대한 예비적 보호조치를 해야 합니다. 예비적 보호조치라 함은 ① 근무장소의 변경 ② 유급휴가 명령 등을 의미합니다.

본격적으로 조사를 실시한 후 피해자와 가해자가 확정되면 피해근로자가 요청할 경우 사업주는 근무장소의 변경, 유급휴가 명령에 더하여 **배치전환을 해야 하는 의무**가 있습니다. 이를 위반할 경우에도 500만원 이하의 과태료가 부과됩니다. 조사 후 사용자는 가해자에 대한 징계 또는 근무장소 변경 등 후속조치를 이행해야 합니다. 또한 후속조치 전에 **피해 근로자의 의견을 청취**해야 합니다.

최근 들어 조사의 객관성을 담보하기 위해 외부전문가(공인노무사)에게 직장 내 괴롭힘 여부에 대한 조사를 의뢰하는 경우가 많습니다. **근기법 제76조의3 제7항** 에 따르면 조사위원 등이 조사과정에서 알게 된 **비밀을 피해근로자의 의사에 반하여 다른 자에게 누설해서는 안 되며** 이를 위반할 경우 500만원 이하의 과태료가 부과될 수 있습니다. 다만 조사와 관련된 사항을 사용자에게 보고하거나 관계 기관(고용노동부 등)의 요청에 따라 필요한 정보를 제공하는 경우는 예외로 합니다.

*306. 가해자가 사업주와 배우자, 사용자의 4촌 이내의 혈족과 인척인 경우 과태료는 1,000만원으로 할증된다(근기법 시행령 제59조의3)

*307. 이러한 이유로 예비적 보호조치 위반에 대하여 과태료 등 벌칙조항은 없다.

06 최근 회자되는 중대재해처벌법과 관련하여 중대재해의 의미와 관련된 처벌사항이 궁금합니다.

2022년 1월 27일부로 중처법이 시행되었습니다. 상시근로자수 5인 이상 사업장에 적용되는 이 법은 단계적으로 시행 중에 있습니다. 상시근로자수 50인 이상(건설업의 경우 총공사금액 50억 이상) 사업장에 대하여 시행 중이며 상시근로자수 5인 이상 50인 미만 사업장은 2024년 1월 27일부터 적용됩니다.

본래 **산안법 시행규칙 제3조** 에서 중대재해*308를 규정하였는데 이를 중처법에서 특별하게 다시 규정하였습니다. **중처법 제2조** 에 따르면, 중대재해를 중대산업재해와 중대시민재해로 구분하여 규정하고 있습니다.

해설

중대산업재해라 함은 근로기준법상 근로자와 도급 등 관련 종사자에 대한 산업재해를 의미하는데 크게 3가지로 구분됩니다. ① 1명 이상의 사망 ② 동일한 사고로 6개월 이상 치료가 필요한 부상자 2명 이상 ③ 동일한 유해요인으로 직업성 질병자가 1년 이내에 3명 이상 발생한 경우를 의미합니다.

중대시민재해라 함은 특정원료 또는 제조물, 공중이용시설 또는 공중교통수단의 설계 · 제조 · 설치 · 관리상의 결함으로 발생한 재해로서 ① 1명 이상의 사망 ② 동일한 사고로 2개월 이상 치료가 필요한 부상자 10명 이상 발생 ③ 동일한 원인으로 3개월 이상 치료가 필요한 질병자 10명 이상 발생한 경우를 의미합니다. 만약 기업 또는 경영책임자가 안전보건관리체계 구축 등 중처법상의 의무를 이행하지 않아 중대재해가 **발생한 경우 강한 처벌**을 받게 됩니다. 중대재해 중 ① 사망의 경우 1년 이상의 징역 또는 10억원 이하의 벌금 ② 질병과 부상의 경우 7년 이하의 징역 또는 1억원 이하의 벌금이 부과될 수 있습니다. 또한 중처법을 위반하여 형(刑)이 확정된 후 5년 이내에 중대재해가 발생한 경우에는 **상술한 형(刑)의 50%를 가중**하게 됩니다.

*308. 본 법에 따른 중대재해는 사망자 1명 이상, 부상자 동시에 2명(3개월 이상 요양), 질병자 동시에 10명 이상의 재해를 의미한다.

질의사례로 찾는 INDEX

[ㄱ]

· 근로자들의 자발적인 청원에 의해 연차휴가수당을 지급하는 대신 연차휴가를 이월시키는 제도를 운영하고 있습니다. 이러한 이월방식이 위법인지요? _174p

· 근무하던 사업장이 서울에서 천안으로 이전을 하게 되었습니다. 개인사정 상 천안으로 이주하여 생활하는 것이 힘든 상황입니다. 이 경우에도 실업급여를 받을 수 있는지요? _367p

· 근속연수가 10년 6개월인 근로자의 연차휴가일수는 며칠인가요? 이때 6개월에 대하여도 비례적으로 연차휴가를 산정해야 하는 것인가요? _162p

· 기간제 근로자와 근로계약기간이 종료됨에 따라 해당 근로자에게 이를 통보하였습니다. 이 근로자가 계약거절이 부당하다며 노동위원회에 부당해고구제신청을 하였습니다. 기간제 근로자도 이러한 신청을 할 수 있는지요? _194p

· 기간제 근로자의 근로계약서 작성 시 주의해야 할 점은 어떤 것인지요? 그리고 근로계약기간이 연장될 경우 다시 작성을 해야 하는지요? _338p

· 기본급이 250만원인 기혼여성 근로자가 출산전후휴가를 개시하려고 합니다. 사업주가 보장해줘야 하는 임금수준이 궁금합니다. 또한 배우자의 출산으로 휴가를 20일 이상 요청하는데 의무적으로 부여해야 하는 것인가요? _256p

[ㄴ]

· 노란 봉투법이 언론에서 많이 보도되고 있습니다. 기업의 경영권한을 위축하는 법이라는 평가와 노동자의 권리를 도모했다는 평가가 공존하는데 구체적인 내용이 궁금합니다. _306p

· 노무제공자로서 고용보험에 가입한 경우 실업급여를 수급할 수 있다고 합니다. 실업급여 수급을 위한 요건의 구체적인 내용이 궁금합니다. _254p

· 노사협의회 운영에 있어서 3가지 임무가 있다고 하는데 그 유형과 내용이 궁금합니다. _303p

[ㄷ]

· 단시간 근로자의 근로시간이 매주 또는 매월 변경되는 사업장입니다. 이 경우 변경 시마다 근로계약서를 갱신해야 하는 것인가요? _340p

· 당사는 건설업 면허를 소지한 A 건설회사입니다. 이와 별도 독립법인으로서 B 프로그램 개발회사를 대표이사가 운영 중입니다. B 프로그램 회사는 산재보험료를 매월 납부하는데 A건설회사는 1년에 4회 정도 납부합니다. 왜 납부방식의 차이가 발생하는 것인지요? _233p

· 당사는 건설회사로서 여러 개의 현장이 있습니다. 3월 2일에 입사하여 5월 16일까지 근로한 일용직 근로자가 있는데 3월 귀속 7일, 4월 귀속 10일, 5월 귀속 9일을 근무했습니다. 이 근로자의 건강보험 취득일자와 상실일자는 각각 며칠인지요?_289p

· 당사는 사무보조 업무에 파견근로자를 사용하고 있습니다. 이미 파견근로자로서 근무한 이력이 2년을 넘은 상황입니다. 이런 경우 직접 고용해야 하는 의무가 있는지요? _208p

· 당사는 상시근로자수가 8~9인 이었다가 최근 10인 이상 사업장이 되었습니다. 내부적으로 적용하던 사규는 있는데 이를 신고하지 않을 경우 어떤 제재가 있는지요? _318p

[ㅁ]

[ㅂ]

[ㅅ]

[ㅇ]

[ㅈ]

[ㅊ]

[ㅌ]

[ㅍ]

[ㅎ]

[기타]

- 1일 8시간의 소정근로시간을 개근한 후 3시간의 연장근로를 했습니다. 이 경우 3시간 연장근로시간에 대하여도 휴게시간을 부여해야 하는지요? _108p
- 1주 소정근로시간이 불규칙한 경우 실업급여(구직급여) 하한액 계산방식이 복잡하다고 들었습니다. 구체적으로 어떻게 계산하는 것인지요? _250p
- 1주일 중 월 · 수 · 금 3일만 근무하며 각 일자별로 10시간씩 1주 30시간을 근무하는 파트타임 근로자가 있습니다. 이 근로자의 주휴수당은 얼마를 지급해야 하는지요? _136p
- 1주일에 25시간, 1일에 각각 5시간을 근무하는 아르바이트생이 있습니다. 해당 근로자와 협의 후 시급제가 아닌 월급제로 정하려고 합니다. 이와 관련하여 월 최저임금은 얼마인지요? _198p
- 2020년 1월 1일에 입사, 2022년 12월 31일까지 근로하고 퇴직한 직원이 있습니다. 기업 사정 상 연차휴가를 하루도 사용하지 못했습니다. 이 경우 퇴직 시 지급해야 하는 연차휴가수당은 얼마인가요? _175p
- 2022년말 퇴사하는 근로자의 퇴직금을 계산함에 있어 연차수당을 반영하려고 하는데 전년도에 발생한 연차휴가를 기준으로 산정하는지요? _059p
- 2023년 7월 1일부로 1주 40시간 근로방식에서 1주 30시간으로 소정근로시간을 변경한 바 있습니다. 월 · 화 · 목 · 금 각각 7시간 · 7시간 · 8시간 · 8시간을 근무하기로 하였을 때 2023년 말 기준으로 연차휴가는 며칠이 산정되는지요? _203p
- 209시간이라는 월 통상임금의 근로시간수의 정확한 의미와 그 도출과정을 알고 싶습니다. 이 시간이 최저임금법 상 적용기준 시간수와 동일한 것인가요? _095p
- 4.5일 근무제에 대한 논의가 많이 보도되고 있습니다. 실제로 이러한 근무제가 도입되는 것인지요? 도입된다면 언제 어떤 방식으로 도입되는지 궁금합니다. _265p
- 5인 미만 사업장입니다. 근속기간이 3년인 기간제 근로자에 대하여 계약기간만료로 고용보험 상실처리를 하면 실업급여 수급이 가능한지요? _197p

노동경제학 기출문제집

공인노무사 2차 시험대비 (2025~1993)

필자가 실 강의를 진행하지 않지만 아직도 신림동 수험가에 **노동경제학 「기출문제집」이 없다는 사실**, 노동경제학의 기본적인 **내용은 (법학 과목과 다르게) 거의 「변하지 않는다」라는 사실**, 과거 12년 동안 실 강의를 진행하면서 누적한 필자의 자료가 웹하드에서 잠자고 있는 것이 못내 아쉬웠다는 사실을 기반으로 감히 6년 만에 다시 펜을 들었다.

학원 강사 시절에 출간했던 종이책과 다르게 이 책은 **전자책 형태로 출간**하였다(전자책은 추록 제공이 종이책보다 쉽다). 기출문제집의 정체성 상 **매년 출제되는 문제를 누적**하면 된다. 그리고 현직 강의 시절에 여러 가지 이유로 설명하지 못했던 내용을 **은퇴한 강사로서 이제는 편히 서술할 수 있다**(이러한 내용은 이 책 주석에 수록했다).

이 책은 참고서이다. 기출문제가 어떤 교수 저(著)에서 출제되었는지, 왜 이 문제가 그때 출제되었는지, 출제자의 의도는 무엇인지, 어떤 단원에서 주로 출제되는지, **앞으로는 어떤 방식으로 출제 형태가 전개될지를 가늠하는** 참고서일 뿐이다. 다만 책으로만 보는 단조로움을 극복하기 위해 시간이 될 때마다 필자가 운영하는 **유튜브 채널(채널명: 공인노무사 김우탁)**에 이 책의 화면을 띄우고 해당 내용을 설명하는 영상을 틈나는 대로 게시할 예정이다.